U0516419

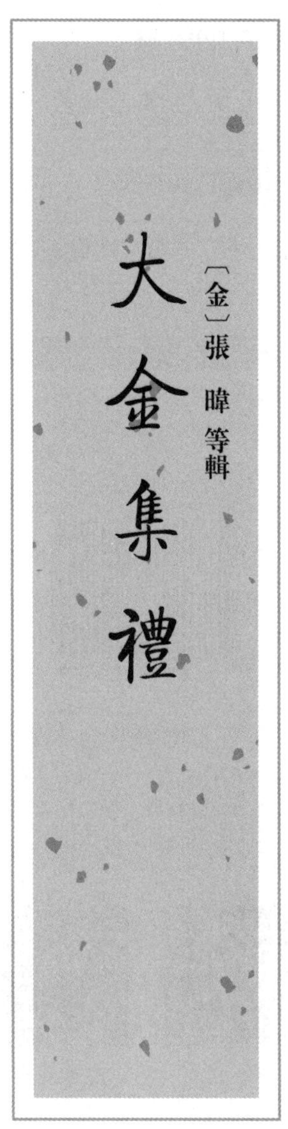

1

中華書局

圖書在版編目（CIP）數據

大金集禮：全2册/（金）張暐等輯．—北京：中華書局，2017.1

ISBN 978-7-101-12201-5

Ⅰ．大…　Ⅱ．張…　Ⅲ．禮儀－中國－金代
Ⅳ．K892.9

中國版本圖書館CIP數據核字（2016）第241939號

責任編輯：張　昊
封面設計：劉　麗

中華書局

古逸英華

大金集禮

（全二册）

〔金〕張暐　等輯

＊

中　華　書　局　出　版　發　行
（北京市豐臺區太平橋西里38號　100073）
http://www.zhbc.com.cn
E-mail:zhbc@zhbc.com.cn
三河弘翰印務有限公司印刷

＊

889×1194毫米　1/16・73¼印張
2017年1月北京第1版　2017年1月三河第1次印刷
定價：1200.00元

ISBN 978-7-101-12201-5

出版説明

《大金集禮》（以下簡稱《集禮》）四十卷，清鈔本。本書半葉九行，行十八字，小字單行間雙行字同，白口，左右雙邊，單黑魚尾，半框高十八釐米，寬十三點五釐米，書高二十八釐米，寬十五釐米，綫裝二十册，現藏中國國家圖書館。此書不著撰人姓氏，前後亦無序跋文，成書年月無從查考，《四庫全書總目提要》記載，「據黄虞稷《千頃堂書目》，蓋明昌六年（一一九五）禮部尚書張暐等所進」〔一〕。

金代立國僅百餘年而亡，兼爲少數民族政權，後世對其廟堂祭祀之儀知之甚少，研究者所能依憑的資料，當以《金史·禮志》和《集禮》爲主。就其内容而言，清代四庫館臣給予《集禮》很高的評價：「其書分類排纂，具有條理。自尊號、册謚以及祠祀、朝會、燕饗諸儀，燦然悉備。以《金史》諸志相校，其藍本全出於此。而《志》文援引舛漏，失其本意者頗多……非得此書，無以知史志之疏謬也，則數金源之掌故者，此爲總匯矣。」〔二〕清代著名藏書家錢曾在其《讀書

〔一〕〔清〕永瑢等撰，《四庫全書總目》卷八二，北京：中華書局，一九六五年，七〇三頁。
〔二〕同上。

敏求記》中亦對《集禮》推崇備至：「諸凡朝家大典，輿服制度禮文，莫不班班可考。嗟乎，杞宋無徵，子之所歎。金源有人，勒成一代掌故。後之考文者，宜依仿編集，以詔來葉。」〔一〕

然而，隨着相關研究的進步，學者對《集禮》的認識也在不斷深入。陳戍國先生在其所著《中國禮制考》中，就通過文獻比對的方法指出，《大金集禮》卷十「皇帝夏至日祭方丘」全文自唐杜佑《通典》卷一百一十二《禮七十二・開元禮纂類七》録出，「四庫館臣皆不察此，介紹《集禮》一書遂多誤斷」〔二〕。可見，研究的深入勢必會改變自清代以來對《集禮》，乃至金代禮制情況的看法，但其書作爲記載金代禮制專書的文獻學地位和價值是毋庸置疑的。

在版本方面，《集禮》傳本世所罕見，且皆爲鈔本。錢曾謂此書「諸家目録俱不載，藏書家亦無有畜之者」〔三〕，黄丕烈亦云：「《大金集禮》世鮮善本，惟錢遵王《讀書敏求記》載此書，以爲尚是金人鈔本，惜未知流落何所。」〔四〕錢大昕《潛研堂集》載：「《大金集禮》四十卷，周漪塘、黄蕘圃兩家鈔本」〔五〕，而黄丕烈曾持己本與周錫瓚本（即錢曾藏本）對勘，發現「卷第脱誤彼此相同，似余書即從錢本所出，然行款不同，第一卷中反多『貞元』云云四葉，欲徵信

〔一〕〔清〕錢曾著，〔清〕章鈺、管庭芬校訂，《讀書敏求記校正》卷二之上，上海：上海古籍出版社，二〇〇七年，一一五頁。

〔二〕陳戍國著，《中國禮制史・宋遼金夏卷》，長沙：湖南教育出版社，二〇〇一年，四〇三頁。

〔三〕《讀書敏求記校正》，一一五頁。

〔四〕〔清〕黄丕烈著，〔清〕潘祖蔭輯，周少川點校，《士禮居藏書題跋記》，北京：書目文獻出版社，一九八九年，六三頁。

〔五〕〔清〕錢大昕著，《跋大金集禮》，《嘉定錢大昕全集・潛研堂文集》卷二八，南京：江蘇古籍出版社，一九九七年，四八二頁。

而反滋疑」〔一〕。可見，《集禮》的版本情况較爲複雜，各鈔本間的源流遞次尚不能釐清，有待後學關注。

本次我們以國家圖書館所藏清鈔本爲底本全文影印《大金集禮》。此本目録首葉鈐有「安樂堂藏書記」「怡府世寶」「明善堂覽書畫印記」「宗室盛昱收藏圖書印」以及「周暹」諸印記，可知此本先後收藏於清代怡親王府和藏書家盛昱處，入民國歸周叔弢先生所有，新中國成立後由周氏捐入國家圖書館（原名北京圖書館），不但遞藏有序，且皆爲名家所有，其版本價值可見一斑。

此本十二至十七、二十六、三十三諸卷原有闕文，今仍其舊，僅在目録中列出目次，不標頁碼。原書開本廣闊，影印時保留原書天頭地脚完整，略做等比例縮小，既可保持底本全貌，文字清晰可讀，亦不使版面變形殘缺，以供研究者使用。

中華書局編輯部

二〇一六年十二月

〔一〕《士禮居藏書題跋記》，六三頁。

目録

大金集禮目録

大定七年　冊禮
大定十一年　冊禮
卷第三
追加謚號上
天會三年奉上　太祖謚號
天會十三年奉上　太宗謚號
天會十三年奉上　景宣皇帝謚號
天會十四年奉上　祖宗謚號
皇統五年增上　太祖宗謚

卷第六

皇帝夏至日祭 方丘 后土同

齋戒

陳設

省牲器

鑾駕出宮

奠玉帛

進熟

祭五岳 四鎮 四海 四瀆

鑾駕還宮

卷第二十四

卷第二十五

卷第三十七

大金集禮目録

大金集禮卷第一

帝號上

太祖皇帝即位儀

太宗皇帝即位儀

皇統元年　冊禮

天德貞元　冊禮

太祖皇帝即位儀

收國元年春正月壬申朔諸路官民耆老畢會議創新儀奉　上即　皇帝位阿離合懣宗幹

乃陳耕具九祝以闢土養民之意復以良馬九隊隊九匹別爲色并介胄弓矢矛劒奉上 上命國號大金建元收國二年十二月庚申朔皇弟諳版勃極烈率百官宗族 奏言自遼主失道奉天伐罪數摧大敵克定諸路 功德之隆亘古未有敢上 尊號爲大聖皇帝 上讓者再羣臣固請 從之

太宗皇帝即位儀

天會元年九月六日 皇弟諳版勃極烈即

皇帝位先是宗幹率諸弟暨百官及　太祖陵
隧之未掩詣　上前請即位　上不許謂有
先帝諸子是日不克襄事翌日猶不許宗幹曰
社稷至重付諳版勃極烈以大位者　先皇帝
之治命也羣臣不敢有貳遂與諸弟暨百官奉
赭袍以被　上體而寘璽於懷乃即位於隧前
己未告祀　天地丙寅大赦改元

皇統元年　冊禮

天會十三年正月二十五日受　遺詔即位頒

詔天下

皇統元年正月二日太師宗幹率百寮上表曰唐虞無能名其強名者聖作之迹　天地有大美欲歸美者物生之常歷觀振古大有爲之君必行當世不可曠之典布在方策炯如日星自非稱謂之安烏足形容其德伏惟　皇帝陛下繩其　祖武簡在　帝心　躬勤儉以倡九牧之風　禁游惰以勸三農之作外則　安集勞來稍節於蒐畋内則　恬澹沖虛弗親於聲色

六年於此一德惟新適洽奕世之成平具舉前
王之闊略鋪張文物藻飾聲明勑五典以示五
惇正五行而爲五用代上古結繩之治造 聖
人合契之書藴此 沉幾固有電雷之威斷發
於 宸翰豈得雲漢之昭回兼長馳射之通材
併作 帝王之能事譬使西夏肘加東韓北羌
輸產土之良南越致祈天之請 云云 一視同
仁懷小民如赤子 九功惟敘慶多稼於曾孫
瑞物充庭頌聲載路若乃 嚴恭率典 寅畏

求端　道四時於玉燭之和　齊七政於璇璣
之運謂親有德饗有道每　躬祓祀之儀而應
以實不以文曲　盡靈承之意所謂崇天也
玄功不宰　神化自然卷而藏之則鼓萬物以
和言擴而充之則彌六合於無外仰公成理好
其要不好其詳司契無爲同於道亦同於德所
謂體道也而又　弗忘兢業　益戒盈成有咨
詢宿德之勞謙有體貌大臣之殊敬觀書乙夜
而緝熙靡懈於初終決事齋居雖近習莫知其

喜怒此敬事之欽也　包五事以作哲　蹈三知之入微挾姦稔數者逆折於將形抱義服忠者亟用如不及見日月照臨之博所照何窮雖鬼神情狀之幽其情安遁茲辨物之明也鋭於修完以正百度而有　典謨訓誥可舉之文隨所指顧克靖四方是謂　聰明睿知不殺之武幽深遠近其　聖也無所不通篤實輝光其德也有容乃大是以　并包禹迹　增廣文聲周極皡皡之生民同躋熈熈之壽域聳於聞見

孰不揄揚乘 乾元首作之初薦 天子無窮
之問臣等不勝大願謹奉上尊號曰 崇天體
道欽明文武聖德皇帝 詔不允凡三表懇請
詔曰博考藝文敷求古訓謂其尊虛名而徇
衆欲不若修實德以承 天心故屢卻於奏章
將確守於朕志而叩 閽愈衆陳義益堅推讓
再三敦迫備至念天自民而聽拒違恐咈於樂
推而名者實之賓佩受終期於求稱勉徇來請
惕懼增深所請宜允七日 遣上京留守奭告

天地　社稷析津尹宗強告　太廟十日
帝服袞冕　御元和殿宗幹率百寮恭奉　冊
禮　冊文曰　皇統肇開犧燧因功而紀號
帝圖傳序勲華象德以著稱率皆應億姓之樂
推所以對　三靈之眷顧自時厥後何莫由斯
國家千載應期奕世脩德　重光積慶　應
歷統天恭惟　皇帝陛下恭承　垂裕之休保
有　無疆之祚表　在躬之瑞旋九宮而乾數
周當　出震之初闢羣氛而羲馭朗焕八彩重

瞳之質宅九州四海之尊方其　恭默不言
淵澄自保固已　照羣臣之邪正　洞庶政之
後先既而雷動風飛乾旋坤闔　威柄一而姦
朋懍懼　仁言播而遠近歸心至於博採庭謨
奮張王旅必待有名而後應固非得已而亟行
是以戈鋋所臨金湯失險攻堅易於振槁傳令
速於置郵仍以暇時舉脩墜典斟酌律禮糠粃
漢唐損益質文規模虞夏隆功並建振古罕倫
然猶體貌耆英惇叙宗族約己而厚禄秩之賜

虛心以來啓沃之言府庫不積而均利於農疇聲色不邇而留神於古訓服御靡崇於彫飾宫室聊給於會朝田獵習武事而已亦踰月而不行宴樂給賓享而已蓋非時而不召歷觀前代皆有強鄰各專社稷版圖互稱命令制誥今則

日月所燭 正朔無殊並開有指之土疆盡抗

至尊之名號加之 璇璣正協 玉燭時和連珠合璧之祥居卿日告千倉萬箱之積比屋歲滋謡頌浹於康衢琛貢來於絕域乃者別

京幸望　鑾輅省方屬燕薊之多風積陰霾而浹日及兹動軫寂不揚塵　天地清明人神慶悦是以羣工卿尹四海耄倪並造　明庭交修封奏敢叙陳於懿美願深抑於謙冲謂夤畏嚴恭　聰明時憲崇天之實也　虛靜恬淡　慈儉爲寶體道之驗也　視聽言動復於禮　緝熙光明典於學兹謂欽以直己是非可否究其實幽深遠近得其情兹謂明以察微　經緯有方焕乎丕顯之文　威懷兼示赫爾布昭之武

固天縱之將聖而多能非學惟民歸於一德而
主善爲師咸五登三豈形容之可及挂一漏万
慙鋪叙之非工臣等不勝大願謹奉　玉冊
玉寶上　尊號曰　崇天體道欽明文武聖德
皇帝立仗一千一百八十人改服通天冠　宴
二品以上官及高夏使其行事官　奏定上公
以太師宗幹太尉以正貟裴滿胡塔司徒以平
章昂攝中書令二員正員韓企先外以待制昺
攝侍中三員以平章奕左丞勗左宣徽劉筈攝

右丞蕭仲恭攝門下侍郎參政李德固攝中書侍郎銀朮哥等四員攝中書舍人趙端甫等二員攝給事中捧冊八員捧寶四員以耶律紹文蕭彥讓等充以胡景山攝刑部尚書以左右點檢攝扶持官并奉香合進茶酒盞三員接　祖宗神御前茶酒盞三員其禮部尚書太常卿吏禮部侍郎並以正員已後視此奏差除正官外並出宣　九日放朝習恭謝并　御樓儀十日大禮十一日高麗正旦人使辭十二日恭

謝祖廟還御宣和門大赦改元

天德貞元冊禮

天德二年二月百官上表奉上法天膺運睿文宣武大明聖孝之號三月望日行冊禮初七日呈稟訖上冊寶合用行事官正員外差攝上壽酒上公一員奉冊太尉讀冊中書令一舉冊中書舍人二押冊吏部侍郎一捧冊官四奉寶司徒讀寶侍中一舉寶給事中二押寶禮部侍郎一捧寶官四奏告官二行禮侍中二太

常卿二九日呈稟訖行禮節次受　冊前三日合遣使　奏告　天地昊天於南郊地祇於北郊　宗廟並以香幣酒脯醢前二日諸司停奏刑罰文書兵部帥其屬設黃麾仗殿門内二千六百人門外四百人宣徽院帥儀鸞司設座於　殿中間設冊寶幄次於　大明殿門外設羣官次於大明門外大樂令與協律郎設宮懸於　殿庭其日奉　冊寶訖設登歌於　殿上立舞表於　殿下符寶郎其日俟文武官入

奉八寶升置殿上上冊寶訖復舁還所司其日質明奉冊太尉奉寶司徒（貞元儀奉冊太師奉寶太尉）讀冊中書令讀寶侍中以次應行事官並集於尚書省奉迎冊寶由元德正門入至大明門外（貞元儀通天正門入至大安門外）置冊寶於幄次中（冊北寶南）應行事官分立於左右文武羣臣等並入次朝服攝太常卿與大樂令帥工人入就位協律郎各就舉麾位捧冊官捧寶官舁冊官舁寶官由西偏門入至西

階下冊寶褥位之西東向立俟貞元儀無捧冊捧寶官等入至褥位立俟之文等探閤門報通事舍人引攝侍中版　奏中嚴訖典儀贊者各就位閤門官引文武百寮分左右入於階下塼道東西相向立符寶郎奉　八寶由西偏門分入升置　殿上東西間相向訖分左右立於寶後通事舍人引攝侍中版　奏外辦扇合服衮冕以出曲直華蓋侍衛警蹕如常跪俛伏興舉麾工鼓柷奏乾寧之樂出自東房即　座儀

使副添香殿下第一墀香爐宣徽院另差閤門
一貟添香貞元儀殿下沙墀爐煙升扇開簾
捲協律郎偃麾敔樂止凡樂皆協律郎舉麾工
鼓柷而後作偃麾戞敔而後止上下皆准此太常
博士通事舍人自册寶幄次分引　册太常卿
前導吏部侍郎押　册而行奉册册太尉讀册中
書令舉册官貞元儀進册舉册官於　册後以
次從之次太常博士通事舍人二貟分引　寶
禮部侍郎押　寶而行奉寶司徒讀寶侍中舉

寶官貞元儀進寶舉寶官於　寶後以次從之由正門入宮懸奏歸美揚功之曲太常卿於冊床前導至第一墀貞元儀並云沙墀香案南籍冊寶褥位上少置冊北寶南太常卿與舉冊官退於冊寶稍西東向立應博士舍人立於其後舁冊寶冊床弩手繖子官等又於其後皆東向太尉司徒中書令侍中皆於　冊後面北以次立吏部侍郎禮部侍郎次立於其後立定貞元儀冊北　寶南太常卿於　冊東北向側立太師

以下於冊寶褥位東序立舁冊牀弩手繖子退

立東階下面北立太尉以下於冊寶褥位西序

立舁寶牀弩手繖子退立於西階下立定樂止

閤門舍人分引東西兩班羣官合班轉北向立

東班以西爲上西班以東爲上中間小留班路

俟立定太常博士通事舍人四員分引太尉司

徒中書令侍中吏部禮部侍郎以次各復本班

訖博士舍人退以俟初引時樂奏歸美揚功之

曲至位立定樂止典儀曰拜贊者承傳太尉以

下應在官位羣官皆舞蹈五拜班首出班起居
訖又賛再拜如　朝會常儀太常博士通事舍
人四員再引太尉司徒中書令侍中吏禮部侍
郎復進至册寶所稍南立定舁册寶床弩手繖
子官並進前舉册寶床興太常博士通士舍人
二員分引　册太常卿前導吏部侍郎押　册
而行奉册太尉讀册中書令舉册官於　册後
以次從之　册初行樂奏肅寧之曲次通事舍
人太常博士　又二員分引　寶禮部侍郎押

寶而行奉寶司徒讀寶侍中舉寶官於寶後以次從之詣西階下至冊寶褥位貞元儀冊寶床輿博士舍人分引太師太尉以下導從冊寶行樂奏肅寧之曲至西階下冊寶褥位少置冊北寶南樂止貞元儀樂止太尉以下於冊寶西序立舁冊寶床笒手織子官等退於後稍西東向立捧冊官與舁冊官並進前去冊函蓋置於床取冊匣升太常博士通事舍人分引冊太常卿側身導冊先升奉冊太尉讀冊中書令

舉冊官捧冊官於　冊後以次從升吏部侍郎不升止於冊牀之西　冊初行樂奏肅寧之曲進至殿上博士舍人分左右於前楹立以俟舍人在東以俟　冊引讀中書舍人自東階還本班博士在西以俟引奉冊太尉降自西階下東面立讀冊中書令於欄子外前楹稍西立以俟舉冊官捧冊官立於其後奉冊太尉從升至褥位奉冊太尉搢笏少前跪置訖執笏俛伏興樂止太尉退於前楹稍西立以俟太常博士立

於後太常卿少退東向立舁冊官立於其後皆東向捧冊官先入舉冊官次入讀冊中書令又次入捧冊官四員皆搢笏雙跪捧兩員於 冊北一員稍東一員稍西兩員於 冊南一員稍東一員稍西舉冊官二員亦搢笏兩邊單跪對舉中書令執笏進跪稱中書令臣某讀冊讀訖俛伏興中書令俟冊舁先退通事舍人引降自東階復本班訖通事舍人依前復引太尉太常卿降復寶床前舁冊官並進與捧冊官等取冊

匣與置於　殿東閤褥位案上西向捧舉册官
等降自東階還本班舁册官亦退太常博士引
奉册太尉降自西階東向立以俟次捧寶官與
舁寶官俟讀册中書令讀訖出並進前去寶函
蓋置於床取寶盝升太常博士通事舍人分引
寶太常卿側身導　寶先升奉寶司徒讀寶
侍中舉寶官捧寶官於　寶後以次從升禮部
侍郎不升立於寶床之西　寶初行樂奏肅寧
之曲進至　殿上博士舍人俱退不升並於前

楹稍西立以俟博士以俟引司徒降西階以太尉立舍人以俟引侍中降西階復本班讀寶侍中於欄子外前楹間稍西立以俟舉寶官捧寶官立於其後奉寶司徒　寶升至褥位奉寶司徒搢笏少前跪置訖執笏俛伏興樂止司徒退於前楹西立以俟太常卿少退東向立舁寶官立於其後皆東向捧寶官先入舉寶官次入讀寶侍中又次入捧寶官四員皆搢笏雙跪捧兩員於　寶北一員稍東一員稍西兩員於　寶

南一貟稍東一貟稍西舉寶官二貟亦搢笏兩
邊單跪對舉侍中執笏進跪稱侍中臣某讀寶
訖俛伏興侍中俟 寶與先退通事舍人引降
自西階復本班訖通事舍人依前復引司徒昇
寶官進前與捧寶舉寶官等取寶盝與置於
殿之西間褥位案上東向捧寶舉寶官等與太
常卿俱降自西階及吏部侍郎皆復本班昇寶
官亦退太常博士引捧寶司徒次奉寶太尉東
向立定博士舍人贊引太尉司徒進詣第一墀

香案南褥位立定博士舍人贊退典儀曰拜贊者承傳在位官皆再拜訖博士舍人二員引太尉詣東階升貞元儀捧册官與舁册官並進前取　册先升奉册太師通事舍人分引　册太常卿側身導　册先升奉册太師讀册中書令押册進册舉册官捧册官於　册後以次從升　册初行樂奏肅寧之曲進至　殿上奉册太師於褥位搢笏少前跪置訖執笏退樂止太師與讀册中書令於欄子外前楹稍東面北立博

士舍人少退面西側立押冊進冊舉冊捧冊舁冊官又在其後太常卿少退於前楹稍西東向立定捧冊官先入舉冊官次入讀冊中書令又次入捧冊官四員皆搢笏雙跪捧兩員於　冊北一員稍東一員稍西兩員於　冊南一員稍東一員稍西舉冊官二員亦搢笏兩邊單跪對舉中書令執笏進拜跪讀　冊讀訖俛伏興立於前楹東太師之次舉冊捧冊官少退立太常卿降復寶床前押冊舁冊官並進前與捧冊舉

冊官等取　冊與置於　殿之東間褥位案上
西向押冊進冊捧舉舁冊官等俱降自東階還
本班博士舍人引奉冊太師中書令降自東階
還本班次捧寶官與舁寶官俟讀冊中書令讀
訖出並進前取寶盝升太常博士通事舍人分
引　寶太常卿側身導　寶先升奉寶太尉讀
寶侍中押寶進寶舉寶捧寶官於　寶後以次
從升　寶初行樂奏肅寧之曲進至　殿上奉
寶太尉於褥位搢笏少前跪置訖執笏退樂止

太尉與讀寶侍中於欄子外前楹西面北立博士舍人少退面西側立押寶進寶舉寶捧寶舁寶官又在其後太常卿少退於前楹稍西東向立定捧寶官先入舉寶官次入讀寶侍中又次入捧寶官四員皆搢笏跪捧兩員於　寶北一員稍東一員稍西兩員於　寶南一員稍東一員稍西舉寶官二員亦搢笏兩邊單跪對舉侍中執笏進拜跪讀　寶讀訖俛伏興退立於前楹西太尉之次舉寶捧寶官少退立押寶舁寶

官進前與捧寶舉寶官等取寶盝與置於殿
之西間褥位案上東向押寶進寶捧寶舉寶舁
寶官等俱降自西階班博士舍人引太尉侍中
降西階復本班太常卿亦從太尉侍中降西階
還本班立定太常博士通士舍人引太師升
殿宮懸奏純誠享上之曲至階止博士舍人退
不升以俟閤使二員引太尉進至前立定樂止
閤使揖贊太尉拜跪賀殿下閤門揖百寮躬
身太尉稱文武百寮具官臣等言致賀詞云云

貞元儀止云太師致賀詞俛伏興百寮平立退至階下博士舍人分引太尉降至東階初降宮懸作肅寧之曲復香案南褥位立定樂止貞元儀太師降自東階宮懸作肅寧之曲至位樂止博士舍人少退典儀曰拜贊者承傳太尉司徒及在位羣官俱再拜舞蹈三稱 萬歲又再拜訖通事舍人引攝侍中升自東階進詣前楹間躬承旨退臨階西向稱有 制典儀曰拜贊者承傳太尉司徒及在位羣官俱再拜躬身 宣

詞云云　宣訖通事舍人引侍中還位典儀曰
拜贊者承傳階上下應在位羣官俱再拜舞蹈
三稱　萬歲又再拜訖博士舍人分引太尉司
徒就百寮位初引宮懸作肅寧之曲至位立定
樂止貞元儀無分引太尉司徒就位一節及無初引宮懸肅寧之曲閤門舍人分引應北面位
羣官各分班東西相向立定通事舍人引攝侍
中升自東階當前楹間跪奏禮畢俛伏興引降
還位扇合簾降協律郎俛伏興舉麾工鼓柷奏

乾寧之曲降　座入自東房還後閤進膳侍衛
警蹕如儀扇開樂止捧册官帥舁册床人捧寶
官帥舁寶床人皆升　殿取匣盝蓋訖置於床
前引進司官前導通事舍人贊引詣東上閤門
上進貞元儀進　册官跪進册狀進寶官進寶狀
以授内常侍各　再拜以次出通事舍人分引文
武百寮等以次出歸幕次　賜食以俟　上壽
上册寶禮畢有司排辦　御床及　座宴羣
官位並如曲宴儀攝太常卿與大樂令帥工人

入并協律郎各就舉麾位俟等探舍人報通事舍人引三師以下文武百寮　親王宗室等分左右入至　殿階下稍南東西相向立通事舍人先引攝侍中版　奏中嚴少頃又　奏外辦扇合鳴鞭協律郎跪俛伏興工鼓柷宮懸奏乾寧之曲服通天冠絳紗袍即　座簾捲内侍贊扇開　殿上下鳴鞭戛敔樂止儀使副等添香爐煙升通事舍人引班首已下合班樂奏肅寧之曲至北向位重行立定中間少留班路通事

舍人引攝侍中詣東階升至　殿上少立閤門
舍人引禮部尚書出班前北向俛伏跪　奏稱
禮部尚書臣某言請允羣臣上壽俛伏興躬身
通事舍人引攝侍中詣前楹間躬承　旨退臨
階稍東西向曰　制可侍中少退舍人賛禮部
尚書再拜訖賛祗候復本班貞元儀無禮部尚
書跪奏侍中承旨一節內侍局進　御床入次
良醞令於　殿下横階南酹酒訖典儀曰拜賛
者承傳在位官皆再拜隨拜三稱　萬歲訖平

立太常博士通事舍人分引攝上公由東階升

初升宮懸奏肅寧之曲　殿上舍人少退二閤

使揖上公進至進酒褥位樂止宣徽使以爵授

上公上公搢笏受爵詣榻前跪進受爵訖上公

執槃退至進酒位以槃授宣徽使訖二閤使揖

上公入欄子內贊拜跪　殿下閤門揖百寮皆

躬身上公　奏稱文武百寮上公具官臣某等

稽首言貞元儀無文武百寮具官之文云云臣

等不勝大慶謹上　千萬歲壽伏與百寮平

立二閤使揖上公出太常博士通事舍人引上
公降自東階復本班太常博士通事舍人退上
公初降階樂奏肅寧之曲至位立定樂止典儀
曰拜贊者承傳上公與在位官皆再拜訖百寮
皆躬身通事舍人揖攝侍中進詣前楹間躬承
旨退臨階西向稱有　制典儀曰拜贊者承
傳上公及在位羣官皆再拜隨拜三稱　萬歲
訖躬身　宣曰得公等壽酒與公等内外同慶
閤門舍人贊　宣諭訖上公與百寮皆舞蹈五

拜訖閤門舍人引百寮分班東西序面　殿立博士舍人再引上公自東階升宮懸奏肅寧之曲至進酒褥位樂止上公搢笏宣徽使授上公盤上公詣欄子内褥位跪舉酒宮懸奏景命萬年之曲飲訖樂止上公進受虚爵訖復褥位以爵授宣徽使訖二閤使揖上公退内侍局舁御床出貞元儀無此舁出再進入一節博士舍人並進前分引降自東階宮懸作肅寧之曲閤門舍人分引東西兩班隨上公俱復北向位立

定樂止典儀曰拜贊者承傳在位官皆再拜三稱　萬歲訖平立　殿上通事舍人揖攝侍中進詣前楹間躬承　旨退臨階西向閤門官先揖百寮躬身侍中稱有　制典儀曰拜贊者承傳在位官皆再拜訖躬身　宣曰延王公等升殿典儀曰拜贊者承傳在位官皆再拜訖搢笏舞蹈又再拜訖太常博士通事舍人引上公以下合赴　宴羣官分左右升　殿不與宴羣官分左右捲班出宮懸奏肅寧之曲百寮至

殿上坐後立樂止內侍局進　御床入依尋常宴會再進第一爵酒登歌奏聖德昭明之曲飲訖樂止羣官就坐傳宣　賜起立拜數節次並如常儀執事者行羣官酒宮懸作肅寧之曲文舞入觴行一周樂止尚食局進食執事者設羣官食宮懸奏保大定功之舞貞元儀奏萬國來同之舞三成止出又進第二爵酒登歌奏天賛堯齡之曲貞元儀天錫萬齡之曲飲訖樂止執事者行羣官酒宮懸作肅寧之曲武舞入觴

行一周樂止尚食局進食執事者設羣官食宮
懸奏萬國來同之舞貞元儀奏保大定功之舞
三成止出又進第三爵酒登歌奏慶雲之曲飲
訖樂止執事者行羣官酒宮懸作肅寧之曲觴
行一周樂止尚食局進食執事者設羣官食宮
懸奏肅寧之曲食畢樂止閤門官分揖侍宴
羣官起立於席後通事舍人引攝侍中詣榻前
俛伏興跪奏侍中臣某言禮畢俛伏興閤門
舍人分引羣官俱降東西階內侍局舁御床

出宮懸作肅寧之曲　至北向位立定樂止典儀曰拜贊者承傳在位官皆再拜訖搢笏舞蹈又再拜訖再分班東西序立貞元儀東西序立侍中詣榻前跪奏禮畢扇合簾降　殿上下鳴鞭協律郎俛伏跪舉麾興工鼓柷奏乾寧之曲降座入自東房還後閤侍儀如來儀内侍贊扇開戞敔樂止通事舍人引攝侍中版　奏解嚴所司承　旨放仗在位羣官皆再拜以次出

天德二年十二月省去十二字稱號

貞元三年十一月太師思忠等上表奉上　奉
天崇運至孝大明淵謀睿斷聖文神武之號蒙
從上省去十二字餘　從所請二十七日稟
訖四年正月七日行禮儀仗用三千人　提點儀
仗　許霖畢隷　禮部下太常寺於已行禮數内
增損參詳到下項儀　冊用玉簡然總數七十
五枚亦從文之多寡各長一尺二寸闊一寸二
分厚五分聯以金縷首尾結帶前後四板刻龍
縷金若捧護之狀藉以錦褥覆以紅羅泥金夾

帕冊匣長廣取容　玉冊塗以朱漆金裝隱起突龍鳳金鏁扮鉻匣上又以紅羅繡盤龍蹙金帕覆之承以鍍金裝長於床鍍金龍首鍍金魚鈎藉匣以錦緣褥又紐紅絲爲條以縈匣係天德二年檢照到典禮已經成造製度　寶用玉廣四寸九分厚一寸二分篆文填以金盤龍紐係以暈錦大綬赤小綬連玉環又玉檢高七寸廣二寸四分皆飾以金果以紅錦加紅羅泥金夾帕納於小盝盝以金裝内設金床暈錦褥飾

以雜色玻璃碧鈿石珊瑚金精石馬腦又盏二重皆裝以金覆以紅羅繡帕承以鍍金裝長於床鍍金魚鉤藉盏以錦褥又冊寶行馬並飾以鍍金冊寶案並塗以朱漆覆以紅羅銷金衣寶上篆文隱起其地塡以金冊檢並眞書鐫訖内塡以金前三日遣使奏告昊天上帝皇地祇並於常武殿拜天臺設褥位牌昊天上帝位當中皇地祇次西少却及香茶酒

祝版祝板少府監成造學士院撰詞書寫進署

訖付宣徽院差控鶴官用床擡舁覆以黄羅帕

隨告官詣祠所 告官就所居清齋一日告日質明宣徽院帥儀鑾司鋪設供具閤門舍人一員太常博士一員引告官詣 神位前再拜每位上香跪奠茶奠酒再拜太祝讀祝版告官再拜退 原廟奏告准上 前二日停 奏刑罰文字正月四日六日習儀於 大安殿奉 册及上壽酒并致詞太師奉 寶太尉讀 册中書令讀 寶侍中進 册中書侍郎進 寶門下

侍郎押 冊吏部侍郎押 寶禮部侍郎各一
舉冊中書舍人舉寶給事中各二捧冊官捧寶
官各四行禮侍中二 一奏中嚴外辦及解嚴
禮畢一宣制 太常卿二 一押樂一行禮昇
冊寶官依例省令史充 大樂令協律郎二 一
殿上一殿庭 典儀贊者各二 閤門充 太常博
士三 二引冊寶奉 冊寶引太師太尉還班
一引太師進酒 通事舍人七 二冊寶二引侍
中一引太師進酒二引中書門下侍郎昇冊案

十四舁寶案六部令史充內常侍四人分引冊寶入進宣徽院差弩手繖子百人擡冊寶床及案前一日尚書省安設及次日行禮并隨內常侍入進兵部帥其屬設儀仗於 殿門內外宣徽院帥儀鸞司於前一日設 御座於 殿中間設東西房前楹施簾設香爐香案於 殿下沙墀設藉冊寶褥位於香案南設香爐二於 殿榻之左右設冊寶幄次於 殿門外稍東西向冊北寶南設藉冊寶褥位一於榻前設太師賀

褥位於欄子北設藉册匣寶盝案褥位各一於
殿上東西間設藉册床寶床褥位各一於
殿西階下道西設羣官次於　殿門外東上閤
門外設置册寶褥位各一設中書門下侍郎拜
褥各一所司約量陳繖扇於三墀之左右宣徽
院勒所司排辦　御床菓饌并差簾外執扇五
十人開合如儀依例供奉官充展紫大樂令協
律郎前二日設宫懸於　殿庭又設協律郎舉
麾位二一於　殿上樂懸西北一於　殿下樂

懸西北並東向閤門司設百官位於　殿庭如
朝會儀又設贊者位於班前東北又設典儀
位於　殿階上又設行事官位牌如已定儀才
候上　冊寶訖還　御幄又設坐宴羣官位於
殿上如尋常曲宴儀太常寺其日帥舁冊寶
案官先入置案於　殿之東西閒藉冊寶褥位
上冊東寶西學士院定撰上　冊寶訖　賀詞并上
壽詞　宣荅制詞及大樂曲名并曲及登歌
詞與　奏告祝文書寫進署中書侍郎進冊狀

門下侍郎進寶狀其狀尚書省禮房寫良醞令備酒并　殿下酹酒如常儀尚食排菓饌尚衣進冕服通天冠絳紗袍有司備警蹕繖扇曲直華蓋等儀物符寶郎其日俟文武羣官入奉八寶置於　殿上東西閒相向（舁八寶用控鶴門仗官）四員分立　寶後上　冊寶訖復還所司御史臺告報外官刺史已上新除未辭或已辭未發及諸道使人并外官朝奏在都者各依本官職序班少府監造位牌三十面各長

尺二闊一尺厚八分黑油引進司禮畢中書侍
郎門下侍郎置冊寶匣盝於床内常侍四人與
引進司官前導通事舍人贊引詣東上閤門上
進上　冊寶并上　壽並如天德儀　冊禮後
恭謝　原廟用天德儀惟不降　詔

大金集禮卷第一

大金集禮卷第二

帝號下

大定七年　册禮

大定十一年　册禮

大定七年　册禮

大定元年十月日　上即位東京大赦改元

十一月十六日有司奉表備禮上尊號　聖明

仁孝皇帝初羣臣上十有二字上止受四字

大定二年七月禮官討定將來　奉安祫享後

羣臣當詣東上閤門奉表請增上　尊號三年十月七日升祔　睿宗祫享禮畢羣臣累奉表陳請未奉　俞音五年正月平章政事宗憲率百寮奉　表懇請曰雖有大能謙　聖人之至德而歸美以報羣下之誠心仰希從欲之仁薦致瀆　尊之請恭惟　紹開景命　克享靈心謳歌所歸歷數斯在思其艱圖其易勤於邦儉於家　廟祏其嚴每厚　蒸嘗之薦　陵園是奉時爲　省謁之行楚子請盟貢復包茅之入

尉宅奉職使因白壁而通文軌大同干戈不用
且　哀矜庶獄　掄擇羣材　分問俗之使以
通下情　行均賦之令以寬民力蝗螟不害與
沴氣以潛消黍稷維馨告甫田之屢稔巍巍然
高百王之治迹亹亹乎嚮三代之休風如典冊
有所未崇在臣子豈遑寧處夫　膺帝命而履
寶位是爲　應天因民心而啓洪基是爲　與
祚遠人來附綏之而已乃修德以尚文得不謂
仁文乎王略旣宣服之而已不窮兵而黷武

得不謂 義武乎本之以事無不通之 聖擴
之以遠無不燭之 明能廣前人之有聲實曰
天子之至孝合茲衆美允矣公言臣等不勝大
願謹固請加上 尊號曰 應天興祚仁文義
武聖明至孝皇帝 上猶固讓三月宗憲等復
抗表請曰亟章屢貢 宸聽未回雖 聖心能
以自儆在臣下有所未安夫簡在 上帝之心
謂之 應天紹復 先王之業謂之 興祚
仁以守位 德以撫民無所不通非 聖孰能

與此先之以愛夫　孝何以加乎道備至明名
非虛美臣等不勝大願謹固加上　尊號曰
應天興祚仁德聖孝至明皇帝　詔答曰自臨
御以來尚多闕政而羣工兆姓爲過情之禮以
徽號見加章至六上益拒益堅無乃激於忠
愛而志在歸美不能自已歟且以　國體之重
有不可闕者耶載念固執予守則恐鬱輿望披
襟全善則又難自安其去至明二字餘用勉從
二十三日下　詔朕以正隆之失御獲承　太

祖之貽謀涉道未弘臨政猶淺不意羣工之歸美遽以鴻名而見加奏牘屢陳忠懇難奪朕雖俞允顏實忸怩今已勉受　應天興祚仁德聖孝之號尚念邊鄙甫寧民居始奠事無欲速時貴適宜蓋王者必世而後仁禮至太平而大備故須待熈洽之際乃可盡對揚之休所有禮冊當俟他年舉行六年十一月二十三日羣臣復奉表陳請曰頃奉　制書誕揚　徽號未崇冊典實鬱輿情今已四方無虞百工允治節令

調而五穀稔盜賊息而兆民安咸謂大平適當
斯旦伏願　俯從忠悃　昭受丕儀　詔從之
七年正月八日遣　皇子判大輿尹許王告
天地判宗英王文告　太廟十一日　皇帝服
衮冕　御大安殿右丞相紇石烈良弼等恭奉
冊禮　冊文曰形而上者謂之　道道之用出
於自然物之祖者本乎　天天之功歸於不宰
然而尊居四大茂育羣生觀妙有而曰希夷擬
形容而稱穹昊惟　聖運化體道與天強爲之

名蓋功德所立者卓對揚其美緊臣庶不謀而同雖縣謙讓以未遑其如樂推而不厭建久安成長治況屬令休騰茂實蜚英聲茲爲壯觀恭惟云云剛健中正緝熙光明惟簡在於帝心實矜從於民欲顯膺推戴非以力求大獲纂承其惟自度脩德之符欵見應誠之瑞畢臻六氣和而五穀登羣生遂而萬民殖斯可謂之應天自頃禍亂實開聖明拯生靈於阽危安基祚於隉杌宗祏有主人

謀與能 仗大順而揮天戈 征不庭而定
皇國北陲孽寇授首於勢窮南服遠人尋盟於
事迫拓統無外迓衡弗迷 大烈耿光丕靈承
於 祖考 璇圖寶曆永孚休於邦家斯可謂
之 興祚兼愛無私博施濟衆下卹刑之詔
靡寃不申定寢兵之功惟暴是禁續功臣之世
而延其賞去貪人之類而表其廉非 至仁孰
能與於此 爲政則如北辰 恭己而正 南
面昧爽丕顯輝光日新 宜民宜人 克君克

長終始惟一茲尚監於湯銘　威懷所加肆昭
升於禹迹非　至德孰能與於此　道濟天下
識居物先極深研幾通志成務斯可謂之　聖
宗祊合享祗事惟寅　陵寢蠲蒸追懷罔極
嗣有令緒能昭先功睦親族而和萬邦通神
明而光四海斯可謂之　孝未膺　顯册終鬱
輿情固拒誠難　俞音始下臣等管窺蠡測雖
莫際於高深玉振金聲敢奉揚於典禮臣等不
勝大願謹奉　玉册玉寶上　尊號曰　應天

興祚仁德聖孝皇帝有司援前代舊儀大朝會設黃麾大仗五千二十五人皇統年用一千一百八十人天德貞元並用三千人二千六百人門內四百人門外舊儀大朝會陳五輅於庭玉在中金在東象次之革在西木次之皇統行冊禮曾經陳設　奏奉　勅旨許用三千人車輅不須陳設六年十二月九日　奉冊太尉奉寶司徒讀冊中書令兼進冊中書侍郎讀寶侍中兼進寶門下侍郎以宰執攝舉冊中書舍人舉寶給事

中各二員捧冊捧寶官各四員二品三品官攝充押冊吏部侍郎押寶禮部侍郎用正員以左宣徽同知攝行禮侍中以禮部尚書翰林直學士攝太常卿十二月二十五日宣外舁冊匣十八員寶盝六員舁冊案十二員寶案四員並用省部令譯史人等及用太樂令一員協律太博各二員典儀贊者各一員通事舍人五員　命直學士張景仁撰冊文禮部侍郎劉仲淵書篆　冊寶十一月二十七日勅并差劉仲淵等監看成造　冊寶

吏部侍郎王璹等提點編排儀仗　册寶用天德貞元制度曲直華蓋係皇統貞元例止用一柄傘子二人并依貞元例用明金黄羅方扇五十柄及　壇臺上鋪褥用素黄羅　仁壽山妨礙行禮開立正門洞子并拆那綵結茶酒樓子等

奏定行禮節次與天德儀同亦有更異并有皇太子禮故復備録受　册前三日合遣使奏告　天地　宗廟大定十一年儀兼　奏

告　社稷　前二日諸司停　奏刑罰文字前二
日百官習儀於　大安殿庭兵部帥其屬設黃
麾儀於　大安殿門之内外宣徽院帥儀鸞司
於前一日設受　冊寶壇臺於　大安殿中間
又設　御榻於　壇上　又設冊寶幄次於
大安殿門外及設　皇太子幕次於　殿東廊
又設羣官次於　大安門外大樂令與協律郎
前一日設宮懸於　殿庭又設登歌樂架於
殿上立舞表於　殿下符寶郎其日俟文武羣

官入奉　八寶置於　御座左右俟上　冊寶

訖復舁　寶還所司

上冊寶儀正月十一日

其日質明奉冊太尉奉寶司徒讀冊中書令讀

寶侍中以次應行事官並集於尚書省俟　冊

寶輿乘馬奉迎令人從係導　駕人數服飾

冊寶至　應天門下馬由正門步導入至　大

安殿門外置　冊寶於幄次冊北寶南舁冊寶牀弩

手人等分立於左右文武羣官並朝服入次攝

太常卿與大樂令帥工人入就位協律郎各就
舉麾位舁冊寶案官由西偏門先入置案於
殿東西間褥位置訖各退於西階冊寶床褥位
後捧冊官捧寶官舁冊匣官舁寶盝官由西偏
門先入至 殿西階下冊寶褥位之西東向立
俟等探閤門報通事舍人引攝侍中版奏中
嚴訖典儀贊者各就位通事舍人引文武百寮
分左右入於 殿陛下塼道之東西相向立符
寶郎奉 八寶由東西偏門分入升 殿置於

御座之左右東西相向訖分左右立於寶後元昇八寶人下殿退立於殿西東階下稍南通事舍人引攝侍中版奏外辦内侍承
旨索扇扇合皇帝服袞冕以出曲直華蓋
侍衛警蹕如常儀殿上鳴鞭訖殿下亦鳴已下鳴鞭皆准此初索扇協律郎跪俛伏興舉麾工鼓
柷宫懸奏泰寧之曲侍臣進鎮圭進受鎮圭侍臣係尚食局官皇帝執圭出自東房即
御座南向釋圭即侍臣承奉立侍於左儀鸞使

副添香殿下第一墀香爐宣徽院另差閤門一員添香爐香升扇開簾捲協律郎偃麾戛敔樂止凡樂皆協律郎舉麾工鼓柷而後作偃麾戛敔而後止下皆准此太常博士通事舍人二員自冊寶幄次分引冊太常卿前導吏部侍郎押冊而行奉冊太尉讀冊中書令舉冊官於冊後以次從之次太常博士通事舍人二員分引寶禮部侍郎押寶而行奉寶司徒讀寶侍中舉寶官於寶後以次從之由正門入

宮懸奏天保報上之曲太常卿於册床前導至第一墀香案南籍册寶褥位上少置（册北寶南）太常卿與舉册寶官退於　册寶稍西東向立於侯應博士舍人立於其後舁册寶床弩手等又於其後皆東向太尉司徒中書令侍中皆於　册寶後面北以次立吏禮部侍郎次立於其後立定樂止通事舍人分引（東班以西爲上西班以東爲上）中間少留班路侯立定太常博士通事舍人四員分引太尉司徒中書令侍中吏禮部

侍郎太常卿舉册寶官等以次各復本班訖博士舍人退以俟初引時宮懸奏歸美揚功之曲至位立定樂止典儀曰拜贊者承傳太尉以下應在位羣官皆舞蹈五拜班首出班起居訖又贊再拜如 朝會常儀太常博士通事舍人四員再引太尉司徒以次官復進至册寶所依位立定舁册寶床弩手等並進前舉册寶床輿太常博士通事舍人二員分引 册太常卿前導吏部侍郎押 册而行奉册太尉讀册中書令

舉冊官於　冊後以次從之　冊初行宮懸奏

和寧之曲次通事舍人太常博士又二員分引

寶禮部侍郎押　寶而行奉寶司徒讀寶侍

中舉寶官於　寶後以次從之詣　殿西階下

至冊寶褥位少置冊北寶南太尉以下以次東向立

定樂止舁冊寶床弩手等退於後稍西東向立

捧冊官與舁冊匣官並前進去冊匣蓋置於床取冊匣

升太常博士通事舍人分引冊匣太常卿導

冊先升奉冊太尉讀冊中書令舉冊官捧冊官

於　冊後以次從之吏部侍郎不升立於冊床之西　冊初行宫懸奏和寧之曲進至　殿上博士舍人並於前楹稍東立以俟讀冊中書令於前楹稍西立俟舉冊官捧冊官立於其後奉冊太尉從　冊升進至　御座前褥位奉冊太尉搢笏少前跪置訖執笏俛伏興樂止太尉退於前楹稍東立以俟博士舍人立於後太常卿少退東向立舁冊匣官立於其後皆東向捧冊官先入舉冊官次入讀冊中書令又次入捧冊

官四員皆搢笏雙跪捧兩員於 冊北一員稍東一員稍西兩員於 冊南一員稍東一員稍西舉冊官二員亦搢笏兩邊單跪對舉中書令執笏進跪稱中書令臣某讀冊讀訖俛伏興中書令俟舉冊官與先退博士舍人引太尉中書令降自東階復本班太常卿降自西階復寶床前舁冊匣官並進前與捧冊舉冊官等取冊匣興置於 殿之東閒褥位案上西向捧舉冊官等俱降自東階還本班舁冊官等亦退入百官

班捧寶官與舁寶盝官俟讀册中書令讀訖出並進前去寶盝蓋置於床取寶盝升太常博士通事舍人分引寶盝太常卿導　寶先升奉寶司徒讀寶侍中舉寶官捧寶官於　寶後以次從升禮部侍郎不升立於寶床之西　寶初行宮懸奏和寧之曲進至　殿上博士舍人並於前楹稍西立以俟讀寶侍中亦於前楹間稍西立俟舉寶官捧寶官立於其後奉寶司徒從　寶升進至　御座前褥位奉寶司徒搢笏少前跪置訖

執笏俛伏興樂止司徒退於前楹稍西立以俟太常卿少退東向立舁寶盝官立於其後皆東向捧寶官先入舉寶官次入讀寶侍中又次入捧寶官四員皆搢笏雙跪捧兩員於寶北一員稍東一員稍西兩員於寶南一員稍東一員稍西舉寶官二員亦搢笏兩邊單跪對舉侍中執笏進跪稱侍中臣某讀寶訖俛伏興侍中俟舉寶官興先退博士舍人引司徒侍中降自西階復本班舁寶盝官進前與捧寶舉寶官等

取寶盝與置於　殿之西間褥位案上東向捧
舉寶官等與太常卿俱降自西階及吏禮部侍
郎皆復本班舁寶官等亦退入百官班典儀曰
拜贊者承傳在位官皆再拜　皇太子於　殿
東廊幕次改服遠游冠朱明衣執桓圭先於
大安殿後陪侍　皇帝升　殿於　殿上　御
榻東稍南面西褥位侍立俟太尉司徒上　冊
寶訖中書令侍中讀　冊寶訖俟　殿下官皆
再拜閤門使揖　皇太子出　殿典贊儀分引

降自東階宮懸奏和寧之曲至褥位立定樂止
典儀曰拜贊者承傳　皇太子並在位羣官皆
再拜訖典贊儀引　皇太子升　殿東階宮懸
奏同心戴聖之曲至階上二閤使引　皇太子
詣　御座前褥位立定樂止二閤使贊拜跪賀
殿下通事舍人揖百寮躬身　皇太子賀誕
膺徽號光御珍圖典儀告成寰區均慶賀訖俛
伏興二閤使引退至前楹階下典贊儀引降自
東階宮懸奏和寧之曲至位樂止典儀曰拜贊

者承傳　皇太子及在位羣官皆再拜舞蹈又再拜訖且躬侍中於　御座前承　旨退臨階西向立稱有　制典儀曰拜贊者承傳　皇太子及在位羣官皆再拜訖且躬侍中　宣荅勉從衆欲昭受鴻名禮文既成與卿等内外同慶宣荅訖典儀曰拜贊者承傳　皇太子并階上下在位羣官皆再拜舞蹈再拜訖典贊儀引皇太子詣横階北東面褥位立通事舍人分引應北面羣官各分班東西相向立定通事舍

人引攝侍中進當前楹間跪奏稱侍中臣某
言禮畢俛伏興內侍承旨索扇扇合殿上
簾降協律郎俛伏興舉麾工鼓柷宮懸奏泰寧
之曲皇帝降坐入自西房還後閤進膳侍
衛警蹕如儀扇開樂止中書侍郎帥舁冊床弩
手繖子人門下侍郎帥舁寶床弩手繖子人皆
升殿取匣盝蓋訖置於床引進司官前導通
事舍人贊引詣東上閤門具狀上進典贊儀
引皇太子歸幕次通事舍人分引文武百官

以次出亦歸幕次　賜食以侍上　壽　千萬
歲壽俛伏興二閤使揖　皇太子出　殿至褥
位典儀曰拜贊者承傳　皇太子及在位羣官
皆再拜訖躬身通事舍人揖攝侍中進詣前楹
間躬承　旨退臨階西向稱有　制典儀曰拜
贊者承傳　皇太子及在位羣官皆再拜訖躬
身　宣曰得卿等　壽酒與卿等內外同慶
宣諭訖典儀曰拜贊者承傳　皇太子及在位
羣官皆再拜舞蹈又再拜訖通事舍人引分班

東西序面　殿上　皇太子搢圭宣徽使授
皇太子盤　皇太子受盤訖　皇太子升　殿
宮懸奏萬壽無疆之曲　皇帝舉酒時　殿上
下幷侍立羣官皆再拜飲訖　皇太子進至
御榻前受虛盞訖樂止復褥位以虛盞幷盤授
宣徽使訖二閤使揖　皇太子執圭退侍儀司
昇　御茶床出典贊儀進前引　皇太子降自
東階宮懸奏和寧之曲東西班羣官俱復北向
立　皇太子復位立定樂止典儀曰拜贊者承

傳　皇太子及在位羣官皆再拜訖躬身　殿
上通事舍人揖攝侍中進詣前楹間躬承　旨
退臨階西向稱有　制典儀曰拜贊者承傳
皇太子及在位羣官皆再拜訖躬身　宣曰延
皇太子王公等升　殿通事舍人揖攝侍中
退典儀曰拜贊者承傳　皇太子及在位羣官
皆再拜舞蹈又再拜訖典贊儀及閤門通事舍
人分引　皇太子及王公以下合赴　宴羣官
分左右升　殿與　宴官員數宣徽院取　旨

不與宴羣官卷班出宮懸奏和寧之曲　皇太子及百寮至　殿上位後立樂止侍儀司進御茶床入依尋常宴會再進　皇帝第一盞酒進酒官係宣徽院長貳官登歌奏　王道明昌之曲飲訖樂止羣官就坐傳　宣賜酒起坐拜數節次並如常　宴會儀執事者行羣官酒宮懸奏和寧之曲文舞入觴行一周樂止尚食局進食執事者設羣官食宮懸奏功成治定之曲舞三成止出又進　皇帝第二盞酒登歌奏

天子萬年之曲飲訖樂止執事者行羣官酒
宮懸作和寧之曲武舞入觴行一周樂止尚食
局　進食執事者設羣官食宮懸奏四海會同
之曲舞三成止出又進　皇帝第三盞酒登歌
奏嘉和之曲食訖樂止執事者行羣官酒宮懸
作和寧之曲觴行一周樂止尚食局　進食執
事者設羣官食宮懸奏和寧之曲食畢樂止侍
宴羣官起立於席後再拜訖通事舍人引攝
侍中詣　御榻前俛伏跪　奏稱侍中臣某言

禮畢俛伏興通事舍人分引羣官俱降東西階

皇太子依　朝會宴例便不降謝侍儀司昇

御茶床出宮懸奏和寧之曲至北向位立定

樂止典儀曰拜贊者承傳在位官皆再拜訖舞

蹈又再拜訖通事舍人引分班東西序立內侍

承　旨索扇扇合簾降鳴鞭協律郎俛伏跪舉

麾興工鼓柷宮懸奏泰寧之曲　皇帝降坐入

自西房還後閤侍衛如來儀內侍贊扇開戛敔

樂止通事舍人攝侍中版　奏解嚴所司承

旨放仗羣官以次出

六年十二月十七日勅　旨詳定恭謝　太廟之禮二十一日有司　奏請令因天下推戴昭受　大冊若備禮　恭謝　太廟廣奉　先之孝正合禮儀　從之於七年正月二日行禮十四日　御應天門　制曰朕以菲德獲承至尊賴　祖宗燕翼之謀啓　國家興復之運以至邊鄙撤警民人奠居永思積累於咸平何敢康寧於夙夜　鴻名顯冊實所未遑懇請交章誠

難固拒乃涓穀旦昭受上儀既揚對　天之休
宜厚錫民之福可大赦天下内外大小職官並
與覃恩
　大定十一年　冊禮
大定十一年八月　詔以十一月十七日有事
於　南郊十月五日太尉李石率百僚奉表請
曰　帝王之典莫大乎承　天臣子之心不忘
於歸美蓋至德荅乾坤之貺宜貴名增日月之
光伏惟　云云　丕釐耿命廣闢　皇圖　寅畏嚴

恭簡　帝心而上應　高明光大纘　祖武以

勃興　守位曰仁爲政以德　聖心通物之

微隱　孝治廣民之儀刑迄用康年惟時懋

敬　憲唐虞之稽古　監殷夏以從周由用

天休肇稱　郊祀　祖廟社稷罔不肅祇羣神

山川於茲望秩斷自緝熈之學敷爲經緯之章

至若江淮來同海隅肆靖西旅之陪臣跋扈

詔始問而即誅朔幽之羣醜逋逃兵一臨而得

雋暴禁亂止衆和民安四方無虞諸福畢至

功德若茲民臣何報惟有對揚於 鉅典庶幾推謝於鴻恩臣等以爲禮無不敬之謂欽經緯天地之謂文所覆者大之謂廣保大定功之謂武臣等不勝至願謹加上 尊號曰 應天興祚欽文廣武仁德聖孝皇帝 詔旨不允十一月二十一日辛卯李石復奉表請曰天因人而聽順人則天亦弗違名者實之賓有實則名其可已茲者羣情之歸美以其偉蹟之無前抑而未從悚然失措夫 正心而誠意 修己以安

人至於出入起居罔不嚴恭寅畏謹四時而致
孝享敬五事而承　天心此　欽之實也仁
義立廉恥張禮樂明法度著　建中和而爲皇
極　求儒雅而闡大猷以來遠人以洽四國此
文之實也　富有之謂大業　德容以受丕
基恢然如乾道之包函博哉如乾元之持載無
此疆與爾界皆一視而同仁此　廣之實也授
神略以折遐衝稽長道而屈羣醜陟威懷之
禹迹小綏定之唐功七德頌乎止戈一戎昭乎

除亂此　武之實也實既如此名宜謂何伏望
聖慈從人之願　上猶固讓凡三表懇請且
謂　南郊迎至以報天惟　國家之熙事　聖
人備道而全美屬臣子之揚休從古以然故實
具在伏望少忘　沖挹俯　賜矜從高拱穆清
丕受　典冊荅　神祇之靈既協臣庶之歡心
詔從之十一月十九日遣　皇子判大興尹
越王告　天地判宗壽王爽告　宗廟樞副耶
律成告　社稷二十二日　皇帝服袞冕　御

大安殿李石等率百僚恭奉　冊禮　冊文曰

聖人大德必得其名天下懽心以奉其上蓋千歲所接之統是二者相須而成若稽詩書之格言具載帝王之能事巍巍之治發見於都俞赫赫之功形容於雅頌其有賡歌帝作對揚王休匪今則然其來尚矣恭惟祥發　上帝統承　武元申命用休從民所欲當正隆之失馭聖緒幾危自華表以　飛龍皇綱載整方是時也遼餘孽寇肆逆滔天江左新君寒盟爭地

爰 赫斯怒以 修我戎俾克渠授首於勢窮
遐裔革心於理曲蓋天之所助者順而邦其永
孚於休然後 體乾元以長人 法辰極之居
所 仁不遠異 德惟日新 聖而無所不通
孝則昭哉嗣服固已鋪 闡休揚 偉蹟建
顯號施 尊名夫惟充實之有光未究殊尤
之絕迹若夫兢兢業業 思政之恒穆穆皇皇
臨 朝之肅禮法自國貴始威儀作民恭先於
其禴祠烝嘗必以 齊莊中正憲唐虞之稽古

監殷夏以從周大報年豐肇稱　郊祀　社稷
宗廟罔不肅祇山川羣官於茲望秩馨香薦
其　明德禮樂備於太平惟其學有緝熙是以
化成經緯至於燾載之内聲教所加共惟　帝
臣莫非王土南訖朔易時靡有爭西暨東漸罔
不率俾亦由　有常德以立武事　耀神武以
折遐衝如霆如雷於疆於理党項之陪臺稱亂
詔始問而伏誅桀然之種落不庭兵一征而
獲醜事無遺策師不踰時四海永清諸福畢至

故臣民咸尚其慶謂　德業有光於前由是稽
首颺言竭誠歸美　神功不宰蓋亦強爲之名
聖度能謙僅得　勉俞其請臣以爲懋敬厥
德之謂　欽化成天下之謂　文無思不服之
謂　廣功成止戈之謂　武臣等不勝至願謹
奉上　玉册玉寶加上　尊號曰　應天興祚
欽文廣武仁德聖孝皇帝　勑旨儀仗用二千
人車輅不須陳設奉册以太尉李石奉寶司徒
讀寶侍中進册狀中書侍郎讀册中書令進寶

狀門下侍郎以宰執攝舉冊中書舍人舉寶給事中各二捧冊捧寶官各四太常卿二押冊吏部侍郎押寶禮部侍郎正官外以三品攝充以左宣徽同知攝行禮侍中十一月十一日　命學士院張景仁撰　冊文待制王彥潛書篆　冊寶十一月九日應差行事官及　冊寶制度監造次第并十九日　奏定行禮節次並用大定七年禮例惟以加上　尊號不比初受　冊不用　恭謝儀　尊冊禮成二十四日　制曰朕以祖業惟

艱天下至大圖惟負荷莫敢荒寧賴　九廟貽謀　三靈協贊仁征義伐時靡有爭長治久安慮無遺策諸福之物畢至萬邦之年屢豐邇者干羽敷文郊宮肆祀禮樂明備神祇燕寧是皆多助之致然豈獨眇躬之能爾而羣工在列

徽號見加懇請既堅再辭不獲載念俯從於衆欲亦將上合於　天心肆膺備物之儀用荅樂推之望今已勉受　應天興祚欽文廣武仁德聖孝之號於戲政成則歸美故當通上下之情

有大而能謙敢自忽盈成之守布告遠近咸使

聞知

大金集禮卷第二

大金集禮卷第三

追加謚號上

天會三年奉上　太祖謚號

天會十三年奉上　太宗謚號

天會十三年奉上　景宣皇帝謚號

天會十四年奉上　祖宗謚號

皇統五年增上　太祖尊謚

皇統五年增上　祖宗尊謚

天會三年奉上　太祖謚號

天會三年六月諳版勃極烈杲等奉表曰功與天同者非天不可以儷號德與地合者非地不足以齊稱昔在三皇以同天之功而爲喻降及五帝以合地之德而建名故功德克配於乾坤則稱號久光於竹帛仰惟 先大聖皇帝撫興隆之運 膺眷命之休 奉天討以除殘 運神謀而制勝曾不十載底定四方代虐以寬整遼民於焚溺交隣有道得宋國之服從豈非百代之闓休誠亦羣生之幸會方期 定鼎遽泣

遺弓　皇帝陛下以同氣之親隆奉　先之
孝誕布　聖武訖成代功茲　垂烈於無期實
肇基之有自敢上強名之號顧新　追冊之
儀　日月之光雖不容於繪畫　海嶽之施庶
少報於涓埃　詔荅曰　先聖登遐眇躬繼祚
念　大勳之已集顧　尊謚之猶稽卿處元良
性資純孝請行　追冊之禮深契永思之懷所
請宜允十二月二十三日奉上　冊寶　冊曰
孝弟嗣皇帝臣諱謹再拜稽首上言曰蓋聞創

丕基樹鉅本將慶流於萬世者先王啓後之功
揚鴻懿薦大明使輝映於百王者後世奉先之
道實始終之鉅美抑今古之通行者也伏惟
兄大聖皇帝　應輝魄之元符　握榮河之祕
紀　三靈協賛千載勃興　居多淵靜之謀
動合變通之道　御家以儉遵夏禹之卑宮
刑國以輕體漢高之約法加以　神襟豁達
聖器英雄　秉覆昏取亂之機　奮濟世安民
之業周文已出知殷滅之有期唐祖既生見隋

亡之不遠頃者有遼訖運昏主承家狎侮太平荒迷多罪先絶鄰好曲造兵端旣誘納我叛亡又侵圖我邊鄙天實厭棄民曰怨咨戚旣自貽禍將孰免緊天下起旱霓之望　我聖人行時雨之征　親御六師用申九伐人病大江之阻自得通逵兵臨臣敵之來○占瑞火故能一舉取遼霤再舉下雲燕何銳敢前無堅不破方當秦野肆追亡鹿之蹤我值軒湖長往　飛龍之駕　大命有屬微躬弗遑○○康寧勉思述繼

百神假手果拔怨叛之根四海驩心遂定神明
之器蓋憑　成筭獲畢　前功敢忘歸報之誠
嚴奉追崇之號括地開封之謂　武體乾啟祚
之謂　元合以爲名庶其稱　德謹奉　玉册
玉寶恭上　尊號曰　武元皇帝　廟號
太祖伏願　耿光不泯與日月以俱垂　休烈
無窮將山河而共久格思　神馭膺此縟儀尚
期　顧歆永有蒙賴　册禮畢其日　詔曰朕
以眇躬嗣膺丕緒伏念　先皇帝　生資神武

卓冠古先　威震如雷霆　道大若天地日月所照罔不歸仁豚魚之微亦皆被澤念豐功厚德當盡顯揚賴元老宗工有所協贊比覽章奏深協朕懷穀旦式涓上儀爰舉以天會三年十二月二十五日恭上　尊謚曰　大聖武元皇帝　廟號　太祖於戲肇無疆之業至聖人以難。彰莫大之功非　隆謚而曷稱布告中外咸使聞知

天會十三年奉上　太宗謚號

天會十三年三月將　追册　太宗皇帝行禮
五日　宣付司空昱攝太尉左丞相宗翰攝
中書令進册左監軍谷神攝侍中奉寶郎君查
剌郎君阿古打攝中書令奉册西京留守高慶
裔攝門下侍郎讀寶兵部侍郎烏魚翰林學士
韓昉攝中書侍郎讀册禮賓使末里等二員攝
給事中舉寶遥郡木者等四員攝中書舍人舉
册攝太常卿太常博士各二攝典儀二七日奉
上　册寶　册曰維天會十三年歲次乙卯三

月甲戌朔七日庚辰哀孫嗣皇帝臣諱謹再拜頓首言曰伏以乾坤覆載之功非俄可度而俄可測耳目見聞之外或名曰夷而名曰希乃知妙出於器刑尚有強加其稱謂故帝皇以降號謚攸存生以表其殊功沒則節其大惠率由錫命於上帝將用式孚於後人非臣子之所得專在典章而不敢闕宜迹所行之大用光不朽之傳伏惟　大行皇帝廣淵清明篤實純粹渾然德性而無所畛域發乎事業則休有烈光始乎

太祖之濯征常以　介弟而居守　推恩撫
衆而内益固本　務穡節力而外無匱供　好
經遠猷　克斷大事共能定天下之業豈特寛
關中之憂兆姓與能百靈眷德　位肆定於主
器　心常戢於在淵將　嗣丕圖猶　云菲德
推戴之始　躬三讓而克誠　臨御以來　明
兩作而善繼每念前人之圖事欲終下武之代
功於時民望尚殊邦統未一遼主之竄越也收
合餘燼宋人之背誕也包藏禍心爰命進師密

授成筭奉天致討惟日奏功故纂服之後不數
年其係組而來凡三帝萬里共貫六合一家曾
無專享之私遂定久安之勢畫封守以正域選
賢能而爲邦物肅 德威人服 義舉 處社
席無爲之逸 鳩方冊不載之功必也聖乎其
可知已若乃茂昭 孝德夤奉 先猷殆將一
動而順稽非止三年而不改議有俯迫政或當
更泣 祖訓於手澤之餘下莫仰視畏 神威
於屋隅之近 躬若無容 繼述之間 愼重

如此其知人則哲乃 任官惟賢 愼簡親勳共位將相有大用之材使各盡於不賞之功無所疑實 駕馭以知方故 優游而成治至於 敬宗立愛齒族 居尊內外敦序而無間言飲食洽比而有餘惠禮貴情稱實嫌名浮不疑而物亦誠 好靜而民自正無 玉食自奉禹儉不過以茅茨是居唐風載郁 好善言惡旨酒 遠佞人放鄭聲 道交萬物而用必以時 法約三章而刑不留獄 燕殿達窮民

之告上都禁末利之游疾苦周知澆競自息謂
七德戢兵也切　戒黷武謂八政先食也每
親督農第知安民之難未嘗以　位爲樂謙抑
不德而德逾有淵默不言而言乃讙以故協氣
横流大田屢稔瑞靡不至史無絶書殆莫得以
殫論可槩言其所覩金僊効像有素鵲之爲先
國犬觸邪豈神羊之待嗾乃德之致非人所能
執貺丕昭幽明昏恍巍乎蕩乎能事之斯畢猗
歟那歟聖功之無加　天下大安　王位孔固

是宜平格以得　壽遽告彌留而弗興爰屬眇
躬嗣曆　大寶舍子不立莫窮爲度之弘於
祖丕承方懼貽謀之忝勞疚茹歎克窮靡遑會
同軌以來階俟　遣車之即遠而有宗工元老
儒學禮官討論墳典之中斷自羲軒而下揚榷
大美發輝英聲道惟最高極萬物以無稱名將
終易煥　七世之可觀或髣髴其　形容共擬
議其崖畧與定歟郊之情以張對天之休謹遣
攝太尉　皇叔祖大司空昱奉　玉冊玉寶上

尊謚曰 文烈皇帝 廟號 太宗伏惟昭
格 至靈俯歆 徽號永錫介祉以綏後昆嗚
呼哀哉臣 諱謹言
天會十三年奉上 景宣皇帝謚號
天會十三年九月將 追册 景宣皇帝 惠
昭皇后行禮 一日 命尚書令宗磐攝侍中
進寶録尚書事宗幹攝中書令進册左丞相宗
翰攝太尉郎君烏都不二貞攝侍中奉寶左監
軍谷神郎君勗攝中書令奉册西京留守高慶

脩乾文閣直學士蔡靖攝門下侍郎讀寶禮部尚書韓昉樞密副承旨趙輪攝中書侍郎讀册金吾蕭慶等四員攝給事中舉寶乾文閣待制吳激等四員攝中書舍人舉册攝太常卿太常博士典儀各一員 二日奉上 册寶 册曰

德高聖人而無其位裕在後昆子有天下則歸所尊古隆此禮故周武追王於文考漢宣正號於悼皇皆所以奉亡如存飾終昭遠昊天欲報誠難究於生成大道無名或強加其稱謂方改

園陵之卜宜新　簡冊之輝伏惟　皇考性
稟　乾剛望崇　震嫡廓有大度鬱爲英風安
民之志出自妙齡幹國之功流於今日肇邦有
夏雖由湯后之勃興舉事亡隋實賴秦王之早
計初自　義旗既建　戎輅徂征提鋭旅以階
行誓羣豪而先倡謀猷克壯騎射兼能決機事
則不疑見大敵而愈奮長於將將萬夫之政不
足觀意在賢賢一介之善未曾失人推幹蠱士
勇同仇濯濯威聲遂成德畏桓桓忠節率自孝

移遂協濟於　天功俄永清於海内　辰極旣正匕鬯宜歸文帝至公輒拒有司之請與夷善讓終推仲父之賢視天下以若遺曾胸中之不介歷古無幾非　聖而何若乃朝夕問安左右致養勤而不懈樂且有餘宗族皆以孝稱昆弟未甞言間其直也正人之曲其質也安俗之淳儼若　神明莫之敢犯坦無城府亦以易從富貴不驕聲色不溺與人同羽旄之樂處躬無彫峻之華賢愚莫逭於聰明善惡必期於進退虚

徐戒智者之察隱卹知小人之艱蓋惟道以是
從誠不聞而亦式天資至德備衆美而無得稱
地本元良在羣情之實所係何祲象之告變遽
靈儀之上賓九族爲之痛心百姓嗟乎無禄
自惟冲幼夙遭閔凶頃以眇身猥承大統雖
太宗大義之及此實　昭考餘休之至然十二
載之於今無從所怙萬一分之有荅豈可弗爲
用罄厥圖莫知攸稱稽合前世詢逮羣工咸謂
論以　孝思大者莫如嚴父求之禮意卑則不

可臨尊儻　徽稱以末加實大典之有闕是用
自上帝以請命令元龜而卜辰將垂萬世之休
奉聯　二聖之號謹遣攝太尉皇伯尚書左丞
相都元帥宗翰奉　玉册寶上　尊號曰　景
宣皇帝　廟號　徽宗　三日以追尊　皇考
妣禮成百寮奉表賀曰　聖子神孫膺期遹駿
烈考文母正名垂鴻爲　帝者之大榮宜臣
哉之胥慶伏惟　睿藴生知愛敦終慕駒馳過
隙嗟日月之不我留龍飛在天視富貴之無以

樂欲報之德不忘於心故能尊其所尊可謂孝乎惟孝爰遵舊典仰奉 徽稱亦既 追王宜載隆於異數本爲 繼祖非謂顧其私親葬循周武以肆遷事比漢宣而更異駿奔 清廟贊大禮以告成鷺集 冊庭對宏休而歸美

天會十四年奉上 祖宗謚號

天會十四年八月丙申朔 詔曰蓋聞積厚者流遠德隆則報豐廼古今之達道也朕仰惟祖先奕世修德 皇基帝迹濬發其祥而號未

崇誠爲闕典者　太祖　太宗方經啓恢廓故
不暇給夫禮時爲大惟予紹膺多福天地底平
大禮尚稽惕然增懼追王固聖人之制然歷代
以隆世數不同亦有昆弟相及著立大功者皆
極其號其與百官羣採故實以今況古務求厥
衷更當迹行累功用節大惠朕將請於　帝以
永無令之傳十五日文武百寮太師宗磐等上
議曰伏以　國家肇造區夏四征弗庭　太祖
武元皇帝受命撥亂光啓大業　太宗文烈皇

帝繼志卒伐大奮張皇原其積德累功所由來
者遠矣　皇帝陛下聖敬昭孝光於　前人深
惟草創之初日不暇給追崇大典理若有待爰
詔公卿暨百執事講求所以報本尊統貴始尚
親者事體至重誠非疑閒虛說所得輕議臣
等竊考書傳所載有天下者皆立七廟三昭
明三穆向北太祖東向有虞夏后皆祖顓頊殷
之玄王周之后稷禘所自出推以配天功大者
建萬世而不祧親盡者至四廟而迭毀歌舞發

揚荐裸升降皆有常數著爲定規至於加上帝
皇之稱是正祖宗之序漢魏以來隋唐而上侈
或不度務廣厥先陋則失中至貴其近何以存
至公之義貽百代之規且禮多爲貴固前籍之
美談而德厚流光實　本朝之先務伏惟　皇
九代祖廓君人之　量挺御世之　姿虞舜生
馮遷於負海太王避狄邑此岐山　聖姥來歸
天原肇發　皇八代祖　皇七代祖承家襲
慶裕後垂芳不求赫赫之名終大　振振之族

皇六代祖徙居得吉播種是勤去暴露獲棟宇之安釋負戴興車輿之利　皇五代祖孛堇雄姿邁世美畧濟時成百里日辟之功戎車既飾著五教在寬之訓人紀肇修　皇高祖太師質自天成德爲民望兼精騎射往無不摧始置官師歸者蓋衆　皇曾祖太師威稜震俗機警絶人雅善運籌未甞衿甲臨敵愈奮應卒若神　皇曾叔祖太師道宣知言智窮博識始搆經營之力卒成奄宅之勳　皇曾叔祖太師機獨

運心公無私物四方聳動諸部歸懷德威兩隆
風俗大定　皇伯祖太師友於盡愛　國爾惟
忠謀必罔愆舉無不濟累代　祖妣婦道警戒
王業艱難俱殫内助之勞實著始基之漸是宜
乘羣臣之僉議酌故事以遵行欵帝於郊稱天
以謚謹按謚法布義行剛曰景主義行德曰元
保民耆艾曰明温柔聖善曰懿請上　皇九代
祖尊謚曰　景元皇帝　廟號始祖　妣曰明
懿皇后中和純備曰德道德純一曰思請上

皇八代祖尊謚曰　德皇帝　妣曰思皇后好和不爭曰安好廉自克曰節請上　皇七代祖尊謚曰　安皇帝　妣曰節皇后安民治古曰定明德有勞曰昭尊賢讓善曰恭柔德好衆曰靖請上　皇六代祖尊謚曰　定昭皇帝　廟號獻祖　妣曰恭靖皇后愛民立政曰成辟土有德曰襄強毅執正曰威慈仁和民曰順請上　皇五代祖孛菫尊謚曰　成襄皇帝　廟號昭祖　妣曰威順皇后愛民好與曰惠辟土兼

國曰桓明德有勞曰昭執心決斷曰肅請上
皇高祖太師尊謚曰　惠桓皇帝　廟號景祖
妣曰昭肅皇后大而化之曰聖剛德克就曰
肅思慮深遠曰翼一德不懈曰簡請上　皇尊
祖太師尊謚曰　聖肅皇帝　廟號世祖　妣
曰翼簡皇后申情見貌曰穆博聞多能曰憲柔
德好衆曰靜聖善周聞曰宣請上　皇曾叔祖
太師尊謚曰　穆憲皇帝　廟號肅宗　妣曰
靜宣皇后慈愛忘勞曰孝執事有制曰平清白

守節曰貞愛民好與曰惠請上　皇曾叔祖太
師尊謚曰　孝平皇帝　廟號穆宗　妣曰貞
惠皇后愛民長悌曰恭一德不懈曰簡夙夜共
事曰敬小心畏忌曰僖請上　皇伯祖太師尊
謚曰　恭簡皇帝　廟號康宗　妣曰敬僖皇
后仍請以　始祖景元皇帝　景祖惠桓皇帝
世祖聖肅皇帝　太祖武元皇帝　太宗文
烈皇帝爲永永不祧之　廟須　廟室告成涓
日備物奉上　寶冊藏於天府施之罔極二十

一日奉上　熙宗實録云施之罔極丙辰奉上

九代祖妣尊謚廟號是日百寮上表稱　賀

皇統五年增上　太祖尊謚

皇統五年六月三日　詔曰自古繼體守文之君必以遵制揚功爲本乃弘宣於令問用茂對於先靈恭惟　太祖武元皇帝　玄德昭升帝心簡在櫛風沐雨躬創業之艱難　仗鉞秉旄拯生民於塗炭　集成大統　垂裕後人致今日之太平自　睿謀之先定方　廟祏以明

崇建庶可寧神而謚號之所推尊尚多遺美音
容如在夙夜靡遑蓋禮有貴於沿情事亦存於
師古爰資率籲恭議荅揚宜令尚書省集百官
五品以上與禮官共議增上　謚號仍詳具典
禮以聞禮官議自古辨祀以　南北郊　太社
太稷　太廟爲序若　太廟神主便行製造
了畢即合題　尊謚擇日奉安恐在　郊社之
前於禮未倫俟築郊兆了畢擇日奏告　昊天
上帝　皇地祇次奉安　社稷神主及　奏告

其次恭造　太廟神主題　號奉安入　室以
此爲序元奉　勑旨候到上京行禮不見元
奏目内有無指定候修建　太廟奉安　神主
以後行禮或只　慶元宮奉上　謚號若候奉
安　太廟神主禮畢方奉上　謚號　冊寶即
百官並合法服兼以　皇帝所御殿合立黃麾
仗及　殿中省細仗　太廟殿前亦合黃麾仗
其　冊寶在路亦合量設儀仗若　太廟未奉
安只於　慶元宮上　冊寶即行事及立班官

並用常服及依例量用大小旗甲騎門仗官供
奉官引從　冊寶絳服若奉安後發　冊即
御服通天冠及絳紗袍若就只　慶元宫即
幞頭紅袍并　慶元宫上　冊寶即將來題
太廟　本室　神主便可用　新謚若於　太
廟先奉安　神主即先題　舊謚及至就　本
室上　冊寶又須改題　新謚有兩節不同五
月九日擬　奏告於　太廟上　冊寶切慮物
法樂舞難迭只於　慶元宫上　冊寶　從之

六月十九日　命禮部尚書翰林承旨宇文虛中撰　冊文二十二日差應奉王競等二員監看成造　冊寶吏外高鳳庭等二負監看成造盝匣床并沿寶法物寶用眞玉約加上字數用方四寸以上五寸以下　冊用玉石依宋會要上尊號制度與天德貞元制度同不該簡數九月二十五日　命太傅左丞相宗弼充大禮使會寧牧裴滿達攝侍中奉寶平章勗攝侍中讀寶平章奕攝中書令奉冊左丞宗憲攝中書令

讀冊以右丞蕭仲恭參政李德固攝引寶門下
侍郎同判失盧果吏部尚書充攝引冊中書侍
郎以吏部戶刑工部尚書充舉冊寶官十月三
日奏准奉上　尊謚　冊寶儀　前期有司供
張　辰居殿　神御床案少府監鈎盾署設燎
薪於　殿庭西南掘坎於其側儀鸞司設小次
於　辰居殿下東廂又設　冊寶幄殿於景輝
門外東仗舍　殿前司宣徽院量差甲騎大小
旗鼓門仗官香輿自製造冊寶所迎奉　冊寶

奉安於　幄殿行事官製造官皆騎馬引從門下中書侍郎在前侍中中書令在後大禮使又在其後舉舁奉册寶官製造官分左右夾侍以北爲上皆給人從錦帽衫帶是日未明翰林使太官令丞鋪設香案酒果供具牲體膳羞於神御儀鸞司設　皇帝拜褥四一在阼階上面西一在香案南面北一在　殿上東欄子内面西一在燎薪之東面西設　黄道自　小次至阼階褥位質明有司備常行儀仗　駕頭扇筤

常朝官常服騎馬執鞭前導以北爲上仍給人從錦帽衫帶造　冊寶官排辦管勾官常服於慶元宮門外立班迎　駕再拜　皇帝自宮中服靴袍御馬至景暉門外下馬步入　小次少頃御史臺催班大禮使行事官自　幄殿奉　冊寶入正門置於　扆居殿西階下大禮使歸押班位閤門使　奏班齊太常卿　奏請　皇帝行奉上　冊寶之禮凡　奏請皆俛伏興跪奏畢就一拜起宣徽使太常卿分引前導　皇帝由黃

道升阼階上面西褥位立贊請再拜閤門使臚傳在位官皆再拜乃引　皇帝由　殿上正門入　殿於香案前褥位再拜上香又再拜退稍東於欄子內面西褥位立定儀鸞司徹香案前拜褥設冊寶褥位於香案南舉冊舁冊官取冊匣子床對捧由西階升中書侍郎分左右前導奉冊中書令讀冊中書令並後從候於褥位置定奉冊中書令於褥位南再拜退就　殿階上西南柱外面東立讀冊官中書令稍前再拜舁

冊官取匣蓋下寘於西階下冊床舉冊官對舉冊讀冊官中書令一拜起跪搢笏讀讀畢就一拜起又再拜退位於奉冊中書令之次奉冊官進與中書侍郎率舉冊舁冊官奉冊匣由西階下引從如上儀復置於冊床置定舉寶官以寶盝進至侍中讀畢由西階下復置於床皆如冊匣之儀有司徹冊寶褥位復設香案南拜褥宣徽使太常卿導　皇帝進就褥位再拜上香上茶上酒樂作三酹酒樂止太祝讀祝文訖　皇

帝再拜復歸阼階褥位立定大禮使升殿於
香案南宣徽使處授福酒臺盞行至皇帝阼
階褥位前宣徽使贊皇帝再拜飲福閤門臚
傳賜胙再拜應在位官皆再拜大禮使跪以
酒盞進授皇帝樂作飲訖又再拜大禮使
受酒盞復以授宣徽使訖由西階下歸押班位
太祝奉祝版翰林使酌酒太官令丞量取牲羞
自西階下置於燎薪之上文武班皆回班向燎
所立禮官贊請皇帝就望燎位宣徽使取酒

盞臺於翰林使以　進授　皇帝　皇帝酹酒
於燎薪之上執事者舉燎半燎瘞於坎宣徽使
贊　皇帝再拜閤門喝百官皆再拜太常卿宣
徽使前導　皇帝歸　小次即　御座簾降太
常卿俛伏興跪　奏太常卿臣名言禮畢百官
皆卷班西出大禮使以下奉冊寶床納於　慶
元宮收掌去處　皇帝進膳於　別殿侍食官
取　旨有司轉仗由來路　皇帝便服還　内
部擬　御服如來儀省改　奏便服　教坊作

樂前導次日大禮使率百官稱　賀太常宗弼以下言伏覩　詔書云云臣等聞帝王之興法天興道惟天廣大孰可測度取其色則謂之蒼天取其氣則謂之昊天惟道玄妙孰可擬議以其陰陽不測名之曰神以其生生不窮則名之曰易　帝德王功巍巍蕩蕩其於難名亦猶是也然　國家典禮有不可已古之人曰君子論譔其先祖之美而明著之後世故顯揚先祖所以崇孝也惟　聖人之德無以加於孝是以

繼緒之君夙宵惕厲　念貽燕之聖謨　揚丕

天之大律必有　典冊以表　謚號稱情爲禮

以時增加其來尚矣然歷代之論互爲異同或

以從簡爲師古或以增多爲盡美惟禮經所載

聖人格言有其舉之莫敢或廢況前代謚號

旣例有增多矯而從簡是爲廢禮又自漢唐以

來宮室車服之制朝會燕饗之度好賜賞賚之

數禮儀文物之飾有增於古者多矣何獨於宗

廟謚號而必欲從簡哉　尊號皇帝陛下紹隆

祖服不忘聿脩　遵崇孝之至論　采前王
之令典乃　詔百寮俾之詳議蓋欲推尊應
天廣運之丕圖揚厲闢國開基之大業臣等奉
詔蹴踖懼無以仰稱　聖孝敢以所聞稱述
萬一恭惟　太祖武元皇帝　聖德格天　神
功蓋古　遵晦待時　弔民伐罪定萬全之
策慷慨以誓師　乘百勝之威談笑而定亂所
攻則下所取則獲　激揚義烈　撫懷降附
運天下於掌上　攬英雄於彀中　收圖書

立制度　愼刑罰　明爵賞　知人善任使而
賢能爲之用是以化敵境爲樂土回亂國爲平
世其　施設太略　規模弘遠與湯武比隆過
高光遠甚臣等謹集官共議稽考經史參以謚
法竊以　道合於天靈承眷命謂之應乾　肇
啓皇圖傳序正統謂之興運　剛健文明光被
四表謂之昭德　拯世利民底寧區夏謂之定
功　深思遠慮貫通周達謂之睿　精義妙物
應變無方謂之神　恭敬端肅威而不猛謂之

莊　踐修世德丕承先志謂之孝　貴賢親親
慈民愛物謂之仁　照臨四方獨見先識謂之
明　充實輝光廣被弘覆謂之大　行道化民
博施濟衆謂之聖　肅將天威克定禍亂謂之
武　體仁長善尊無二上謂之元舉此大綱庶
幾髣髴摹寫叙述皆出強名將以對越　在天
之神贊成　崇孝之美稽合廷議舉無異辭請
增上　尊謚曰　太祖應乾興運昭德定功睿
神莊孝仁明大聖武元皇帝謹錄　奏聞伏候

勅旨十九日奉上　冊寶曰孝孫嗣皇帝臣
名謹拜手稽首言曰臣聞自昔繼體守文之君
嗣服重熙累洽之運念稽圖之綿邈由　祖考
之艱勤則必茂揚耿光祗薦大號豈惟盡臣子
奉先之孝亦以荅神祇申命之休故文王肇造
周室既以文爲謚而又謂之丕顯考又謂之寧
王武王克定殷邦既以武爲稱而又謂之光烈
考又謂之正父載於大訓是曰王彝粤自逮人
不綱　上帝降割占烏止於誰屋逐鹿競於中

原塗炭之危玉石無辨我　太祖武元皇帝遵養時晦顧諟　天明以　德行仁勢靡憑於力假　奉辭伐罪攻不自於我先方　秉鉞以誓師洎臨津而飲馬　神光赫然四燭輝甚朝暾天壍爲之伏流坦如平地故得讎民褫魄鄰壤歸心牧野前徒俄倒戈而自潰霍邑固守望舉鞭而已摧自是歲冒風霜躬環甲冑其至有如時雨其攻無復堅城未踰數載之閒盡取五京之地北連六鎮南界九河西懾崆峒東漸溟

勑若遠若近悉主悉臣至於　圖任親賢倚如
手足　懷服歸附推以服心　有典有則以垂
裕於子孫　無黨無偏以示公於好惡惡衣服
卑宮室夏禹之無間然也不邇聲色不殖貨利
成湯之又日新也治監太清簡易爲政羲昊之
惇風也德崇克讓推授靡私唐虞之高躅也若
乃　仁恩光被於有截　智慮豫圖於未形
禮義所維　威信所接卜世之久與天無窮臣
嗣守丕圖恪繩　遺矩念欲報之懷曷已而

追崇之禮未加想如在之　音容懍弗寧於朝
夕率籲衆志參稽格言咸謂道合於天至謂之
元與　謚議同　雖地溥天崇固不容於測度而
涓流塵集冀少益於　高深臣不勝大願謹奉
玉冊玉寶恭上　尊謚曰　應乾興運昭德
定功睿神莊孝仁明大聖武元皇帝恭惟　神
用無方　天監在下　察冲人之永慕　歆兆
姓之樂推　風馬雲車俯　故宮而暫憇　金
文玉篆揚　景鑠於無窮

皇統五年增上　祖宗尊謚

皇統五年閏十一月七日　詔曰朕聞創業垂統祖先所以詒燕謀遵制揚功後嗣所以恢弘烈稽孔聖達孝之說見武王追尊之文著在禮經遂爲永法　我國家千齡應運　累聖重光造攻始於有遼基命集於　皇祖比涓吉日祇薦　隆名天日澄輝神民慶悅載念丕圖之永邈率由奕葉之相承始於憂勤寖以光大在眇躬持守之意敢專享於盈成推　武元尊親之

心想不忘於敬愛昭兹　令聞屬在此時宜令尚書省於都堂集文武執事官五品以上與禮官稽考前代故事議增上　祖宗尊謚議定擇日　奏告施行十五日太傅宗弼以下伏惟御札云云臣等承　命忻懌敢不奉行恭惟　尊號皇帝陛下　聖孝因心夙夜惟念旣已躬上慶元宮　冊寶又推原　太祖皇帝聖意增崇　列聖尊謚以發明重光之緒合於孔子所稱武王善繼人之志善述人之事爲孝之達敬

具前代故事有宋之制備經諸儒講議最爲詳悉其於廟謚未有天下者追謚至四字有天下者增至十四字載在史冊足爲明據恭以　列聖創業垂統以艱難勤儉保國子民積累百年迄成　大業蓋與殷周之興無異其惇朴純質崇尚易簡則與羲軒同風戡定禍亂伐罪弔民無敵於天下則與湯武比德至於　聖聖傳授誠實相付不以尊位爲己私雖唐虞不能過既而天命不貳人神與能　大寶終歸於　正統

此又比之唐虞尤爲盡善是以對揚宏休勒之琬琰以垂　鴻猷於億世臣等謹按謚法參以經典格言於已定　謚號之上增加字數悉如故事　始祖景元皇帝避地他邦聿來上國始以　聖意斷訟邦人尊服至今爲法宜增上謚曰　懿憲景元皇帝取　浸以光大曰懿　創制垂法曰憲之意　德皇帝生而神異隱德不曜宜增上謚曰　淵穆玄德皇帝取　沉潛用晦曰淵　布德執義曰穆　應眞生神曰玄之

意　安皇帝龍潛修德恭默無爲以厚子孫之福宜增上謚曰　和靖慶安皇帝取　不剛不柔曰和　寬樂恭仁曰靖　積善有餘曰慶之意　獻祖定昭皇帝始立室家漸成都邑鳩民化俗悉本純儉宜增上謚曰　純烈定昭皇帝取　見素抱朴曰純　安民有功曰烈之意　昭祖成襄皇帝率義爲勇耀武拓境好施不吝宜增上謚曰　武惠成襄皇帝取　闢土拓境曰武　愛民好與曰惠之意　景祖惠桓皇帝

聖智英特肇基　帝業土宇日廣宜增上謚曰
英烈惠桓皇帝取　出類拔萃曰英　聖功
光大曰烈之意　世祖聖肅皇帝獨運神策盡
平畔亂威無不加德無不懷實始剪遼以興
寶祚宜增上謚曰　神武聖肅皇帝取　聖而
不可知曰神　克定禍亂曰武之意　肅宗穆
憲皇帝思慮通達好謀能斷宜增上謚曰　明
睿穆憲皇帝取　獨見先識曰明　思能作聖
曰睿之意　穆宗孝平皇帝法令歸一恢大洪

業盡服四十七部之衆宜增上謚曰　章順孝
平皇帝取　法度大明曰章　慈和徧服曰順
之意　康宗恭簡皇帝聿修至德克勝鄰敵宜
增上謚曰　獻敏恭簡皇帝取　聰明睿智曰
獻　應事有功曰敏之意　太宗文烈皇帝持
志淵沖恭承　太祖付託之命乃位　宸極內
治外攘一遵先志　功隆德普躋民仁壽翼善
傳　聖歸於大公宜增上謚曰　體元應運世
德昭　功哲惠仁聖文烈皇帝　法天行道曰體

元　歷數在躬曰應運　同文王之聿修曰世
德　同武王之繼文曰昭功　知人曰哲　安
民曰惠　爲天下得人謂之仁　博施濟衆謂
之聖　徽宗景宣皇帝在　太祖光有天下之
時位居元嫡推遜大寶黄屋非心誕育　聖明
儲祐無極宜增上謚曰　允恭克讓孝德玄功
佑聖景宣皇帝　誠敬不懈曰允恭　推位不
居曰克讓　奉事　太祖先意承志曰孝德
密贊謀謨道濟天下而人無能名曰玄功　誕

生聖嗣傳序正統曰佑聖巳上　廟號如故如
當　聖意乞降　旨有司備禮差官　奏告應
合行事件候　奏告禮畢檢舉施行　勑旨恭
依十七日　奏准十二月八日九日十日行
奉告禮十二月一日　命○○宗本左丞相宗
憲右丞相蕭仲恭充　奏告獻官於　慶元宮
奏告　始祖　康宗　明德宮　奏告　太
宗　慶元宮　奏告　徽宗其日未明於　殿
上排辦每位食楪十四實以茶食蔬菜菓楪十

四實以果食以粱米粳飯又椀二實以太羹內汁也盤二其一實以羊牲體二其一實以猪牲體二並一生一熟匙筯各一副茶盞各一承以托子酒盞各三共承以一盤爵酒器各一爵茶器各一花餅設於食案之前并果壘量案長短閒設共設香案一上置香爐香合在殿之中楹閒酒二十銀餅第二日酒五瓶第三日五瓶在神位之東酒注四在酒瓶之側祝板案在神位之西獻官拜褥其一設於香案之南餘皆設於

神位之前少府監撅坎於庭中之西南鈎盾

署設燎薪於坎之中排辦官告備　閤門引百

官班入立庭中北向次引獻官○殿上香再拜

應獻官拜立班官皆再拜　次引獻官至　神位

前褥位一拜跪持茶酒者以次進至獻官之右

持酹茶酒器者進至獻官之左獻官酹茶酒就

一拜起少退立捧祝版官以祝版進至　神位

西南斜向讀祝官一拜跪讀祝畢就一拜起祝

版復歸於案獻官再拜祝官退　第一日以次詣

諸位前皆如上儀獻畢復歸庭中班執事者
奉祝版及量取牲羞下置於燎薪之上百官囬
班望燎持酒盞者以酒授獻官酹於燎薪之上
獻官百官皆再拜半燎班出守燎者瘞之第一
日酹酒十盞第二日第三日各一盞第一日羊
五猪五第二第三日各羊一猪一並於前一日
宰殺 十七日增上 祖宗尊謚肆赦 制曰朕
聞大一統以居尊必推功於 祖考交三靈而
儲佑聖均慶於臣民 國家勅命惟時 重光

蕆麗　純德符於軒昊大功軼於禹湯肆朕纂
承敢忘駿惠而　廟謚所紀　德美未詳懍夙
夜之靡寧集臣隣而博議謂　祖有功而　宗
有德雖已祗率於舊章若敬所尊而愛所親尚
克繼成於　先志肆涓良日肇舉上儀　神靈
居歆中外胥悅宜廣配天之澤　永昭凝命之
休可大赦天下内外大小職官並與覃恩於戲
嗣恭德於　前人其無遏佚得歡心於四表庶
格　燕寧更賴三事宗工百司庶正益懋贊襄

之意弼成繼述之工

大金集禮卷第三

大金集禮卷第四

追加謚號下

大定三年增上　睿宗尊謚

大定十九年奉上　孝成皇帝謚號

雜録　天德二年興聖宮上謚儀與統五同兼封遼王事節故併入雜録

大定三年增上　睿宗尊謚

大定元年十一月十五日以　追尊　皇考妣告於　太祖廟十六日　追冊　皇考曰　簡

肅皇帝　廟號　睿宗　皇妣蒲察氏　慈欽
皇后　皇妣李氏　貞懿皇后
大定二年八月一日有司　奏請　祖宗謚號
或十六字或十四字或十二字即今　睿宗皇
帝更合增上　尊謚於　升祔前奉　册寶
勅旨准奏增上十七日擬奏　立德顯仁啟聖
廣運文武簡肅一十二字　勅旨恭依　八月
二十四日差禮部尚書兼翰林承旨王競等四
員造　册寶幷訟　册寶法物盝匣等九月一

日命王競撰册文并書篆　册寶九月三日
恭奉　勅旨以歲未豐稔物貴人難未即行禮
三年八月一日　奏定十月一日奉上　册寶
七日　升祔五日命戶部侍郎曹望之兵部郎
中韓鐸提點編排儀仗二十五日命右平章宗
憲攝太尉行禮左平章元宜左丞翟永固攝侍
中奉寶讀寶右丞良弼參政蘇保衡攝中書令
奉册讀册判宗京同判謀演攝門下侍郎引寶
勸農使按打海御史大夫李石攝中書侍郎引

册宣徽使太常卿各一舉寶舉册官各二以四品以上攝充并差監察二太常博士七翰林使二太官令丞一舁寶盝官十二舁册匣官十八主節一典儀二禮直官四盥洗巾篚官各一及差禮部尚書九月二十二日 奏告 太廟有司引唐會要大中三年追尊二祖謚號中書門下奏皇帝行事與差官展禮舊記不同禮許從宜不必法古詔可之宣政殿遣宰臣奉册赴廟因革禮大中祥符元年加上祖宗謚號於天安

殿命太尉奉冊赴廟會要大中祥符五年加上
祖宗謚號宰臣奏躬上冊禮復行薦享慮成煩
縟望詔有司奉行冊禮躬行朝享從之 本廟
皇統五年十月增上 太祖皇帝謚號於 慶
元宮辰居殿 親行奉上 冊寶之禮有此不
同恭奉 勅旨依古禮遣使以宰相充
皇統五年 辰居殿行禮時爲車輅儀仗不在
會寧府只用腰輿甲騎旗幟靴袍教坊樂令擬
依因革禮用黃麾仗法服樂用登歌 勅旨宜

依奉　册寶式用玉輅金輅　勑旨用玉輅

睿宗皇帝未經　升祔有無於　衍慶宮聖武

殿　睿宗本位設　神御床案或爲　太祖御

容在　崇聖閣借設　正位　勑旨借設正位

前三欵八月二十一日　奏　九月二十八日

大安殿置大樂閱習奉上　册寶儀前一日自

衍慶宮奉迎　册寶於　大安殿安置　公

服騎馬執鞭門下中書侍郎在前侍中中書令

次之太尉又次之轝舁奉册奉寶官製造官分

左右夾侍以裹爲上人從給錦帽衫帶至通
天門下馬步從入自正門由西階升奉安於
幄殿前二欵並奏過

親授冊寶儀

八月二十五日准 奉太尉行事儀准呈行禮
日未明三刻有司各勒所部整肅儀衛羣臣集
於 殿門行事官各法服陪位官公服 皇帝
自宮中常服乘輿侍衛如儀赴 大安殿後更
衣幄次御史臺催班通事舍人引太尉及羣臣

就位主節者皆持節立太尉後侍中跪　奏中

嚴又跪　奏外辦　皇帝服通天冠絳紗袍出

太常卿跪　奏稱太常卿臣某言請　皇帝行

奉上　冊寶之禮　奏訖俛伏興宣徽使分左

右導前　皇帝步詣　冊寶幄次將至幄次登

歌樂作至幄次前北向宣徽使贊請　皇帝再

拜典儀贊在位官再拜拜訖　奏請　皇帝搢

圭設承奉人三上香訖執圭　奏請　皇帝再拜典

儀贊在位官再拜訖各分班東西序立　奏請

皇帝詣稍東褥位樂止中書令中書侍郎奉
引　冊侍中門下侍郎奉引　寶行登歌樂作
宣徽使贊導　皇帝隨　冊寶降自西階登歌
樂止宮懸樂作至　大安殿下當中褥位中書
令侍中奉　冊寶於　皇帝褥位之西樂止宣
徽使　奏請　皇帝再拜典儀贊在位官再拜
拜訖中書令搢笏奉　冊匣宮懸樂作至　皇
帝褥位前俛伏跪　其冊床先舁至太尉受　冊
褥之東　奉置訖執笏俛伏興退稍西立東向太

常博士引太尉至褥位北向立宣徽使　奏請　皇帝搢圭跪捧　冊授太尉太尉搢笏少東立宣徽使　奏請執圭俛伏興舁冊官捧冊匣中書侍郎奉冊匣置於冊床樂止侍中搢笏奉寶盝宮懸樂作至　皇帝褥位前俛伏跪其寶床先舁至太尉受　寶褥位之東奉置訖執笏俛伏興退稍西立東向太常博士引太尉至褥位北向立宣徽使　奏請　皇帝搢圭跪捧寶盝授太尉太尉搢笏跪受訖執笏少東立宣徽

使　奏請執圭俛伏興舁寶官捧寶盝門下侍
郎奉寶盝置於寶床樂止宣徽使　奏請　皇
帝再拜典儀贊在位官再拜　皇帝南向立宮
懸樂作太常博士引太尉奉　冊寶出主節者持節前
導冊床在前寶床次之樂止中書門下侍郎各
導於　冊寶之前太尉居其後至　大安門外
太尉以次跪奉　冊寶於玉輅中中書侍郎於
輅中夾侍所司迎衛如式太尉奉　冊寶訖
步出　通天門外革車用本品鹵簿導從如儀

鼓吹不振作俟　冊寶出　大安門太常卿跪奏稱太常卿臣某言禮畢　奏訖俛伏興前導　皇帝升自東階登歌樂作還　大安殿後幄次樂止侍中跪　奏解嚴　乘輿還内侍衛如來儀所司承　旨放仗百官赴　衍慶宫行禮次朝百官稱賀如常儀前一日設　冊寶幄次於　聖武殿門外西向其日質明太常寺官率所屬於　聖武殿設　神御床案宣徽院排備茶酒菓時饌茶食香花等並如　太祖皇帝

忌辰排備之數大樂署設登歌之樂於 殿上

前楹間稍南北向迎衛 冊寶至 衍慶宮門

外中書門下侍郎各奉 冊寶降 輅各置於

床太尉至門外降車率中書令以下導從赴

聖武殿門外幄次奉安如式其儀仗兵士並退

次引文武百官各服其服以次就位大樂令率

工人就位禮直官亦先就位應執事者並先入

殿庭北向立禮直官贊再拜訖升 殿次引

太尉就東階下褥位 西向立禮直官贊拜在位

官俱再拜禮直官曰有司謹具請行事禮直官贊拜在位官俱再拜訖引太尉詣罍洗盥手（盥洗）（在殿西階下）升殿詣神座前搢笏跪三上香樂作奠茶奠酒訖執笏俛伏興樂止太尉再拜訖還位少立次引太尉出率中書門下侍郎等奉冊寶床入自殿門中書令侍中等並導從登歌樂作冊寶床至殿庭列於西階之下樂止冊寶床承以席褥太尉以下各就面北褥位立定禮直官贊拜在位官俱再拜訖太尉率中書

令侍郎奉册匣升　殿登歌樂作至　殿上册
匣置於食案之前仍設褥位樂止次引太尉詣
神位前俛伏跪稱攝太尉臣某言謹上加
尊謚册寶　奏訖俛伏興稍西立次引中書令
立於册匣南舉册官舉　册中書令俛伏跪讀
册訖俛伏興中書令奉册匣降自西階置於
床登歌樂作置訖樂止次引侍中門下侍郎奉
寶盝升　殿樂作置於食案之前仍設褥位樂
止舉寶官舉寶盝侍中俛伏跪讀　寶訖俛伏

輿侍中奉寶盝降自西階置於床登歌樂作置
訖樂止太尉詣　殿門外褥位再拜訖大尉而
下俱降階以次就位禮直官賛拜在位官皆再
拜訖以次出寺官置官率拱衛直舁冊寶床置
於　冊寶殿各退
左平章元宜等　奉伏奉　勅旨　睿宗皇帝
尚多遺美令尚書省集百官五品已上與禮官
共議增上謚號者臣等聞道者以開通濟物爲
用而本於無爲然道曰希夷以表域中之大天

者以偏覆包含爲功而歸於不宰然天名蒼昊
以彰羣物之祖且帝王之興也體道之開通不
露其所以開通之妙法天之偏覆不顯其所以
偏覆之神巍巍浩浩固難於擬議推崇矣然自
古伏犧神農舜禹湯武皆當世尊其功德而稱
之載在典籍固不誣矣由是後代繼體之君能
以孝治天下者爰念祖考規摹弘遠則必有謚
册以光耀萬世其來尚矣若增而廣之亦非謚
美誠孝心欲報之罔極也可不務乎聖明仁

大金集禮四　九

孝皇帝陛下永言來孝祗紹　貽謀思所以鋪
張對天之閎休揚厲無前之偉績者雖上　尊
謚未爲光大乃　詔百寮使之詳議臣等奉
旨踧踖懼無以仰副　聖意敢以所聞稱頌萬
一恭惟　睿宗皇帝聰明仁信恭肅端莊有
聖德以昭　先功有　孫謀而燕翼子　神威
不測　廟畧無方而自恭行天罰於鑠王師則
能討叛柔服荅四方徯蘇之望投戈講藝息馬
論道則能興學校而重賢才脩禮樂而定制度

爲萬世太平之基其 王功 帝德施設大略如此臣等謹集百官共議稽諸典禮叅以謚法竊以 濬哲欽明光宅天下謂之立德 温慈和惠茂育羣生謂之顯仁 長發其祥作邦作對謂之啟聖 燕及皇天曆數有歸謂之廣運 脩治班制經緯天地謂之文 安民和衆克定禍亂謂之武 一德不懈謂之簡 執心决斷謂之肅 舉此大綱之髣髴擬諸 至德之形容雖皆出於強名庶永光於具美伏請增上

尊謚曰　睿宗立德顯仁啓聖廣運文武簡肅皇帝直學士劉仲淵撰十月一日奉上　尊謚册寶行禮册曰臣聞自昔垂訓後世作範故父有天下傳之於子子有天下尊歸於父是以周武克商始制追王之典炎劉興漢方崇太上之名百王相因事貴稽古惟我　聖考佐佑　祖宗取亂攻昧闢土開基　天戈所麾畏威而効順仁澤所被懷德而歸心鄰國興徯后之謡簞食致迎師之奉遠邇百姓寧居安業避焚溺於水

火足衣食於耕桑皡皡熙熙蓋數十年於兹矣
臣猥以眇躬起 膺推戴仰念 祖宗之丕緒
俯徇黎庶之誠心君臨萬方懍若御朽敬愼伊
始罔敢怠遑載惟與天同功流慶有自衍 宗
社無疆之福發本支百世之祥實我 聖考允
文允武克寬克仁上合天心下從民欲 天祿
淵源之精匪一日也爰訪邇臣博採羣議咸謂
云云謚議同舉此大綱形容具美僉言旣允祗薦
鴻名顯揚之微心潛 天貺臣不勝大願涓擇

吉日遣攝太尉特進平章政事兼太子太師定
國公臣完顏宗憲奉　玉册玉寶奉　尊謚曰
立德顯仁啓聖廣運文武簡肅皇帝　廟號
睿宗恭惟　謨烈有光　音容如在　俯鑒
守成之志尚貽　垂裕之休　典册一新昭示
萬世
大定十九年奉上　孝成皇帝謚號
大定元年十一月十六日詔曰朕惟禮莫大於
明分政必先於正名宜推是是之心用定尊尊

之號爰申顯命　誕告敷天前君乃　太祖之長孫受　太宗之遺命嗣膺神器十有五年垂拱仰成委任勳戚廢齊國以省徭賦柔宋人而息兵戈世格泰和俗躋仁壽混車書於南北一尉候於東西晚雖淫刑幾於恣意寬施弟后戮及良工虐不及民事猶可諫過之至此古或有焉右丞相岐國王亮不務弼諧反行簒弒妄加黜廢抑損徽稱遠近傷嗟神人憤怒天方悔禍朕乃繼興受天下之樂推居域中之有大將撥

亂而反正務在革非期事亡以如存聿思盡禮宜上謚號曰閔宗武靈皇帝既復崇於位號庶少慰於神靈非眇躬之私言乃天下之公議 鴻名已正允孚中外之心大分斯明遂絶覬覦之望庶幾率土永底丕平咨示多方體予至意二年四月一日奏准立別廟九月二十三日奏定不入廟不合稱宗十八年三月十七日恭奉勅旨武靈皇帝升祔太廟五月七日奏依唐中宗祔廟典故改易美

謚九月十三日擬 奏唐二十帝謚號或四字
五字或七字九字惟宣宗十八字字數各不同
伏以 本朝 祖宗尊謚或十八字或十四字
或十二字或四字今擬增上 閔宗尊謚共八
字曰弘基纘武莊靖孝成皇帝取 收齊輿圖
四海會同是弘基也 懷柔臣服五兵不用是
纘武也 謚法 端恪臨民曰莊 恭而鮮言
曰靖 叶時肇享曰孝 安民立政曰成之意
仍加謚 悼皇后曰悼平皇后取 執事有制

曰平之意　勑旨恭依十二月　奏准來年四月十日奉上　册寶二十日　帝享升祔十八年九月十六日差吏部郎中楊鑄等五員監造册寶并訟　册寶法物盝匣等與天德貞元尊號册寶制度同十一月十九日　命禮部尚書張景仁撰謚册文直學士王彥潛書　册篆　寶十九年三月十二日差兵部侍郎胡薛同知大興尹王佐提點編排儀仗四月二日差吏部尚書天錫於六日　奏告　太廟戶部尚

書張仲愈告　本廟七日命　皇子樞密使
趙王攝太尉左相守道右相石琚攝侍中奉寶
讀寶平章習顯平章安禮攝中書令奉冊讀冊
左右丞攝門下侍郎引寶參政樞副攝中書侍
郎引冊太常卿宣徽使各一舉冊舉寶官各二
以四品已上攝充并差太常博士七典儀贊者
各一主節一舁寶盝八舁冊匣十八承奉人等
十八年十二月一日　奏引唐會要載宣宗大
中三年追尊順宗憲宗謚號至日御宣政殿降

階授玉册於太尉持節奉册赴太廟又按五代
周太祖廣順元年御崇元殿奉册四廟服衮冕
降階授册大定三年追尊　睿宗皇帝禮儀
大安殿前立黄麾仗一千人　應天門外行仗
二千人　皇帝服通天冠絳紗袍隨　册寶降
自西階搢圭跪捧　册寶授太尉令擬　大安
殿行禮及依唐周典故降階捧册寶授太尉所
有　冠冕儀仗擬依已行禮例　勅旨儀仗人
數約量裁減前三日習儀於　大安殿庭前一

日百官各於其第清齋有司於　大安殿中間設　御座南向幷設東西房於左右又於　殿後設更衣幄次又於西副階上設籍冊寶褥位大定三年儀於　殿中間設冊寶幄次　其日有司設迎衛　冊寶黃麾仗（用一千人）及載　冊寶玉輅幷設太尉本品鹵簿（係儀仗內人數）於　應天門外又立仗（用六百人）又於庭中設太尉褥位於百官班前近東稍北又設授冊寶褥位南向設太尉授冊寶褥位於皇帝褥位之南北向設籍冊寶

褥位五其二在授冊寶褥位之西其一在前其二在太尉授冊寶褥位之東大樂署陳登歌之樂於 殿上設宮懸庭中迎 冊寶儀內人從二品巳上四人三品巳下二人餘與大定三年同

奉上 冊寶儀

四月五日宣徽院 奏過擬合用 玉輅只用象輅

親授儀與大定三年不同故復備錄

其日未明三刻諸衛各勒所部列仗如儀百官集於　殿門行事官并陪位官並法服　皇帝自宮中常服乘輿赴　大安殿後更衣幄次通事舍人引太尉及百官立班定主節者持節立太尉後宣徽使跪　奏中嚴又跪　奏外辦
皇帝服通天冠絳紗袍以出曲直華蓋侍衛警蹕如常儀太常卿跪　奏稱太常卿臣某言請
皇帝行奉上　冊寶之禮　奏訖俛伏興凡跪奏准此與宣徽使分左右前導　皇帝出自東房

登歌樂作即　御座南向樂止典儀贊應在位官皆再拜班首出班　起居訖再拜各分班東西序立中書令中書侍郎奉引　冊侍中門下侍郎奉引　寶前行登歌樂作宣徽使　奏請皇帝降座隨　冊寶降自西階登歌樂止宫懸樂作至　殿下當中褥位立中書令侍中奉冊寶於　皇帝褥位之西樂止中書令搢笏奉冊匣宫懸樂作其冊床先舁至太尉受冊褥位之東至　皇帝褥位前俛伏跪奉置訖執笏

俛伏興退稍西立東向太常博士引太尉至褥位北向立宣徽使　奏請　皇帝搢圭設承奉人捧冊授太尉搢笏跪受訖受訖執笏少東立宣徽使　奏請執圭舁冊官捧冊匣中書侍郎奉冊匣置於床樂止侍中搢笏奉寶盝宮懸樂作其寶床先舁至太尉授寶褥位之東至　皇帝褥位前俛伏跪奉置訖執笏俛伏興退稍西立東向太常博士又引太尉至褥位北向立宣徽使　奏請　皇帝搢圭捧寶盝授太尉太尉搢

笏跪受訖執笏少東立宣徽使　奏請　執圭
舁寶官捧寶盝門下侍郎奉寶盝於床樂止
皇帝奉　册寶訖南向立宫懸樂作大常博士
引太尉奉　册出主節者持節前導册床在前
寶床次之出門樂止中書門下侍郎各導於前
太尉居其後至　殿門外太尉以次跪奉　册
寶升於輅中中書侍郎輅中夾侍所司迎衛如
式太尉步出　應天門外革車本品鹵簿導從
如儀鼓吹不作太常卿跪　奏稱太常卿臣某

言禮畢導　皇帝升自東階登歌樂作　皇帝入自西房還　幄次樂止宣徽使　奏解嚴乘輿還　内侍衛如來儀百官赴　廟行禮前一日有司設册寶幄次於本　廟門外稍西東向大定三年儀　聖武殿門外西向香案之前大定三年儀食案之前餘同十八年十一月十九日尚書省　奏近奉　聖旨云云臣等伏以唐虞而下方策所書其善政流風茂德大業靡不揄揚於可久豈或湮隆而失傳庶幾見萬世

無疆之休固亦取百代常行之法恭惟　尊號
皇帝陛下立愛自親所以風四海揚功遵制所
以定羣心因正名順事之宜協大公至正之誼
臣等竊以武靈皇帝作其即位幾十五年時和
歲豐遠安邇肅先時以河南之地畀諸齊人使
之牧養而不能仰體　朝廷分命之意乃煩政
重賦民不克堪肆　命黜廢市不易塵兵不血
刃而又餘宋假息江淮　王師薄伐無闕歲以
其籲哀請命乃加封冊歲時朝貢懋明臣禮以

致獻歌儒館偃伯靈臺至於軍國大政親賢並
用垂拱仰成　威儀可仰尊嚴若神儼立　七
廟尊事　祖宗應侯順德致治之隆班班可紀
臣等謹集百官共議稽諸典禮參以謚法夫受
祖宗付託之重伊濯厥公如日之升如月之恒
不曰　弘基乎絀齊臣宋兵不復用四海混同
不曰　纘武乎臨民端恪　莊也恭而鮮言
靖也協時肇禋　孝也政立民安　成也茲因
節惠用極推尊伏請增上　尊謚曰　弘基纘

武莊靖孝成皇帝　勑旨恭依吏部侍郎鄭子聃撰十九

年四月十日奉上　冊寶行禮冊曰惟年月日

嗣皇帝臣御名仰惟　太祖武元皇帝命於帝庭

神武撥亂用肇造我區夏顧命之際聖子咸在

舍弗以立舉天下大器授之　太宗文烈皇帝

暨天會末命亦弗敢弭忘曰茲　先皇令德光

昭則能賢乃簡畀　世嫡神孫丕承基緒十有

五年德厚功著厥初封建齊人大河之南俾顓

綏靖乃罔念付託以率割爲政彼民大弗克堪

且勤戍我守無有寧歲尚安用而國肆　命廢
黜於是西踰熈洮東極海泗南則唐鄧咸歸我
輿圖事不貳適休烈增光於先朝茲不曰　弘
基乎廢宋之餘假息江表我伐再張莫不震疊
至籲哀請命稱臣臣屬乃班師振旅柔服以示
懷錫之封冊歲臣厥貢七德具備茲不曰　纘
武乎垂拱仰成於懿親宗公穆穆皇皇尊嚴若
神　莊矣黜華尚質玄默不言如天之行四時
靖矣若稽古假有廟尊　祖敬　宗寅念祀

事　孝矣綏萬邦婁豐年惟民其康乂　成矣豈圖遘閔永懷盡傷以迄於今惟沖人繩其祖武蒸蒸業業思所以駿惠顧立愛立敬有尊有先莫重於　宗廟之享竊惟公則生明名正則言順自非推本　武元　文烈以大義至公相傳授之意用鋪張揚厲天眷皇統之閎休偉績則何以對越　二聖在天之靈雪　神孫無窮之遺恨哉不勝大願謹遣攝太尉臣某奉　冊上　尊謚曰　弘基纘武莊靖孝成皇帝　廟

號　閔宗伏惟　神靈格思膺是　典册頓首
頓首謹言　上册寶升祔禮畢四月　日　制
曰立愛立敬必自於家邦有尊有先莫嚴於
宗廟仰惟　武元之克讓珍圖傳授於　太宗
追及　文烈之能賢神器復歸於皇統混一彼
四海惟十有五年既　示德以威懷乃仰成而垂
拱行不言之教以御下永維則之思而奉　先
政允若茲世克用乂竟晚年無及民之過失在
大臣當戮力以扶持而海陵王包藏禍心自行

攘取廢黜徽號輙加惡名茲遘閔於不虞實無窮之遺恨朕丕承　聖緒敢忘推本於　祖宗上念　神孫正可序升爲昭穆遷自別寢躋於太宮顯謚鴻名稽禮文而節惠至公大義式下土以成孚令已奉上　尊謚曰　弘基纘武莊靖孝成皇帝　廟號　閔宗升祔禘享禮畢於戲名言之行可以興禮樂孝悌之至可以通神明洪惟茲事之成實曰無疆之美咨爾率土體予至懷

大定二十六年奉　勅旨　閔宗廟號仰商量定了　奏知太常寺檢討到三代制禮祖宗不遷之廟蓋謂有功有德者東漢稍變古禮至後魏及唐以來並以此爲廟號未有踐祚而不祖宗先王者近代循用此禮其意本以推美爲先故並用謚法中美字如後魏太祖世祖顯祖肅宗敬宗唐中宗憲宗敬宗昭宗梁太祖後唐莊宗皆不善終其廟號亦用美字別無用哀閔等字者謹按謚法在國遭難曰閔使民悲傷曰閔

雖非所指所行過惡然終非謚號之美者伏以
閔宗皇帝在位十五年任賢仰成法度修舉
黜齊服宋民物安和晚年雖稍有過差害不及
民近已斷自 宸衷遷祔 太廟仍加以美謚
而 廟號仍舊未改今既恭奉 勅旨商量議
竊以宗者尊也謂有德可尊既稱爲宗而閔字
似未相應擬別定 廟號以仰副 聖明之善
意兼自古無加謚改題之禮至唐高宗以後屢
追加祖宗之謚然亦不該册文但有改題神主

之例近世改謚加謚並改造册寶俟奏告畢納
於廟或因改葬則置於陵亦有不改題神主但
告廟者參詳謚册謚寶古禮當奉置於陵唐之
加謚祖宗以山陵旣固所以不改册文止告廟
改題神主近世改謚加謚皆改造册寶亦以不
可啓陵遂置册寶殿今來擬改 廟號若依唐
典故止告 廟改題不行改造 册寶緣更改
廟號與唐之加謚不同兼即今 閔宗册寶
見在 册寶殿若更改別無窒礙兼以 閔字

未宜別行改定亦難却不改　神主將來如嘗
奏定合行更改即當別刻　玉寶更換　冊
内　閔字及就舊改題差官　奏告　太廟并
告　閔宗本室遷奉　神主入　幄次改題訖
奉安於室禮畢以改造　冊寶奉置　冊寶殿
令擬到下項字　襄　闢土有德曰襄執心克
剛曰襄　威　蠻夷率服曰威猛以強果曰威
敬　齊莊中正曰敬衆方克就曰敬　定
安民法故曰定　桓　辟土服遠曰桓　烈

安民有功曰烈熙 允釐庶績曰熙二十七
年二月七日開具熙襄敬三字 奏奉 勅旨
恭用熙字三月八日太常寺檢討到通典唐代
宗祔廟儀題神主官就禘題云代宗睿宗文孝
武皇帝神主又檢討得近代題神主儀亦同又
唐書德宗紀該載顔眞卿奏列聖謚號字繁請
以初謚爲定兵部侍郎袁傪妄奏云陵廟玉冊
已刻不可輕改而不知玉冊皆刻初謚而已蓋
當時雖累加祖宗謚號不曾更造玉冊前來爲

是太廟神主合題寫號謚此上擬定若
奏改訖閔宗即合於神主改題并別刻
玉寶换玉簡一枚及有奏告等禮數合再
契勘得閔宗神主當元止是題訖尊謚不
曾題寫閔宗二字寶文内亦無二字看詳
若爲係上項典故合題廟號便擬改添新字
緣神主奉安後係典禮不當輕有改作兼照
勘天德二年奉安題神主文卷亦止云某
皇帝神主見得並不曾題寫祖宗字亦合一

體不須改題兼　寶文無　閔宗字更不須改
造外　冊簡一枚雖有　閔字緣照得唐禮增
加尊謚亦不改造玉冊兼今來既不改題造寶
其簡一枚亦無須合易換之禮擬止差官　奏
告　太廟并　本室仍以新改　廟號遍下隨
處通知四月一日　奏稟元奉上　閔宗尊謚
玉冊上雖有　閔字緣照得唐禮增加祖宗
尊謚不曾改造玉冊擬止差官　奏告　太廟
閔宗本室仍以新改　廟號遍下隨處照會

施行　從之　宣付工部郭邦傑四月十一日
奏告

雜録

大定二十年三月有司　奏請　景宣皇帝於
閔宗時追謚至隆二年四月海陵庶人批劄
贈太師追封遼王大定二年十二月　勑旨以
舊謚　景宣皇帝爲號　從之
天德元年十二月　詔尚書省集百官議上父
謚百官請謚曰憲古弘道文昭武烈章孝睿明

廟號德宗二年正月　興聖宮行禮以太師勗充奉冊寶大禮使其奉寶讀寶侍中引寶門下侍郎奉冊讀冊中書令引冊中書侍郎以宰執攝舉寶舉冊官以吏禮兵刑部尚書充仍差官告　廟如皇統五年　親奉冊寶之儀大定二年四月九日有司擬用元謚最下一字稱明皇帝奉　勅旨改爲明肅皇帝十九年四月閔宗既升祔二十一年正月　詔貶海陵庶人二十二年四月　皇太子上書以謂海陵庶人

昔相　閔宗無匡救之益延伺其間隙肆行大逆盜據神器十有二年罪惡貫盈天所勦絕其父明肅豈可使之猶竊帝尊之明仰惟　祖宗之神靈在天而其子海陵親弒　太祖之世嫡閔宗且屠滅　太宗之孫靡有孑遺若明肅之有知未必以其僞號爲榮海陵旣正大逆之罪義當緣坐況於封爵今猶存其帝號者不過以明肅勳親之故且其已死不與於海陵之亂故特忍而存之莫若重　宗廟尊　朝廷以正

上下名分削去明肅帝號止從舊封庶乎　宗
廟朝廷之禮一舉而兩得　勅旨付尚書省尋
與禮官集議十一日擬奏海陵既廢爲庶人其
父母尚仍帝后之號委是名分僭差今擬改封
皇伯太師遼王擻　衍慶宮舊容擬改畫服色
遷出順陵改名爲墓　從之十五日　詔天下
大定二年四月有司以岐國爵號不是追封名
稱擬降封海陵郡王謚曰煬逆天虐民曰煬并具隋煬
帝齊鬱林王東昏侯宋蒼梧王魏邵陵縣公高

貴鄉公故事　奏聞　從之二十年十二月九日擬奏　閔宗已升祔緣海陵庶人係弑逆之人大定二年降封蓋當時有司止是北祔前代帝王失道被廢降封故事初不曾正弑逆之罪又葬所與　閔宗同一兆域幷海陵庶人所生母尚有慈獻皇后名稱俱爲未當檢討到晉惠帝爲司馬倫所廢倫遂篡位尋爲齊王冏等所討惠帝反正誅倫仍廢爲庶人宋文帝爲子劭所弑孝武討劭劭敗伏誅暴尸於市又宋武帝

張夫人生少帝即位尊爲皇太后少帝失道廢爲營陽王後拜爲營陽國太妃倫以嘗簒位廢爲庶人海陵庶人弑逆尤不當有王爵之封劭以弑逆暴尸於市其海陵庶人不當與閔宗同一兆域亦不當在諸王塋域之内外宋少帝初非簒弑以失道被廢其母太后之稱猶加追奪况海陵庶人其所生母慈獻皇后之稱合行追改　勑旨仰再檢討其葬所改遷於山陵兆域之外復　奏定以海陵庶人爲名二十一年正

月九日　詔諭天下
大定四年二月六日批降禮官引宋事實眞宗謚號有文明武定字詔改武定軍額幷文明殿學士爲紫宸殿學士令來官民名稱及州軍縣鎭官司名額犯　睿宗皇帝尊謚内連用兩字者並迴避幷八月五日批降　始祖以下帝后尊謚内相連兩字亦合迴避九年八月批降武元正連姓及下一字犯　太祖尊謚二字亦迴避

大金集禮卷第四

大金集禮卷第五

皇太后皇后

天會十三年尊奉　兩宫太皇太后

天德二年尊奉　永壽永寧宫

皇統元年册　皇后

天德二年册　徒單氏

雜録

天會十三年尊奉　兩宫太皇太后

天會十三年九月八日　勅内外文武百僚等

朕席祖宗二聖之休德託於士民　君王之上涉道日淺罔知攸濟方賴母儀自家之化成乎王道而　兩宮之號未極其崇朕用惕然夫推親親以顯尊尊古之制也雖日殫四海之養而名稱未正如尊尊何宜率舊章用資孝治　太祖皇帝皇后紇石烈氏　太宗皇帝皇后唐括氏皆位冠六宮屬尊一體在均厥禮奉正　鴻名並尊曰　太皇太后第當别之以宮如長信故事俟諒陰期畢有司擇日奉　册具禮施行

布告中外咸使聞知

天德二年尊奉　永壽永寧宮

天德二年正月　詔有司擇日奉册唐殿國妃岐國太妃仍别建宫名合行典禮禮官檢詳條具以聞

差禮部外郎王競等三負監看成造册寶印并法物禮部郎中胡礪等三員監看成造匣盝床殿牌額等　命直學士劉長言撰册文禮部外郎王競書篆册寶　命太師勗太尉裴滿達充

奉册太尉太保宗本右丞同古辨充奉寶司徒外讀册中書令引册中書侍郎讀寶侍中引寶門下侍郎各二員舉册舉寶官各四員以三品已上攝充并差舁册匣官各十八員舁寶盝官各十二員主當内侍二員及宣徽使通事舍人太常博士等正月二十五日行禮十七日擬稟合行儀禮准外禕衣大樂不用　册寶法物二副　階玉册每副五十條一十條褾充首四片上面畫捧册神農四十條充寫册文鐫字貼金

寶撿㪷　座並用金寶用盤螭紐紐下鈒水地四面鈒雲鳳伴寶玉環用朱組大綾綬一條半幅長八尺梅紅綾明金盤雲鳳冊寶匣盝床行馬等普用朱漆鈒鳳帕褥法物等並依已行制度　皇太后於典禮合服褘衣若服褘衣　皇帝合服通天冠絳紗袍樂用大樂百官衣服亦合依古切恐難迭擬止服拜天之服　皇帝服靴袍樂用教坊百官公裳

其日質明有司各具繖扇侍衛如儀及兵部約

量差軍兵并文武百官詣兩宮迎請引導前導官散從人衫帽皇太后入內並赴受冊殿入御幄侍衛如式次奉冊太尉等俱以冊置於案引冊官押舉冊官並先入立於殿西階下奉寶司徒等俱以寶置於案引寶官押舉寶官並先入立於殿西階下皆盛以匣覆以帕詣別殿門外幄次教坊提點率教坊入侍衛官各就列皇帝常服乘輿至別殿後幄次通事舍人引宣徽使版奏中嚴復位少頃又奏外

辦幄簾卷教坊樂作扇合兩宮　皇太后出自後幄並即　御座南向扇開樂止分左右少退　通事舍人引文武百寮班左入依品重行西向立定通事舍人喝起居班依常　朝例起居七拜訖引文武百寮班分東西相向立通事舍人太常博士贊引太常卿前導押冊官押冊官押冊而行奉冊太尉讀冊中書令舉冊官等以次從之凡太尉司徒行並通事舍人太常博士贊引次押寶官押寶而行奉寶司徒讀寶侍中舉寶官

等以次從之俱自正門入教坊樂作至　殿庭西階下少東北向於褥位少置樂止冊北寶南其冊函蓋先去置於冊床上通事舍人太常博士賛引太常卿前導押冊官押冊升樂作奉冊太尉等從之進至兩宮　皇太后座前褥位訖樂止兩宮冊寶齊上齊讀舉冊官夾侍奉冊太尉各搢笏北向跪俛伏興退立讀冊中書令俱進向冊前跪奏稱攝中書令具官臣某言讀冊舉冊官單跪對舉押冊官並先退復西階下東向立中書

令各搢笏讀訖執笏俛伏興搢笏捧冊興於位東迴冊函北向並進跪置於　御座前褥位訖中書令舉冊官俱降還位奉冊太尉並降階東向以俟押寶官押寶升樂作其寶函蓋先去置於階上寶床上　奉寶司徒等從之進至兩宮皇太后座前褥位訖樂止舉寶官夾侍奉寶司徒各搢笏北向跪俛伏興退立讀寶侍中俱進當寶前跪　奏稱攝侍中具官臣某言讀寶舉寶官單跪對舉立押寶官並先退復西階下東向

侍中各搢笏讀訖執笏俛伏興搢笏捧寶興於位東迴寶西北向並進跪置於　御座前褥位冊之南通事舍人太常博士贊引太尉司徒以次應行事官俱降自西階復本班叙立宣徽使一員詣　皇帝御幄前俛伏跪　奏具官臣某言請　皇帝詣兩宮　皇太后前行稱賀之禮本部擬俟　皇太后並升座即　奏請　皇帝於　殿上稍南西向侍立至讀冊寶訖　奏請行稱賀之禮　殿上　奏請不跪　奏訖俛伏

興凡奏請准此贊引　皇帝再拜訖又　奏請北向
跪　賀曰　嗣皇帝臣某言云云俛伏興又再
拜訖又　奏請　皇帝少立內侍承　旨退西
向稱兩宮　皇太后旨云云　皇帝再拜宣徽
使前引　皇帝歸幄常服乘輿還內侍衛如來
儀應階下文武百寮重行立定通事舍人喝拜
在位皆再拜通事舍人引太師詣西階升俛伏
跪　奏稱文武百寮具官臣某等稽首言
皇太后殿下顯對册儀永安帝養仰祈福壽與

天同休

賀訖俛伏興降自西階復位立定通事舍人唱拜在位官皆再拜舞蹈三稱萬歲又再拜訖宣徽使升自東階取旨退臨階西向稱兩宮皇太后旨通事舍人唱拜在位官皆再拜訖宣曰公等忠敬盡心推崇協力膺茲令典感愧良深宣訖還位通事舍人唱謝宣諭拜在位官皆再拜舞蹈三稱萬歲又再拜訖通事舍人分引應北向官各分班東西立定宣徽使

升自東階　奏稱具官臣等言禮畢降還位扇合　皇太后並興教坊樂作降座還　殿後幄次扇開樂止通事舍人引宣徽使　奏解嚴中書侍郎等各帥捧冊牀官升　殿跪捧冊並置於牀次門下侍郎等各帥捧寶牀官升　殿跪捧寶並置於牀訖通事舍人引詣　東上閤門投進所司文武百寮以次出　皇太后常服乘輿各還　本宮引導如來儀文武百寮詣　東上閤門拜表賀　皇帝訖退部元呈有謁廟不

見施行　禮畢各赴　本宮受内外命婦稱賀所司預於　殿内設　皇太后　御座司賔引内外命婦於　殿庭北向依序立定尚儀　奏請皇太后常服即座司賛曰再拜命婦皆再拜訖司賔引班首詣西階升跪賀稱妾某氏等言伏惟　皇太后　殿下天資聖善昭受鴻名凡在照臨不勝欣忭　言訖起降階復位司賛曰再拜内外命婦皆再拜尚宫承　旨降自西階於命婦之北東面稱　皇太后旨司賛曰再拜在

位者皆再拜訖　宣荅膺茲典禮感愧良深司

贊曰再拜在位者皆再拜訖退赴　別殿賀

皇帝亦如賀　皇太后之儀惟不致詞不宣

荅司賔司贊尚儀尚宫等擬用知禮内侍人等

充如無用閤門

　皇統元年册　皇后

天眷元年十二月二十五日　命貴妃裴滿氏

爲　皇后制曰易基乾坤以大陰陽之統詩經

夫婦乃先后妃之風故三代之令王謹六宫之

内職況承　宗廟儷宸極以居尊用正人倫揭母儀於無外事所繫者甚重道相須而後成非朕敢私自天作配猗歟誰氏廼茂徽音若稽舊章誕布寵命貴妃裴滿氏慶鍾戚里教肄公宮夢月方娠生而固異俔天之妹卜則允臧爰用聘於　先朝乃來嬪於初載禮肅舅姑之奉訓無師傅之違道著家人名膺邦媛逮予宅統率履在中承祀孔蠲睦親克孝蹈貞賢之警戒知臣下之勤勞纘女惟行輔服不遠居軒后四星

之列貴則益恭在周官六服之儀欽然未講宜蠲吉旦正位長秋於戲爲望甚尊有同乎天地流風自近以至於家邦言雖戒於闔踰令莫捷於身正恩宜逮下志務求賢非儉德不能懲奢泰之風去私謁可以賛正直之道愼終如始永孚於休

皇統元年正月二十一日習發冊及功成殿儀二十二日行冊禮攝行事官就用初十日上尊號員數幷行禮用內外命婦奏定三品以上次室封號二十八日皇后

謁　祖廟　冊文　皇帝若曰夫地承天而効法所以合德無疆月遡日而生明故能容光必照是以有國有家者必選立嘉配以上承宗廟而降德於臣民古今一也　我國家　累聖重光開基垂統用端命於上帝亦惟內德相繼匹休姜任燕謀所貽敢忘口紹咨爾裴滿氏柔惠端淑得於天成發慶鍾祥世有顯聞自越初載來嬪潛邸笄珈紃組率履無違逮朕纂服章明婦順表率勤劭陰教修明雖已崇建位號而典

冊未舉朕意歎然今遣太尉裴滿胡塔攝司徒昂持節授爾　冊寶副禕重翟宏賁用光備物充庭一遵古禮朕惟王業所基率由內治和睦自中化馳如神爾克勤人用弗敢弃日爾克儉人用弗敢崇侈爾克正人用弗敢迂乃心倚乃身勉思其終惟愼乃濟天其申命於我家爾亦永膺多福豈不韙歟　攝行事官各與　恩賜總領冊禮太師宗幹金一百五十兩銀絹三百兩疋段子五十冊使太尉胡塔金一百兩銀絹

二百兩疋段子二十以次中書令司徒侍中至於賛者主節大樂令協律令各有差

天德二年册　徒單氏

天德二年九月二十一日詔册惠妃徒單氏令有司擇日備禮施行詔書下禮部至册禮畢十月十一日遍下　差待制王競等三員監看鐫篆册寶并法物兵部郎中劉仲延等三員監看成造匣盝床等命侍讀劉長言撰册文王競書丹篆寶　命禮部尚書宗安十月七日告

天地特進按打海告　宗廟各差引賛行禮太常博士通事舍人幷讀祝官一員　五禮精義云冊命大事先告天地宗廟示不敢自專社稷地祇之屬不必皆告　冊使太尉以正員充副使司徒以左相思忠攝侍中三　一奏中嚴外辦一承制一奉寶讀寶進入内　中書令一　奉冊讀冊進入内　門下侍郎三　一引寶兼進入内二奉節中書侍郎一　引冊兼進入内　宣徽使禮儀使吏部禮部侍郎各一舉冊中書舍人舉寶給事中

各二捧冊捧寶官各四並宰執以次攝充并差引賛行禮九員冊使副使讀冊讀寶引冊引寶兩奉節禮儀使舁寶盝官十二舁冊匣官十八大樂令協律郎主節二閤門使典儀司賛一符寶郎八通事舍人十賛者二閤門司内侍局

十月九日　勤政殿發冊　泰和殿受冊并命婦賀儀九月二十七日稟過前一日儀鸞司設坐　勤政殿南向設羣臣次於　朝堂大樂令展宮懸於殿庭設協律郎舉麾位於樂懸西北東向閤

門設百官班位於庭並如常朝之儀又設典儀位於班位之東北贊者二人在南少退俱西向設冊使副位於殿門外之東又設冊使副受命位於百官班前又設冊寶幄次二於殿後東廂俱南向前一日尚書工部奉冊寶進入其日諸衛勒所部署列黃麾細仗於庭前用六部攝官七十一員擎執六百七十八符寶郎奉八寶置於左右吏部侍郎奉冊禮部侍郎奉寶匣皆置於床訖出就門外班大樂令協律郎樂

工典儀賛者各入就位羣官等依時刻集朝堂俱就次各服朝服侍中約刻版　奏請中嚴通事舍人引羣官入就於庭東西相向立以北爲上又引册使副立於東偏門西向門下侍郎引主節奉節立於　殿下東廊横階道北中書令中書侍郎帥舉捧官奉册床立於節南侍中門下侍郎帥舉捧官奉寶床立於册床之南俱西向侍中版　奏外辦殿上索扇協律郎舉麾宫懸奏曲　皇帝服通天冠絳紗袍出自東房曲

直華蓋警蹕侍衛如常儀即座南向坐簾捲樂
止通事舍人引冊使副入宮懸奏曲使副就受
命位侍中中書令門下侍郎中書侍郎舉捧
官依舊西向立羣官合班橫行北面如常朝之
儀立定典儀曰再拜贊者承傳班首已下羣官
在位者皆再拜班首問　起居又再拜閤門官
引攝侍中出班承　制降詣使副東北西面稱
有　制使副稍前揖躬再拜攝侍中宣　制曰
命公等持節授　后冊寶宣　制訖又俱再拜

侍中還班門下侍郎引主節詣冊使所主節以節授門下侍郎門下侍郎執節面西授太尉太尉受付主節主節立於使副之左右門下侍郎退還班位中書侍郎引冊床門下侍郎引寶床立於冊使東北面西以次授與太尉太尉皆捧受冊床置於北寶床置於南侍中中書令禮儀使舉捧冊寶官及舁床者退於東西塼道之左右相向立門下侍郎中書侍郎退還班位典儀曰再拜贊者承傳羣官在位者皆再拜羣官拜

訖分班歸東西相向位舉捧舁冊寶床者進冊
床先行讀冊官次之寶床次行讀寶官次之舉
捧官告分左右通事舍人引　冊使隨之以行
持節者前導太尉初行宮懸樂作出　殿門樂
止攝侍中出班升　殿奏侍中臣言禮畢　殿
上索扇簾降宮懸奏曲降入自東房樂止通事
舍人引羣官在位者以次出俟太尉司徒復
命禮畢還内先是有司預設太尉司徒本品革
車鹵簿於門外至　殿門左右排列俟使副出

鼓吹振作鹵簿依本品合得人數如無鹵簿鼓吹即代以錦衣人從禮儀使舉捧官執節者并擡舁人以冊寶少駐於泰和門太尉司徒及讀冊官暫歸幕次內侍閤門引入泰和殿俟至殿下位鼓吹止有司宿供張泰和殿設皇后座於扆前殿上垂簾又設東西房於座之左右稍北又設受冊位於殿庭西階之南東向又設內命婦次於殿之左右大樂令設宮懸於庭協律郎設舉麾位於殿上

又設　冊寶次於門外又設行事官次於門左右又設外命婦次於門之内其日諸衛於　殿門外略設黄麾細仗用後六部攝官三十六員擎執三百二十二人有司設二步障於　殿之西階簾前設扇左右各十紅繖一在西階欄干外又設舉冊寶案位於使副之前北向又設宣徽使位於北廂南向司賛設内外命婦以下陪列位於　殿庭塼道之左右每等重行異位北向内命婦在後又設司賛位於東階東南賛者

二人在南少退俱西向質明執事官大樂令等各就位內外命婦擬各服其本服皇后常服乘龍飾肩輿肩輿如無用小龍車子代至泰和殿後閤近仗導衛如常儀宣徽使奏中嚴册使副入門宮架奏曲俟册使庭中立樂止册在北寶在南使副立於床後禮儀使帥持節者立於前舉捧册寶官立於册寶床左右讀册寶官各立於其後宣徽使奏外辦內侍閤門官引后出後閤宮懸奏曲簾捲如首飾褘衣難迭成造

即用皇后拜天服　皇后降自西階皇后升降並內侍閤門引左右步障繖扇從至階下望

勤政殿　御閤所在立樂止冊使進立於右

宣曰有　制閤門使內侍贊再拜拜冊使　宣

曰　制遣太尉臣某司徒臣某恭授　后冊寶

閤門使內侍贊再拜冊使少退中書令侍中及

舉捧官率擡舁人奉　冊寶以次進於前宮懸

奏曲冊寶床自東階升並置於　殿之前楹間

冊床在北寶床在南中留讀冊寶官立位並去帕及蓋擡

舁人執之退立於西朶　殿舉擡官分左右相
向立讀冊寶官各立於床之東西向立旣定樂
止閤門使内侍贊再拜捧謝表官以表授左立
内侍内侍以授　后受訖以付右立内侍内侍
持表立於右閤門使贊再拜訖冊使退宫懸奏
曲持表内侍以表付閤門官隨冊使行冊使副
至門鼓吹振作如來儀入西偏門鼓吹止冊使
副至　御閤所在俛伏跪　奏太尉臣姓名司
徒臣姓名奉　制授　冊寶禮畢俛伏興退持

表閤門官進表近侍接入　進讀訖退初冊使退及門樂止閤門內侍引　后自西階升　殿宮懸奏曲繖扇止於簾外退於左右朶　殿前步障止於階下卷之　后於座前南向立樂止中書令詣冊床南立北向稱中書令臣名謹讀冊讀畢降自東階立於欄外第一墀上西向次侍中詣寶床南立北向搢稱侍中臣名讀寶讀畢降階立於中書令之北西向內侍閤門引升床宮懸奏曲坐定樂止舉捧官以次招擡舁人

持帕蓋覆匣床奉置　殿之左右冊床在東寶床在西置
訖舉捧官以次降階立於中書令侍中之後立
定合班面北閤門贊再拜拜訖降東階退出
殿門其擡舁人置冊寶床於東西訖各由朶
殿下階於侍中等班後直出　殿門以俟復入
擡舁入　宮受冊表謝訖內侍跪　奏禮畢閤
門引內外命婦陪列者以次進就北向位班首
初行宮懸奏曲至位樂止閤門曰再拜命婦皆
再拜閤門引班首自西階升樂作至階樂止進

當座前北向躬致稱賀訖降自西階樂作至位樂止閤門曰再拜舍人承傳命婦等皆再拜閤門使前承　令降自西降詣命婦前西北東向稱有　教旨命婦等皆拜閤門使　宣曰祗奉聖恩授以　冊寶榮幸之至兢厲增深所賀知　舍人曰再拜命婦皆再拜訖內侍引內命婦還宮班首初行樂作出門樂止內侍引外命婦出次宣徽使　奏稱禮畢降坐宮懸奏曲入東房樂止歸閤宮懸奏曲至閤樂止更常服內侍

承　敎旨　宣外命婦入會並如常儀會畢閤門引外命婦降階横行北向舍人曰再拜訖以次出還　宫如來儀中書門下侍郎計會引進司帥擡舁人進　册寶入　内交付與都點檢司退别日會羣官會　妃主　宗室等　賜酒設食簪花敎坊作樂如内宴之儀　十一日朝兩宫先永壽宫次永寧宫并十三日恭謝　太廟儀三日禀過　皇后旣受　册越二日　内侍設座於所　御殿南向其日夙興宣徽使版　奏中

嚴質明諸侍衛宮人俱詣　寢殿奉迎宣徽使
版　奏外辦　后首飾褘衣御車內侍前導降
自西階以出侍衛如常儀至　太后之稟門外
降車障扇侍衛如常儀入至於西廂東向將至
宣徽使版　奏請中嚴既降車宣徽使版　奏
外辦　太后常服宣徽使引升座南向宣徽使
引　后進升自西階北面再拜進跪致謝詞存
撫　賜酒食並如家人之儀禮畢宣徽使贊再
拜訖宣徽使引降自西階以出出門宣徽使

奏禮畢降座入　宮　前一日齋戒於　別殿內命婦應從入　廟者俱齋戒一日其日未明二刻有司陳設儀仗於　后車之左右以次排列外命婦先自　太廟後門入內命婦嬪妃已下俱詣　殿庭起居訖宣徽使版　奏中嚴少頃又　奏外辦首飾褘衣　御肩輿取便路至車所內侍　奏請降輿升車既升車　奏請進發車出　元德東偏門內命婦妃嬪已下自殿門外上車由　左掖門出從至　太廟門外

儀仗止於門外四車南向内侍　奏請降車升
輿　后降車升輿就　東神門外幄次下簾内
命婦妃嬪已下降車入就陪列位内侍引外命
婦詣幄次前起居訖並赴　殿庭陪列位少頃
宣徽使詣幄次贊行　朝謁之禮簾卷宣徽使
前導詣　殿庭階下西向褥位立宣徽使贊再
拜内外命婦皆再拜宣徽使前導升東階詣
始祖皇帝神位香案前褥位宣徽使　奏請三
上香又　奏再拜拜訖宣徽前導次詣　獻祖

已下十室並如上儀宣徽使　奏禮畢導歸幄次宣徽使　奏請解嚴内外命婦幕次少頃轉仗還　内如來儀外命婦退内侍　奏請　御輿出至車所　奏請升車旣升車　奏請進發内命婦上車至　元德東偏門内侍奏請降車升輿　后御輿取便路還　内内命婦從入册禮畢百官上表稱賀并以牋賀　中宮

雜録

天會十四年　正旦　帝詣　太皇太后宮賀

御乾元殿受百官　朝賀十五年天眷元年同

天德二年十一月十五日有司檢照宋哲宗劉太后詣景靈宮其禁衛圖内御龍直傳聖旨打傘執從物五十三人唐永貞元年憲宗尊母王氏爲太上皇后其册儀稱有令旨元和六年上皇太后尊號其儀稱有令呈禀訖　皇太后稱令旨二月五日設　永壽　永寧宮導駕各三十人　壽安宮太皇太妃導從二十人各設傘子二人九日禀訖盤鳳紫衫幞帶係弩手傘子例

又四月二十九日　皇太后　太皇太妃每年隨宮錢各二萬貫表二百段絹一千疋綿五千兩

貞元儀　皇太后導從駕六十人傘子不在數並服簇四盤鶻團花紅綿襖子金花幞頭金鍍銀束帶

大金集禮卷第五

大金集禮卷第六

追謚后

聖穆光懿皇后

欽獻皇后

欽仁皇后

惠昭皇后

永寧宫

欽慈貞懿皇后

宣獻皇后

昭德皇后

悼平皇后闕

聖穆光懿皇后

天會十三年二月十一日追册聖穆光懿皇

后幷德妃賢妃命昱攝太尉奉上册寶宗

翰攝中書令進册韓企先充二妃册贈使沓刺

谷神攝侍中奉寶烏都保勝古攝中書令奉册

高慶裔蔡靖攝門下侍郎讀寶韓昉張鈞攝中

書侍郎讀册幷舉寶給事中四舉册中書舍人

四押册中書侍郎二讀册中書舍人二太常卿

太常博士一典儀二

欽獻皇后

天會十四年二月五日上欽獻皇后尊謚

威德悉備曰欽聰明睿智曰獻命習古乃充

太尉上册寶謀衍進册宗弼奉寶阿離寶奉

册趙輪讀寶韓昉讀册并舉寶舉册官各二太

常卿太常博士一典儀二

欽仁皇后

皇統三年八月二十二日上　欽仁皇后　尊
謚敬事節用曰欽貴賢親親曰仁　命待制高
士談撰冊文　命都點檢元當日告　廟　命
太尉裴滿達奉上　冊寶中書令韓企先進冊
平章奕攝侍中左丞宗憲右丞蕭仲恭攝門下
中書侍郎大理卿馬諤讀寶待制趙泂等四員
舉冊幷太常卿太常博士一　二月十一日乙
卯孝孫嗣皇帝臣諱謹再拜稽首言曰臣聞正
位麗極肇造我家者必資淑聖然後成帝王之

功考謚定名昭示厥後者非薦徽尊無以見后
妃之德繄國朝之令典著今古之彝儀伏惟
太母博厚配天貞明齊日安順靜懿肅雍塞淵
開王化以始基篤人倫而正本慶流者遠挺生
胄族之華善積在躬秀發閨齡之妙言爲圖史
動合箴規鏘璜瑀以和鳴容皆中節飾綋紘而
整治藝則生知學自高門言歸　烈祖時厲經
綸之際進膺窈窕之求禮未備於造舟志已躬
於服澣義爻六子資生允賴於坤儀周亂十人

同德莫先於文母體豢龍躍祥發燕禖贄榛栗
以告虔羞蘋蘩而昭信必敬必戒至靜至柔教
以身而先人化自家而刑國琴瑟在御副褘以
朝若嬀汭之嬪虞用全舜孝邁塗山之興夏實
佐禹功有開必先篤生 皇考立子以適肆及
眇躬承惟輔佐之憂勞旣勤祖構宜享治安之
逸樂遽棄母儀迄茲纂承彌極攀慕弗獲逮事
徒瞻服飾之山河未究推尊有感烝嘗之霜露
是以秉均元老蕝禮碩儒謀皆一辭龜得吉卜

請奉長秋之號追嚴厚夜之藏強爲之名道或存於擬議俄爾可測功豈盡於形容謹遣攝太尉皇叔祖大司空昱奉　玉冊寶上　尊謚曰

聖穆皇后伏惟皇靈在天景福昌後衣冠原廟聿從高帝之游松柏閟宮寅奉姜嫄之祀名貽不朽德播無疆嗚呼哀哉謹言

二月十一日乙卯孝孫嗣皇帝臣諱謹再拜稽首言曰臣聞塗山儷禹史稱啓夏之功莘國配文詩播興周之美洪惟令德夐掩前芳苟非著

勤崇垂後之公何以申報本飾終之孝若稽典
冊允協神人恭惟　皇后挺生名宗來符與運
禀是柔嘉之性形爲貞靜之姿蚤以賢稱遂爲
聖偶窈窕率禮藹關雎淑女之風儆戒持心得
雞鳴賢妃之道我　烈祖登大寶之始而　太
母正中宫之尊助日宣光配天居體躬蘋蘩以
奉宗祏服澣濯以訓宫庭至於敬老尚賢矜孤
閔乏嘗聞國論言必有稽聞預兵機謀無不中
歷覽千古實一人志存社稷之深澤溢子孫之

遠逮膺纘紹彌用追懷悵慈範之永違怳徽音之如在致四海之養既弗及於承顏備萬物之儀固無能於稱德尚書政府宗伯禮官僉謂移
御舊宮升祔世室宜剌六經之載用光百世之傳謹遣攝太尉皇叔祖太司空昱奉　玉冊
玉寶上尊謚曰　光懿皇后伏惟俯納精誠昭膺懿號珠襦玉匣陪弓劍於軒臺風馬雲車從衣冠於漢廟永綏純嘏幽贊丕圖嗚呼哀哉謹言

八月二十一日乙巳孝孫嗣皇帝臣諱謹再拜稽首言曰昔我　皇祖誕膺天命肇造區宇用垂統於後世至於　太宗聰明勇智克篤前烈迄用有成聲教暨於朔南仁恩被於動植天監厥德用錫無疆之休雖簡在帝心本自　神聖而輔佐憂勤實與有力恭惟大行　太皇太后坤靈毓粹圓嵬儲精作合皇家儷體宸極儉以約己勤以率人陰教行於六宮素風表於千祀用能體資生之道助播物之功四海莫不蒙仁

二儀於焉饗德雖塗山啓夏渭涘興周無以專其美也及　先皇厭代哀戚過禮就養東朝德輝彌耀顧惟寡昧嗣守丕基方賴慈訓庶臻於理而昊穹弗憖大數俄及惘然追懷哀恫曷已今者卜筮告吉因山有期爰制近司請明舊典惟舉位以定名考謚以尊德所以揚茂美而傳休聲由周而來率用是道庶憑　徽號以稱褒崇謹遣太尉行會寧牧鄭國王臣裴滿達奉冊寶上　尊謚曰　欽仁皇后伏惟　聖靈在

天令名不朽光配清廟永永無疆嗚呼哀哉謹言

惠昭皇后

天會十三年九月二日追册　惠昭皇后徽宗

景宣帝后

永寧宫

貞元三年十月二十一日上　永寧宫謚曰

慈憲視民如子曰慈行善可紀曰憲　九月七日禀訖於欑殿親行禮外尚書省就便差官八

日差侍講胡礪撰謚議學士施宜生撰謚冊文
禮部侍郎王競書篆冊寶並給敕 十月 日 命
太師思忠充大禮使右相師恭左相張浩攝侍
中奉寶讀寶平章張暉蕭玉攝中書令奉冊讀
冊左右丞參政攝引寶門下侍郎引冊中書侍
郎三品以上四員充舉寶舉冊官并差舁寶盝
官十二舁冊匣官十八太常博士五引大禮使
侍中中書令并引冊寶床翰林使二讀祝太祝
一舉祝冊奉禮郎二十八日遣使 丕承殿

奏告百官陪位二十一日行禮前期有司供帳於欑　殿設　神御床案及設小次於　殿下東廂又設冊寶幄　殿於東廊南空地内殿前司宣徽院約度差甲騎旗鼓門仗官香輿自製造冊寶所迎奉　冊寶奉安於　殿（騎從儀同）是日未明有司鋪設香案供具等物於　神位前設祝冊案於　神位之右又設拜褥三一在阼階上西面（欑殿別無阼階於殿東階上面西設拜褥）一在香案南面北一在　殿上東欄子内面

西質明有司備常行儀仗　皇帝自宮中便服乘馬百官後從大禮使已下行事官等公服於殯殿門外迎立　殯殿門外下馬步入小次少頃御史臺催班大禮使行事官自幄殿奉冊寶於　殿西階下置定大禮使歸押班位閤門使　奏班齊　皇帝更衣太常卿　奏請行奉上冊寶之禮宣徽使太常卿分左右導升阼階上詣褥位面西立宣徽使太常卿前侍宣徽使贊請再拜凡拜者宣徽使贊請　閤門使臚

傳在位官皆再拜贊請由 殿上正門入於香
案前褥位再拜上香又再拜退稍東於欄子内
面西褥位立定典儀司徹香案前拜褥設册寶
褥位於香案南舉册舁册官取册匣於床對捧
由西階升中書侍郎分左右前導奉册中書令
讀册中書令並後從候褥位置定中書侍郎舉
册舁册官稍退立奉册中書令稍前於褥位再
拜退就殿階上西南柱外面東立讀册中書令
稍前再拜舁册官取匣蓋下置於 西階下册床

上舉册對舉册讀册中書令一拜跪搢笏讀讀訖就一拜起又再拜退立於奉册中書令之次凡讀册寶祝文皇帝皆跪聽奉册中書令少進與中書侍郎率舉册昇册官奉册匣由西階下引從如上儀復置於册床置定舉寶昇寶官以寶盝升至侍中讀畢由西階下復置於床皆如册匣之儀有司徹册寶褥位復設香案南拜褥宣徽使太常卿前導 皇帝進就褥位再拜上香上茶上酒樂作三酹樂止太祝讀祝文訖

再拜復歸阼階褥位立定大樂使升　殿於香案南宣徽使處受福恭詣阼階褥位前宣徽使贊　皇帝再拜飲福大禮使跪以酒盞進跪飲訖大禮使跪受酒盞宣徽使贊再拜閤門臚傳在位官皆再拜大禮使以酒盞復授宣徽使訖由西階下歸班位太常卿宣徽使前導歸小次即座簾降太常卿跪　奏禮畢　皇帝便服百官皆卷班西出大禮使以下奉册寶床納於殯殿左右相當處權行收頓有司轉仗由來路奉

車駕還內　大定二年四月九日改德宗爲明肅永壽宮贈爲哀皇后慈憲未改舊謚二十二年四月十一日明肅降遼王正妃追封遼王妃夫人李氏娘子徒單氏并庶人所生母並封王夫人誥用漢字分付其孫元奴

欽慈貞懿皇后

大定元年十一月十五日　追册　皇妣蒲察氏曰　欽慈皇后　皇妣李氏曰　貞懿皇后

宣獻皇后

大定二年四月禮官檢引宋太常因革禮太平興國二年勑越國夫人苻氏故夫人尹氏並追冊皇后令所司擇日備禮冊命禮院　奏伏惟周廣順元年九月中追冊皇后柴氏顯德四年追冊皇后劉氏並不行冊禮建隆三年追冊皇后賀氏亦不行冊禮　詔依建隆三年故事又宋會要建隆元年追冊帝母爲皇太后仍令有司擇日備禮後不行冊禮自後凡制書云冊命者皆未嘗行冊禮兼昨者追　冊　睿宗皇帝

欽慈　貞懿皇后亦不曾行册禮令　睿宗
母及故　皇后加上　尊謚有無依典故體例
只降詔追册尋擬　奏合行　詔從之　睿宗
母謚宣獻聖善周聞曰宣聰明睿智曰獻
二十六日降　詔曰恭惟　祖妣作合　太尊
慶育　睿考致　三靈眷佑　邦祚以永而天
禄集於眇躬尊祖之義禮宜報本以朕心嚴
父之孝推　聖考念母之誠等而上之志非敢
後謹上　尊謚曰　宣獻皇后仍令有司擇日

備禮冊命主者施行布告中外體予至懷

昭德皇后

大定二年四月二十六日　詔曰國家之體典故具存正位居尊必緣情而及伉儷懷昔追遠亦備禮以盡哀榮爰舉愍章用慰窀穸下逮視寢悉使正名庶幾有知欽承休命故妃烏林荅氏可追謚爲　昭德皇后仍令有司擇日備禮冊命故夫人僕散氏可追封　元妃故夫人張氏可追封　宸妃主者施行布告中外咸聞知

大金集禮卷第六

大金集禮卷第七

妃

冊　太皇太妃

追封

雜録

冊　太皇太妃

天德二年正月二十五日尊冊　太皇太妃命特進宗睦特進宗厚充冊使副左丞宗義攝侍中參政劉麟攝中書令門下中書侍郎各二讀

册讀寶官各一舉册舉寶官各二以三品四品
官攝充太常博士通事舍人有正官外差内給
事一禮直官一舁寶盝官十二舁册匣官十八
命直學士劉長言撰册文禮部外郎王競書篆
册寶二十一日擬稟行禮儀式并册寶等事准
行外候　二太后禮畢於　太和殿發册　册
簡用玉石爲之條數合扣册文多寡用之其床
匣亦隨册之長短並紅漆金鍍銀裝釘條網用
紅絲帕用梅紅羅銷金以雲鳳爲飾襯褥亦用

素紅羅表紅綃裏纏骨全寶以金爲之龜紐小大制度從宜製造紐下釵水地四面釵雲鳳撿斗並用銀金鍍寶盝并床並紅漆金鍍銀裝釘帕用梅紅羅表紅綃裏銷金以雲鳳爲飾襯褥亦用紅羅表紅絹裏纏骨全法物依前來製度其日質明應行事官帥弩手繖子門仗官於尚書省引導 冊寶進入內由蕭墻東門至 勤政殿東廊下幄次內權置禮直官引攝侍中中書令讀舉舁冊寶官舁冊寶床弩手繖子等並在東廊下於冊

寶幄次前立以俟禮直官又引冊使副立於勤政殿門外東西相向立以俟　皇帝即座衞官文武百寮起居訖分東西相向立禮直官通事舍人太常博士引冊使副入就冊寶褥位稍西當中北向典儀曰再拜贊者承傳在位官皆再拜典儀與贊者擬通事舍人充侍中承旨降自東階詣冊使前東北西向稱有　制典儀曰再拜贊者承傳冊使已下應在位官皆再拜侍中　宣曰冊　元妃爲　太皇太妃公等奉

玉冊金寶展禮　宣訖冊使副再拜侍中退復位次引冊使詣受冊褥位立定又引中書令詣冊使前東北西向立中書侍郎引冊案立於中書令之右中書令跪取　冊授冊使跪受訖興置於案舉案者退立於後冊使中書令中書侍郎俱退復本班次引副使詣受寶褥位立定又引侍中詣副使前東北西向立門下侍郎引寶案立於侍中之右侍中跪取　寶以授副使跪受訖興置於案舉案者退立於後副使侍中門下侍郎俱退復

本班典儀曰再拜贊者承傳使副以下應在位官皆再拜訖禮直官通事舍人太常博士引冊使押冊副使押寶出引導如來儀宣徽使　奏具官臣某言禮畢降座百官出　發冊訖冊使副應行事官分引　冊寶至　太皇太妃本宮外幄次內權置訖冊北寶南內給事先入報請　太皇太妃服褕翟服行禮甫近擬用常服就座禮直官通事舍人太常博士引　冊寶幷使副及應行事官內給事俱入就　殿庭前西階下東向位　冊

寶少置冊北寶南使副及行事官立於其後少頃又引內給事進就南向立禮直官通事舍人太常博士引冊使副就內給事前使副稍却東向稱 皇帝遣冊使姓名副使姓名奉 玉冊金寶上 懿號曰 太皇太妃內給事先升詣座前躬言訖次禮直官通事舍人太常博士引 冊寶前行冊寶匣盝蓋先去置於冊寶床上使副舁讀舉 冊寶官從升內給事少進東向立舁冊官當座前舉冊寶官單跪對舉讀冊官拜跪讀訖

俛伏興以　冊授内給事舁寶官舁寶盝升並

如冊儀使副興行事官並退内給事賛言禮畢

追封

天會十三年二月追冊　德妃　賢妃以韓企

先爲冊贈使

皇統五年十二月二十九日以諸妃所封多同

詳定到元妃惠妃麗妃華妃唐制皆正一品擬

用封　先帝諸妃仍以宫名别之如收國天輔

年諸妃則曰　慶元宫某妃　天會年諸妃則

曰　明德宫某妃　景宣皇帝於典禮亦當立
原廟建宫名其妃號亦當冠以某妃其高下
之序則以元妃惠妃麗妃華妃貴妃淑妃德妃
賢妃爲次其冠以　先帝宫名者先　慶元宫
次　明德宫　勑旨准奏
大定二年四月二十六日　詔追謚　昭德皇
后并故夫人僕散氏追封　元妃故夫人張氏
追封　宸妃十一月十五日宸妃改封　惠妃
十九年八月奉　勑旨故　磨撒妃追封　太

皇太妃有司擬　奏晉成帝貴人周氏生哀帝即位崇爲皇太妃孝武母李氏孝武即位加爲皇太妃二妃皆以子貴故稱太又唐皇后傳入廟稱后繫夫在朝稱太繫子與今　蕭妃事體不同恐難稱太皇太妃兼照到　本朝　太祖妃烏古論氏曰元妃　太宗妃耶律氏曰崇妃合依已行故事追封妃號　勅旨從之追封崇妃差官賫送　誥命仍致祭候將來一就掩葬

雜録

天德二年二月五日設　太皇太妃導從二十人傘子二人九日稟訖盤鳳紫衫幞帶依弩手傘子例四月二十九日　太皇太妃每年錢二萬貫表二百段絹一千疋綿五千兩　妃每位歲給錢一萬貫表一百段絹三百疋綿三千兩嬪已下五千貫表五十段絹二百疋綿三千兩　諸嬪妃共設導從四十人並幞頭紫衫衫上繡盤芭蕉爲飾　貞元儀式　妃嬪導從共用

二百二十人衣襆幞帶並仍帶

大定二年七月五日擬　奏正隆二年四月海陵庶人批劄內職尚宮夫人以上及公主王妃郡縣主王夫人　誥命並用　御寶相銜王妃王夫人亦入辭檢討到唐會要吏部告身印加告身兩字又太常因革禮皇后告身有司進納於宮中見得妃嬪已下告身並合有司用印敕旨係典故行二年十一月十五日　敕旨內職四品以上給　宣誥五品以上只給告七年

閏七月一日　勅旨今後宫中　親王及　妃嬪等　宣誥並以漢兒字給授十一年八月三日　勅旨今後宫中　妃嬪止以誥授不須用宣二十三年三月七日　勅旨一品官職及宫中　公主妃用　玉寶九日　禀奏緣内職公主　王妃等並係　誥授用吏部告印奉勅旨妃嬪已上及公主王妃並給　宣誥其誥仍舊已下止給告

大金集禮卷第七

大金集禮卷第八

皇太子

皇統二年二月二十八日　命皇子名曰濟安

大赦天下　制曰禮重世嫡爲其承　七廟之尊國有元良所以係萬邦之望顧惟菲德獲紹丕基勤以恤民居軫夙宵之念約於奉已敢親聲色之娛豈惟中外之共知抑亦　神明之所鑒荷　三靈之錫羨祐　累聖之重光慶集

中宮時生　上嗣　宗社奉鬯已肇應於震方雷雨發春宜均敷於解澤嘉與億兆同茲惟欣可　大赦天下云云於戲　辰象著明於赫

前星之耀　恩書寬大助宣冲氣之和更賴三
事大夫百司庶府共欽承於德意期式敘於民
彛永沐淳風翕臻壽域　三月十三日擬　奏
慶誕　皇子合於踰月或三月剪鬌之後　奏
告　天地　社稷　宗廟委司天臺選定剪鬌
三月二十五日戊午時乙。　奏告用三月二
十八日辛酉　勅旨從之十七日　命左丞勗
奏告　宗廟都點檢常勝　奏告　天地
社稷就赴上京行禮并　差待制高士談權太

常卿提控　祭告禮儀閤門三人管勾准備十
九日擬　奏即目　皇子誕生甫及月周臣等
歷考古制　帝后在位降生　元子者前代絕
少又周成王幼在襁褓即稱　太子建置師傅
今將及剪鬌當建　名號若不　奏陳誠恐闕
典　勅旨依典故建爲　皇太子仍先　告授
尋委司天臺選定剪鬌封建並用當日爲吉
從之省劄用紅遍地雲氣盤龍錦褾金龍五色
十八幅寶裝犀幅羅告一通并真珠網紅錦袋

告匣

奏定所行儀禮十九日奏訖剪鬌儀無　賜告

一節二十一日　奏訖封建禮數添揷施行

其日質明百僚入　殿庭東西相向立左右司

郎官吏部長貳郎官奉　告身綵輿入置東階

下尚書侍郎於輿後面西立左右司郎官吏部

官並歸班　宣徽使太常卿引　帝后出　宫升

座庭下合班五拜舞蹈又再拜歸分立位宰

相執政官以上并行事官分東西升　殿侍立

中書令東階升 殿上接官膺事由西階升與

侍中對立受 告以北爲上諸保姆奉 皇子

自 宮中出西房 帝后降 座東南自阼階

西向 皇子近前東向 帝后皆手撫之保姆

等奉以再拜訖囬轉立於 皇后之次少却

帝后升 座保姆奉 皇子當 座前北面立

吏部侍郎取 告身於綵輿授吏部尚書侍郎

歸庭中面西位綵輿退置於東廊階下尚書

奉 告升 殿庭尚書降歸庭中班中書令稍

前側立讀　制畢卷之以授侍中侍中稍前接告面西側立中書令歸侍立位引奉　皇子稍前受　告太子詹事稍前面東與侍中相對立奉　皇子者皆跪侍中以　告授詹事詹事跪受置北侍中歸侍立位保姆等奉　皇太子再拜訖詹事持　告從　皇太子入自東房還閤詹事至閤前以告授掌管人退從　殿側東北廊下門出歸庭中位　皇后降座當　御座前再拜畢復升座　殿上臣僚皆降階合班五

拜稱　賀若有　宣再拜聽　勅又五拜如儀畢

帝后暫輿入　宫撫視臣僚非特旨不敢入及時剪髮留髯復出外坐庭下合班稱　賀如前儀或進稱　賀禮物如式合花坐臣僚上殿並如曲宴之儀惟以剪髩文代致語慶賜取　旨

剪髩文　於赫　吾皇丕承　帝眷慶積德於椒房遂發祥於　蘭殿少海與福海同深前星與壽星並見　上帝是依彌月不遲　温文

玉德　岐嶷天姿騰懽心於綿宇擁嘉貺於
皇基習習兮風和遲遲兮日永得羡數於神策
占　瑞光於圭影瀉香浪於龍湯垂寶螺於佛
頂　神祇　祖考盡懽忻霈澤均禧浹兆民
玉葉金枝增福壽共扶　聖祚億千春　剃頭
人念文　聖主當陽　中宮積慶　元子誕生
萬邦表正七花湧於金塼九龍噴其香泉　留
髮之後　福壽增延　二十六日　冊曰禮典
之垂訓鑒重世嫡所以丕叙人倫　帝王之御

邦家建　儲闈所以共承　宗廟朕紹隆基緒
祗慎夙霄荷　三靈眷顧之休開億載流光之
福自　中宮而錫羡慶　上嗣之應期歷修曠
世之儀豈厭普天之意誕敷庭號播告縉紳
皇子濟安毓秀　天潢分輝　宸極寢興占夢
稔聞漢后之日符經緯儲精允協周家之聖瑞
沉厚積山川之氣　温文全金玉之姿乃者
元宰獻謀近臣演議謂前代少陽之兆多育於
朱藩而後宮甲觀之徵不專於椒掖尚預崇於

國本以外係於人心豈如　皇朝盡軼隆古宜涓歲月之吉茂揚典册之光上以荅　祖考之懽下以副臣民之望言之甚切義不得辭肆因剪髫之辰俾正　承華之位方當延老成爲羽翼之輔建僚寀相朝夕之恭匪我一人之私惟爾萬方之慶於戲僉言協卜既從蚤建之公幼歲親師庸助夙成之德宜非謀非彝之勿用廣正言正事之常聞勉思求稱之難永錫無疆之福　二十六日　詔天下　勑尚書省廣受惟

親爰厚人倫之化立子貴嫡允爲天下之公朕欽紹基圖祗勤夙夜屬 燕謀之肇慶自 椒掖以儲祥誕揚 典冊之儀式副臣民之願皇嫡子濟安 徇齊秀質 岐嶷英姿載夙於初協漢后 日符之夢誕彌有赫同周家 聖瑞之光屬宰輔之獻言 詔春官而協議謂國本所當蚤建而 宗祧宜有共承稽載籍傳得之格言有前代承平之故事禮之所急義不可辭乃因吉日之良俾正 前星之位咨爾有

衆其體朕心已降 制命立爲 皇太子仍令有司擇日備禮 册命告布中外咸使聞知五月十九日擬 奏詳定所看詳前代故事立 皇太子供 賜之例極厚以重 國體今來 皇太子受 告約量定到行禮并管勾事務等官各合給 賜賞物及照到歷代以來曾有增秩 恩例開立下項奉 勅旨應攄隨朝大小職官并諸局分祗候人等並遷一資内有見帶金紫光禄大夫人等吏部尚書充 殿前

都點檢長勝並與特進餘進　封國公所擬支
賜賞物　准奏　漢文帝立皇太子有降赦
賜爵之恩光武立皇太子在朝官增秩各一等
晉明帝立皇太子大赦增文武位二等後魏太
武帝立皇太子王公已下並增爵秩宋文帝立
皇太子賜文武位一等宋立皇太子常恭及見
任官皆賜官一等　賜告太傅丞相宗弼銀絹
二百疋兩讀告丞相韓企先總領裁定禮數平
章昂平章奕各一百五十疋兩其餘　奏告官

撰詞定儀注奉 告寫 告監造 告身以至
進署祝板令史等銀絹各有差翦鬌人還兩資
并 賜錢銀絹人口
天德四年 册命儀
天德四年正月九日 詔立儲嗣合行 典禮
令有司條具以 聞禀定候禮畢遍行 禀定
正月二十七日告 天地 宗廟二月二日受
册三日謝 宗廟 命學士劉長言撰册文
直學士施宜生書 册篆 寶差侍御史許宏

等三員監看成造　冊寶并法物工部郎中蒲
輦等三負監看成造蓋匣床等　命平章徒單
恭告　天地平章蕭裕告　宗廟并差引贊行
禮太常博士通事舍人太祝各一　命左丞相
思忠攝太尉充冊使右丞相太○攝司徒充副
使平章蕭裕攝侍中奉寶讀寶參政蕭玉攝中
書令奉冊讀冊太子太師太傅各一　奉冊寶吏
禮部侍郎各一　舉冊中書舍人二舉寶給事中
二捧冊捧寶官各四左庶子二　一贊拜贊謝請

内嚴外辦一次日代謝　太廟　竝宰執以次攝

差并差左右率府典儀主節大樂令協律郎各

一贊者禮直官掌書收冊收寶各二通舍十符寶郎

八舁寶蓋官十八匣冊十八　元申又有請中嚴

外辦及承制侍中二員并中書門下侍郎禮儀

使儀注内亦有　正月十日口稟下項儀禮降

奏告就　南郊臺行禮外竝　准行　五禮

精義　冊命大事先告　天地　宗廟示不敢

專　社稷　地祇之屬不必皆告合省去此節

上告　天地　宗廟令奏告　天地雖有員丘方丘未經行禮合依　冊　后已經遣使　奏告之儀前一日儀鸞司設座於　武德殿南向設羣臣次於門外大樂令設宮懸於庭設協律郎舉麾位於樂懸西北東向閤門設百官班於庭又設典儀位於班位之東北贊者二人在南少退俱西向設冊使副次於　殿門之東又設冊使副受　命位於百官班前又設冊寶幄次二於　殿後東廂俱南向前一日尚書工部奉

冊寶并床匣進入　其日諸衛勒所部略列黃麾細仗於庭符寶郎奉　八寶升置左右吏部侍郎奉冊匣禮部侍郎奉寶蓋於合立節處左右置於床訖出門外入百官班大樂令協律郎樂工典儀贊者各入就位羣官等依時刻各服朝服侍中版　奏中嚴通事舍人引羣官入就位東西相向立以北爲上又引冊使副立於東偏門外西向門下侍郎引主節奏節立於　殿下東廊橫階道北讀冊中書令引冊中書侍郎

帥舉捧官奉冊床立於節南讀寶侍中引寶門
下侍郎帥舉捧官奉寶床立於冊床之南俱西
向侍中版　奏外辦　殿上索扇協律郎舉麾
宮懸奏曲服朔望冠服出自東房曲直華蓋警
蹕皆如常儀即座南向簾捲樂止通事舍人引
冊使副入宮懸奏曲使副就受　命位樂止侍
中中書令門下侍郎中書侍郎舉捧官俟舊西
面立羣臣合班橫行北面立定典儀曰再拜贊
者承傳皆再拜班首　起居又再拜閤門官引

侍中承　制降詣使副東北面西稱有　制使
副稍前揖躬再拜侍中　宣曰　命公等持節
授　皇太子　册寶　宣訖又俱再拜侍中還
班門下侍郎引主節詣册使所主節以節授門
下侍郎門下侍郎執節面西授太尉受付主節
立於使副之左右中書侍郎引册牀門下侍郎
引寶牀立於册使東北面西以次授太尉太尉
皆捧受册牀置於北寶牀置於南侍中中書令
禮儀使舉捧册官及舁牀者退於東西階道之

左右相向立門下侍郎中書侍郎還班位典儀
曰再拜賛者承傳皆再拜羣官拜訖分班歸東
西相向位舉捧舁冊寶床者進引冊官引冊床
先行讀冊官次之引寶官引寶床次行讀寶官
又次之舉捧官各分左右通事舍人引冊使副
隨之以行持節者前導使副初行宮懸奏曲出
門樂止侍中出班升　奏侍中臣某言禮畢索
扇簾降宮懸奏曲降　座入自東房樂止通事
舍人引羣官在位者以次出先是有司預設太

尉司徒本品革車鹵簿於門外左右排列俟使

副出門鼓吹振作鹵簿係本品合得人數如無鹵簿鼓吹即以錦衣人代禮儀使舉捧官執節

者幷擡舁人以　冊寶少駐於　東宮門太尉

司徒及讀冊官暫歸幕次閤門引入　東宮俟

至　殿下位鼓吹止有司宿供帳　東宮殿設

太子座於　扆前垂簾又設東西房於　座

之左右稍北又設受　冊位於　殿庭東階之

南西向大樂令設宮懸於庭協律郎設舉麾位

於殿上又設冊寶幄次及行事官幕次於門外左右其日諸衛於門外略設黃麾細仗於殿上設簾并扇左右各十紅傘一稟定坐麒麟金浮圖在東階欄干外又設舉冊寶案位於使副之前北向又設左庶子位於北廂南向質明執事官大樂令各就位東宮官屬具朝服詣禁閤迎導從如儀主衣二人奉空頂幘絳紗袍稟定空頂幘絳紗袍玉帶以從至受冊殿後閤左庶子 奏中嚴冊使副入門宮架奏曲

俟冊使庭中立定樂止冊在北寶在南使副立於床後禮儀使帥持節者立於前舉捧冊寶官立於冊寶床左右讀冊寶官各立於其後左庶子 奏外辦 太子服空頂絳紗袍左庶子引太師抱之出宮懸奏曲 太子降自東階升降並左庶子引傘扇引從至階下望 御座所在立樂止冊使進立於右 宣曰有 制左庶子贊再拜太傅代拜冊使 宣曰 制遣太尉姓名司徒姓名恭授 皇太子 冊寶左庶子贊

再拜太傅代拜册使副少退俟升階樂作册使出就次册使行鼓吹振作如來儀至　殿外門止册使副入俛伏跪　奏太尉臣姓名司徒姓名奉　制受　皇太子　册寶禮畢俛伏興退册使少退時中書令侍中及舉捧官師擡舁人奉　册寶以次進於　太子前宮懸奏曲册寶床自東階升並置於楹間册床在北寶床在南中留讀册寶官立位並去帕及蓋擡舁人執之退立於西朶　殿舉捧官分左右相向立讀册

寶官各立於床之東西向立既定樂止左庶子

引 太子自東階升宮懸奏曲傘扇止於簾外

退於左右朵 殿前於 座前南向立樂止中

書令詣冊床南立北向稱中書令姓名謹讀

冊讀畢降自東階立欄外第一墀上西向次侍

中詣寶床南立北向稱侍中姓名讀 寶讀畢

降階立於中書令之北西向左庶子引升 座

宮懸奏曲坐定樂止舉捧官以次招擡舁人持

帕蓋覆匣床奉置 殿之左右冊床在東寶床

在西置訖舉捧官以次降階立於中書令侍中之後立定合班北向左庶子贊再拜拜訖降自東階出　冊寶等物並分付左庶子受　冊訖左庶子　奏禮畢司贊引東宮官以次進就北向位班首初行宮懸奏曲至位樂止贊者曰再拜班首已下皆再拜贊者引班首自西階升樂作至階樂止進當　座前北向躬致辭稱賀訖降自西階樂作至位樂止贊者曰再拜班首已下皆再拜左庶子前承　令降自西階詣東宮

官前西北東向稱有　令宮官等皆拜左庶子
宣曰祗奉　聖恩授以　冊寶榮幸之至兢
厲增深所賀知賛者曰再拜宮官皆再拜訖退
左庶子跪　奏稱禮畢降座宮懸奏曲入東房
樂止歸閤宮懸奏曲至閤樂止在位者以次出
通事舍人再引太師抱詣　帝后所　御殿謝
左庶子賛再拜太傅代拜訖禮畢擇日親謝
兩宮太后如謝　后意同日遣左庶子詣　太
廟謝除祝版不用外並如　奏告之儀　宋會

大金集禮八　十五

要該舊制皇太子册用玉石簡六十枚今請增
七十五枚又太常因革禮皇太子玉册五十枚
册匣隨册爲之五禮精義該後齊用竹簡十二
枚或以白玉爲之又該北齊簡制其詞多寡則
出臨時已上隨代不同擬依所撰册文用見在
已有册簡隨文多寡用之五禮精義該皇太子
寶以黄金爲之方一寸龜紐文曰皇太子寶已
上制度狹小看詳若比諸王印四邊各增一分
用金成造龜紐其文曰　皇太子寶其綬并

册寶合用諸物等擬依册 后已行制度成造
其匣等並用朱漆以金鍍銀粧用黃麾細仗並
同册后儀 已禀訖用遣使儀十二日再 禀
定只用臨軒册禮 前一日云云同前出門外
入百班羣官等依時刻官各服常服其日東宮
官應從者各服其服以序詣閤奉迎 太子出
就次大樂令協律郎樂工典儀賛者各入就位
侍中版 奏中嚴云云同前太尉皆捧受門下
侍郎中書侍郎禮儀下使舉捧册寶官及舁床

者退立通事舍人引　太子太師抱之入就版

位西北立主衣二人奉空頂績絳紗袍以從三

師三少已次導從如式於東南面西以北爲上

初入門宮懸奏曲至位樂止通事舍人引太尉

立於版位之西面東司徒立於西南面北節在

太尉東少南面西册寶床在司徒西南面東左

庶子立於　太子之右面西司徒就床取　册

進面東授太尉持節者脫節衣太尉稱有　制

左庶子贊　太子位右代拜册使　宣曰　制

遣太尉姓名等授　皇太子冊寶左庶子贊再拜太傅代拜冊使少退引　冊寶及讀冊寶并舉捧官帥擡舁人奉　冊寶以次進於　太子前中書侍郎立於冊匣東北面南中書令詣冊匣西北立南向舉匣官去匣蓋捧冊官捧中書令稱姓名讀　冊讀畢跪左庶子進詣讀冊官前跪受　冊中書令還位左庶子退授　太子太傅代受以授掌書舉捧官復蓋訖中書侍郎復引　冊置於床少立門下侍郎立於寶蓋東

北面西南侍中詣寶蓋北立面南舉捧及讀寶并受授引置於床並同上儀左庶子贊再拜太傅代拜持節者加節衣贊 皇太子退如來儀典儀曰再拜贊者承傳在位者皆再拜羣官拜訖分班歸東西相向立舉捧官舁冊寶者進冊床先行引冊官次之寶床次行引寶官次之舉捧官各分左右通事舍人引冊使云云同前在位者以次出詣內 殿及兩宮謝并謝太
廟並同前謝禮畢次日受賀於禀定合行禮位

宰執王公已下并宗室文武羣官及東宮師少已下官屬等俱服本品服集於　殿門外左庶子跪請内嚴少頃又跪言外備　太子常服出太師抱之左右侍衛如常儀即　座南向禮直官先引一品官入初至　殿階太師抱立　座前一品官升自東階至　殿上序重行北向以東爲上典儀曰再拜贊者承傳在位者皆再拜荅拜太傅代拜　班首少前躬致賀詞訖復位典儀曰再拜荅拜太傅代拜　禮直官引一品官降

皆以次出　太子即　座禮直官又引文武二品已下羣官入就庭皆以序横行北向典儀曰再拜贊者承傳在位者皆再拜躬身不荅拜班首少前躬致賀詞訖復位典儀曰再拜贊者皆再拜如前躬身不荅拜禮直官引二品已下羣官以次出　太子即　座禮直官引東宫師少官入初至　殿階太師抱立　座前師少升自東階至　殿上以序重行北向以東爲上典儀曰再拜荅拜太傅代拜班首少前躬致賀詞訖

復位典儀曰再拜荅拜太傅代拜訖禮直官引師少出　太子即　座禮直官引詹事已下宮官入就庭皆以序橫行北向典儀曰再拜班首少前稱臣某等躬致賀詞訖復位典儀曰再拜詹事已下皆再拜訖禮直官引詹事已下宮官以次出左庶子跪言禮畢太師抱還　宮左右侍衛如常儀朔望受　東宮官賀亦如上儀

二月五日以　冊禮旣畢　詔諭天下

大定八年　冊命儀

大定五月六日 詔曰朕恭膺 景命奄奉丕圖既承 九廟之尊深惟 國本庶係四海之望用永 皇基斯古昔之宏規亦邦家之先務天與上嗣慶自 中宮紹中國之建儲稽禮經而立嫡肆遵彝典式示寰區 皇子楚王某資賦聰明 才兼文武 剛健而循理 端厚而寡言 從師友則進學敏修 道古今則經耳成誦造庭匪懈見 孝敬於問安養志無違表 忠勤於視膳至於疏封大國益盡小心

操履謙和　姿儀肅謹蓋　神明之冑禀異
而　天地之祐茲弘是宜叶繼照於明離觀主
鬯於洊震上以纂　祖宗創業之緒下以慰臣
民引領之誠其以某爲　皇太子仍令有司擇
日備禮　冊命主者施行布告中外咸使聞知
五月七日呈省前代典禮既已降　詔立爲
皇太子雖未受　冊禮其一切禮數與已受
冊禮無異晉書云太子出會在王公之上宋
事實太子與宴在王公之上宋會要太子與親

王別班起居唐開元禮皇太子若來朝則皇太子朝出訖引王公以下入通典鹵簿圖太子紫蓋今來看詳如遇入　朝與　宴係前項典故合在王公之上常　朝日仍獨班　起居俟退方引親王以次班若與　宴既在王公之上自當禮絶百僚今擬於　御座之左西向設位比王公坐位少前其朝服紫袍玉帶玉雙魚袋傘用紫羅表裏坐麒麟金浮圖交椅用金鍍銀栲栳圈靠背上仍用雙戲麒麟五月十四日依海

陵庶人傘用梅紅羅表黄綾裹改造合用冠冕
制度五月十一日勅旨委内藏庫官監造七
年十二月試得小短再造　御前五月十三日
批劄護衛二十人自來　特旨差掌寶二人特
差内衹充傔使導引官十六人差班衹人充傔
使小底一十人自來差官員家子弟或宫籍監
人充過食小底二十人自來尚食局擬到係百
姓導從六十二人差中都射粮軍厨子二十人
自來尚食局撥到係百姓或宫籍監人馬小底

十人管事十人管鞍四人茶酒四人儀鸞四人
下帳燈火十人庫本把四人并左右監門每日
輪差到護駕軍十人牌子頭一名把門守宿十
四日下吏部又下工部導從人數服色係貞元
儀式定到係常用六十二人傘子二人不在其
數並用梅紅羅繡雙盤鳳襖子金花幞頭金鍍
銀束帶應用引從物鏩鑼唾盂子水罐等並合
用銀金鍍并奉　勅旨月給五百貫石外麴米
麥春秋綾羅綿絹一例比附增添十五日　奏

定錢五百貫粟五百石麴八十秤黃米八十石小麥八十石春衣羅八十疋絹三百疋秋衣綾八十疋絹三百疋綿一千四百兩　七年八月五日擬　奏昨奉　勅旨冊　皇太子事候奉安了日舉行今來有無准備於行　從之十七日　奏定用來年正月十七日謝　廟用二十三日受　冊及謝　廟禮數合用鹵簿擬到開元開寶禮全數計二千二十人五禮新儀二千三百七十三人有無依上項典故唯復裁減擬

其間制度與　大駕同者擬依前來造　皇太
子金輅用龍鳳處改用麟鸞純用紅黃處改用
梅紅又開寶禮皇太子升降輅合用輿輿製似
輦而小今若比擬平頭輦減小成造見得别無
空礙所有丈餘處亦擬依金輅制度施行九月
十七日　勅旨鹵簿人數斟酌裁減餘准奏十
二月五日擬　奏依五禮新儀臨　軒冊命時
皇太子服遠游冠朱明衣詣　太廟服衮冕
并减定謁　廟鹵簿人數用六百人　勅旨准

外鹵簿用一千人七日擬　奏宋會要該册皇
太子列黄麾大仗於殿庭照到五禮新儀黄麾
大仗係五千二十五人緣來前上　尊號時
殿庭立仗用三千人今擬依五禮新儀用黄麾
半仗二千二百六十五人外據　仁政殿上表
陳謝依五禮新儀　文德殿用黄麾細仗一千
四百二人　從之　右　册命於　大安殿爲
上親册故重其禮表　謝於　仁政殿爲在
下謝　上不敢再勞　聖駕御　大安殿並准

奏　唐宋典故内皇太子册寶制度該册用玉石簡六十枚寶以黄金爲之龜紐文曰皇太子寶方二寸厚一寸其行用匣蓋等物合用黝漆黑色外有册簡前後四枚刻龍塡金爲捧護之狀係前來金輅制度改用麟十二月一日勅旨捧護　册簡係典故用龍餘並准奏元申宋會要太常因革禮皇太子册玉石簡六十枚前後四枚刻龍塡金爲捧護之狀貫以金絲首尾結爲金花飾以鉛粉襯以紅羅泥金夾帕籍以

錦褥成以黝漆匣長九尺五寸闊尺二寸高八
寸覆以金夾帕絡以紅絲結條襯以法錦褥安
以黝漆金葉裝床其竿飾以螭首其黝漆匣用
金塗鏤銀花鳳葉裝加以腰輿行馬飾皆鳳條
以魚釣竿爲螭首又宋會要皇太子受册寶以
黄金爲之注云寶方二寸厚一寸係以朱組大
綬連玉環金斟金檢長五寸闊二寸厚二寸悉
褁以紅錦加紅羅泥金帕納以小盝以金裝内
設金床又盝二重皆覆以紅羅泥金帕盝及腰

輿行馬皆銀裝金泥他法物皆銀爲之鞁花塗以金又案五禮精義云皇太子寳以黄金爲之龜紐文曰皇太子寳又令文云皇太子寳爲之不行用其封令書用春坊印令擬錦以龍鳳處改爲麟鸞純用紅處改爲梅紅他物並依上典故製度成造　九月二十九日　差侍制張等三員監看成造　册寳并法物禮部外郎趙揚等三員監看成造匣盝床等十二月一日　命侍講張景仁撰　册文禮部侍郎劉仲淵書

冊篆　寶五日　差工部侍郎張仲愈等二員
提點編排儀仗并謁　廟鹵簿二十五日　命
右丞相良弼告　天地樞密使志寧告　宗廟
平章守道攝侍中奉寶右丞右琚攝中書令奉
冊讀冊引寶門下侍郎引冊中書侍郎一行禮
侍中二押樂太常卿一正官外並三品官攝充
并　差捧冊捧寶二大樂令典儀贊者協律郎
引　太子典贊儀各一符寶郎四太博二通舍
五詹少左右庶子左右諭德左右率府僕正中

允各一舁寶盝官八舁冊匣官十六　十二月二十三日擬　奏下項儀禮准外　冊命日皇太子乘輿至、翔龍門東宮官導從不乘馬

冊皇太子前三日合遣使同日　奏告　天地　宗廟奏告天地於自來拜天處　宗廟在廟庭中通告用祝文香酒等　冊前一日宣徽院帥儀鸞司設　御座在壇臺上於　大安殿當中南向設　皇太子次於門外之東西向又設文武百寮應行事官東宮官等次於門外

之東西廊又設冊寶幄次於殿後東廂俱南向冊東寶西又設受冊位於　殿庭橫階之南二部官與監造冊寶官公服自製造所導引冊寶床由宣華門入計會宣徽院　進呈訖赴幄次安置大樂令帥其屬展樂懸於庭　其日兵部帥其屬設黃麾仗於　大安殿門之內外　其日質明文武百僚應行事官並朝服朝服謂法服入次東宮官各朝服自東宮乘馬導從至左翔龍門外下馬入就次通事舍人分引百官入立

班東西相向次引侍中中書令門下侍郎中書侍郎及捧舁冊寶官詣　殿後幄次前立少頃奉　冊寶出幄次由　大安殿東降至庭中褥位權置訖在受冊位近東稍北西向　冊北寶南奉引冊寶官立於其後　皇太子服遠遊冠朱明衣出次執圭三師三少已下導從立於門外侍中奏中嚴符寶郎奉　八寶由東西偏門分入升置　御座之左右侍中奏外辦内侍承　旨索扇扇合　皇帝服通天冠絳紗袍以

出曲直華蓋侍衛如常儀鳴鞭訖宮懸樂作
皇帝出自東序即　御座爐煙升扇開簾捲樂
止典贊儀引　皇太子入門宮懸樂作至位樂
止師少已下從入立於　皇太子位東南西向
典儀贊　皇太子再拜搢圭舞蹈又再拜奏
聖躬萬福又再拜訖引近東西向立師少已下
并奉引冊寶官等各赴百官東班樂作至位樂
止通事舍人引百官俱橫行北向典儀贊拜在
位官皆再拜搢笏舞蹈又再拜起居又再拜訖

百官各還東西班師少巳下并行事官各還立位典贊儀引 皇太子復受册位樂作至位樂止侍中承 旨稱有 制 皇太子巳下應在位官皆再拜行事官不拜躬身侍中 宣制曰册某王爲 皇太子俱又再拜通事舍人太常博士引中書令詣讀册位中書侍郎引册匣置於前捧册官西向跪捧 皇太子跪讀畢俛伏興 皇太子再拜中書令詣捧册位奉 册授 皇太子搢圭跪受 册訖以授右庶子右

庶子跪受訖俛伏興右庶子以　冊興置於床
中書令以下退復本班次通事舍人太常博士
引侍中詣奉寶位門下侍郎引寶盝立於其右
侍中奉　寶授　皇太子搢圭跪受　寶訖以
授左庶子左庶子跪受訖俛伏興左庶子以
寶興置於床侍中以下退復本班典儀贊再拜
訖典贊儀引　皇太子退初行樂作左右庶子
帥其屬舁冊寶床押以出在皇太子前行出
門樂止侍中　奏禮畢內侍承　旨索扇扇合

簾降鳴鞭樂作　皇帝降　座入自西序還後
閤侍衛如來儀扇開樂止侍中　奏解嚴所司
承　旨放仗衛以次出　皇太子入次改服公
服還　東宮導從如來儀　冊後二日兵部設
黃麾仗於　仁政殿門之內外陳設並如　大
安殿之儀惟不設壇臺及八寶　百官服朝服
皇太子公服至次改服遠遊冠朱明衣通事
舍人引百官入至階下立班東西相向典贊儀
引　皇太子執圭出次立於門外侍中　奏中

嚴少頃又奏外辦索扇鳴鞭並如大安殿儀皇帝出自東序通天冠絳紗袍或朔望冠服即座簾捲通事舍人引百官俱橫行北向典儀贊拜在位官皆再拜搢笏舞蹈又再拜起居又再拜訖分班　皇太子捧表入藝文類聚梁武冊太子表謝至拜表位立俟閤門使將至單跪捧表閤門使接表訖俛伏興典儀贊拜搢圭舞蹈又再拜俟讀表訖侍中承　旨退稱有　制典儀贊再拜訖搢圭舞蹈又再拜訖典

贊儀引　皇太子退侍中奏禮畢扇合鳴鞭入西序還後閤侍衛如來儀侍中　奏解嚴放仗百官以次出　後二日百官奉表稱賀如常儀其日質明東宮應從官各服朝服所司陳鹵簿金輅於左掖門外　皇太子服遠遊冠朱明衣升輿以出至金輅所降輿升輅左庶子已下夾侍三師三少乘馬導從餘官亦皆乘馬以從東行由　太廟西階轉至　廟　不鳴鐃吹至　廟西偏門外降輅步進由東偏門入幄次改服袞

冕出次執圭自南神東偏門入宮官并太常寺
官具從於其後　皇太子入詣　殿庭東階之
東西向立典儀贊再拜訖升自西階詣　始祖
神位前北向再拜訖以次詣逐室行禮並如上
儀訖降自西階復西向位俟典儀稱禮畢出東
神北偏門謁　別廟如上儀訖歸幄次改服遠
遊冠朱明衣出次步至　廟門外升輅過　廟
門鳴鐃而行至右掖門外降輅升輿以入將士
各還本所　後一日於　東宮受羣官賀如元

正受賀儀　冊曰維大安八年歲次戊子正月
甲子朔十七日庚辰　皇帝若曰自昔有天下
之君必嚴於　宗廟惟時主　宗廟之器莫重
乎　元良朕　丕荷燕謀　中興桓撥惟休
大曆用卜於無疆永言　孝思敢忘於嗣服蓋
傳家而處世。始自夏商以來嫡立以正諸侯
有若春秋之訓其承天序匪出服私咨爾
王某　祥發中闈　體鍾上嗣　生而岐嶷　楚
學則緝熙爛然揭前星之明温其涵少海之潤

文武之藝卓爾良能　仁孝之心克於固有
職在於問安視膳未嘗不承順其歡古制有監
國撫軍抑克堪負荷其任固足以增重邦家之
本允協億兆之心洎茲令辰昭以備物今　冊
爾爲　皇太子於戲象取明兩位爲　國儲以
恩則父子之倫以義則君臣之分義不可或闕
臣於君則必以忠恩不可少忘子事父則莫如
孝矧左右前後皆其正當尊所聞行所知惟出
入起居罔不欽勿遊於佚滛於樂用光我　祖

宗之顯德以對兹典册之閎休

大定二十七年册皇太孫

大定二十六年十一月十七日制曰朕膺

上天之眷命紹烈祖之慶基惟懷永圖早建

元嗣上以承休於累祖下以係望於多方

嗟繼體之云亡賴貽謀之有託蓋天下大器可

不正其本歟而世嫡皇孫所謂無以易者矧其

賢德之著宜貳宸極之尊肆舉彝章式孚

有衆皇孫開府儀同三司尚書右丞相原王

其祥開甲觀秀出天支夙挺温文日
隆孝敬性資超異自幼已若於成人學問
敏明所得必臻於至理昨進封於王社俾作
牧於神州政成於旬月之間美審乎輿人之
誦爰立作相歷試諸難益彰時序之能大副師
言之錫顧垂統必資於善繼而奉鬯不可以久
虚是用正名茲惟合禮令立某爲皇太孫所
有合行典禮宜令有司條奏以聞布告中外
咸使聞知太常寺檢討到晉書愍懷太子第

二子臧永康元年立爲皇太孫五月太孫之東
宫車服侍從皆愍懷之舊又王隱晉書詔立臧
爲皇太孫文武官屬即轉爲太孫官屬又晉起
居注詔以太常成粲爲太孫太傅又齊書永明
十一年文惠太子薨立南郡王爲皇太孫居東
宫令來恭奉　詔書　命立　皇太孫所有合
行禮數即與前來　命立　皇太子時禮數無
異及一切服用并所乘鞍轡等並合一體於行
令檢討參擬定下項十一月十九日尚書省先

具第二第三第四擬聞　奏奉　勅旨並依舊
劄付禮部照會據所呈其餘事理除從人數目
并歲支錢别行外並合一體施行雖未受　冊
其一切禮數與已受　冊同　晉書云太子出
會在王公之上唐開元禮皇太子朝出引王公
以下入前來已依此典故每入　朝在王公上
仍獨班　起居候退方引親王以次班若與
宴於　御座之左西向設位比王公坐位少前
其朝服紫袍玉帶玉雙魚袋　儀制　皇太子

赴　朝親王宰執許相見外其餘百官宗室並迴避前來導從並服梅紅羅繡雙盤鳳襖子金花幞頭金鍍銀束帶鐁鑼唾盂盂子水罐並用銀金鍍傘用梅紅羅表黃綾裏坐麒麟金浮圖校椅金鍍栲栳圈靠背上用雙戲麒麟

大定二年六月　奏定依典故於　宮城裏橫門外許用傘並自來遇　朝參至左嘉會門免傘下馬若遇雨雪用傘近前至　宣明門　制文　皇太子稱　令旨內外百官及東宮三師

對　皇太子稱名三少以下並稱臣及言　奏
仍俱稱　殿下自來本宮官依例言清躬萬福
前來參酌典故　奏定　皇太子逐日視事及
見師少賓客服小帽子皂衫玉束帶三師相見
展皂三少並展紫并左右率府僕正副僕正典
贊儀侍正侍丞遇當直承應許服金帶前來見
師少官屬於　承華殿并出入由承華正門已
上擬並依前來已行禮例乞開具　聞奏施行
大定二年五月奉　御前批劄定到護衛人從

等并奉　勅旨月給錢粟麪麥春秋羅綾絹綿等其後歲給錢五萬貫已上擬取自　勅裁
皇太孫官屬名稱止合依前項晉典故施行
尚書省奏劄奉　勅旨　東宮諸局分承應人元設多少人後來如何設到許多人寫了　奏知尋送户禮兵三部勘到元設并在後添設到人數根因支破料錢等事及隨局分見合設承應人擬到下項准　奏外細車小底二十人入殿小底六人不入殿八人過食十五人護衛已

奏定二十人下項大定二年設置導引班祗人充係傔使元設一十六人今擬依舊導從三貫石元設六十二人大定十年三月添二十人已下照勘得並係奏過或特旨添收今擬六十二人細馬小底四貫石元設一十人大定三年六年七年十年節次添至三十人今擬一十五人細車小底四貫石元設一十人節次於大定三年四年七年十年添至三十人今擬一十五人鞍轡小底四貫石元設四人

在後添訖四人共八人今擬六人入殿小底大定二年五月收入殿當年九月收不入殿元設一十一人十貫石在後添人今擬八人不入殿小底節次收三十四人四貫石今擬一十人過食小底四貫石元設二十人在後添訖五人今擬二十人廚子貫石元設二十人在後訖添二十人今擬二十人湯藥四貫石元設四人在後添訖三人今擬四人下帳四貫石元設一十人節次於大定六年七年十年

十二年十七年添至三十一人令擬一十五人典設四貫石元設四人大定七年添訖二人令擬四人 司藏本把四貫石元設四人節次於大定三年十年添訖二人令擬四人 下項大定二年已後設置 執旗二人四貫石大定七年收令擬依舊 鷹坊子二十人四貫石大定十九年十二月添收二十人令擬一十人冠帶小底四人四貫石大定三年四年節次添設令擬三人 剥鹿六人四貫石大定十年三

月設令擬四人　鋪陳一十一人四貫石　節次
於大定七年十年十七年收到令擬六人　筆
硯小底四人六貫石　大定三年十五年節次到
令擬二人　書畫小底四人四貫石　節次於大
定三年十五年收到令擬二人　司藏知書二
人兩貫石　大定六年添差令擬依舊　司倉本
把四人四貫石　大定二年九月十年三月收到
令擬依舊　中侍二十一人四貫石　大定十五
年閏九月收二十人十六年十一月收女直一

名今擬一十七人　醫獸九人四貫石大定十七年五月見有醫獸四人又奏添一名大定二十三年十一月又申兵部差四人今擬四人

馬群子三十人兩貫石大定六年十七年二十三年節次添差今擬一十五人　牛群子七人兩貫石今擬五人　駞群子二人兩貫石今擬依舊

二十六年十二月七日　奏禀司天臺選擇到

冊命　皇太孫吉日并太常寺檢擬到　冊

命　皇太孫合行事理開具下項奉　勑旨鹵
簿依前來所擬用六百人餘並准奏行　行
冊禮擬來年三月初九日辛亥　臨軒冊命依
前來禮例擬於　大安殿行禮　前期三日合
行遣使　奏告　天地　宗廟　冊禮後二日
皇太孫奉表稱　謝擬依前來於　仁政殿
行禮　皇太孫冠服製度擬依前來受　冊日
服遠遊冠朱明衣謝　廟服袞冕合用金輅并
輿照得舊有輿輅然前來曾於　宣考靈車前

排設緣當日係是兼用吉儀今擬就用　皇太孫寶擬依前來以黃金爲之方二寸厚一寸龜紐文曰　皇太孫寶　皇太孫冊擬用玉石簡六十枚前後四枚刻龍爲護捧之狀前來刻龍處擬用麟奉　勅旨依典故用龍　合用儀仗擬依前來　大安殿　冊命用黃麾半仗二千二百六十五人　仁政殿稱謝用黃麾細仗一千四百二人　皇太孫謝　廟鹵簿前來擬用六百人奉　勅旨用一千人　皇太孫受　冊

禮日前來擬自　東宮乘馬宮官導從至翔龍
門外奉　勑旨令乘輿東宮官導從不乘馬
係前來合差撰册文并書册文篆寶官共二員
令擬左諫議黄久約修撰党懷英
二十七年二月九日　奏禀太常寺檢照前來
禮例擬定到　臨軒册命　皇太孫并謝　上
及謝　廟等儀注開具下項　從之　册前一
日宣徽院帥鸞儀司設　御座在壇臺上於
大安殿設　皇太孫次於　大安殿門外之西

廊又設冊寶幄次於　殿後東廂俱南向冊東寶西又設　皇太孫受冊位於　殿庭橫階之南工部官與監造冊寶官公服自製造所導引冊寶床由　宣華門入計會宣徽使　進呈訖赴幄至次安置大樂令帥其屬展樂懸於　殿庭其日兵部率其屬設黃麾仗於　大安殿門之內外　冊命日質明文武百僚應行事官並朝服朝服謂法服入次　皇太孫服遠遊冠朱明衣昇輿以出東宮官屬各朝服導從　皇太孫至

左翔龍門外降輿入就次通事舍人分引百官入詣殿庭立班東西相向次引侍中中書令門下侍郎中書侍郎及捧舁冊寶官詣殿後幄次前立少頃奉冊寶出幄次由大安殿東降至殿庭褥位權置訖在受冊位近東稍北西向冊北寶南奉引冊寶官立於其後皇太孫出次執圭師少以下導從立於殿門外侍郎奏中嚴符寶郎奉八寶由東西偏門分入升殿置於御座之左右侍郎

奏外辦內侍承　旨索扇扇合　皇帝服通
天冠絳紗袍以出曲直華蓋侍衛如常儀　殿
上鳴鞭訖宮懸樂作　皇帝出自東序即　御
座爐煙升扇開簾捲樂止典贊儀引　皇太孫
入門宮懸樂作至位樂止師少已下從入立於
　皇太孫位東南西向典儀曰再拜　皇太孫
再拜搢圭舞蹈又再拜奏　聖躬萬福又再拜
訖引　皇太孫近東向立樂作至位樂止　師少
已下并奉引冊寶等官各赴百官東班　通事舍

人引百官俱橫行北向典儀贊拜在位官皆再拜搢笏舞蹈再拜　起居又再拜訖百官各還東西班師少已下并行事官各還立位典儀引

皇太孫復受　冊位樂作至位樂止侍中進前承　旨稱有　制皇太孫已下應在位官皆再拜（行事官不拜）躬身侍中　宣　制曰　冊某王某爲　皇太孫　皇太孫以下又拜通事舍人太常博士引中書令詣讀冊位中書侍郎引冊匣置於前捧冊官西向跪捧　皇太孫跪

讀畢俛伏興　皇太孫再拜中書令詣奉冊位
奉　冊授　皇太孫　皇太孫搢圭跪受　冊
訖以授右庶子右庶子跪受訖俛伏興右庶子
以　冊興置於床中書令以下退復本班次通
事舍人太常博士引侍中詣奉寶位門下侍郎
引寶盝立於其右侍中奉　寶授　皇太孫
皇太孫搢圭跪受　寶訖以授左庶子左庶子
跪受訖俛伏興左庶子以　寶興置於床侍中
以下退復本班典儀曰再拜　皇太孫再拜訖

典贊儀引　皇太孫退初行樂作左右庶子帥其屬舁冊寶床押以出在　皇太孫前行　皇太孫出　殿門樂止侍中詣　御座前　奏禮畢内侍承　旨索扇扇合簾降鳴鞭樂作　皇帝降　座入自西序還後閤侍衛如來儀扇開樂止侍中　奏解嚴所司承　旨放仗百官仗衛以次出　皇太孫還宮導從如儀其　冊命後二日兵部帥其屬設黃麾仗於　仁政殿門之内外　殿上下陳設並如　大安殿之儀惟

不設壇臺及八寶百官服朝服　皇太孫公

服至次改服遠遊冠朱明衣通事舍人引百官

入至　殿陛下立班東西相向典儀引　皇太

孫出次執圭立於　殿門外侍中　奏中嚴少

頃又　奏外辦索扇鳴鞭並如　大安殿儀

皇帝出自東序冠服取　旨即　御榻簾捲通

事舍人引百官俱橫行北向典儀贊拜在位官

皆再拜搢笏舞蹈又再拜　起居又再拜訖分

班　皇太孫捧表入至拜表位立俟閤門使將

至單跪捧表閤門使接表訖俛伏興典儀曰拜
皇太孫再拜搢圭舞蹈又再拜俟讀表訖侍
中進前承　旨退稱有　制典儀曰再拜　皇
太孫再拜訖躬身侍中宣　制訖典儀曰拜
皇太孫再拜搢圭舞蹈又再拜訖典儀引　皇
太孫退侍中　奏禮畢扇合鳴鞭　皇帝降
御榻入自西序還後閤侍衛如來儀侍中　奏
解嚴所司承　旨放仗百官仗衛以次出後二
日百官奉表稱　賀如常儀　謝　廟日質明

東宮應從官各朝服所司陳鹵簿金輅於左掖門外　皇太孫服遠遊冠朱明衣升輿以出至金輅所降輿升輅左庶子以下夾侍師少乘馬導從餘官亦皆乘馬以從東行由　太廟西階轉到　廟不鳴鐃吹至　廟西偏門外降輅步進由東偏門入幄次改服袞冕出次執圭自南神東偏門入宮官并太常寺皆從於其後皇太孫入詣　殿庭東階之東西向立典贊儀曰再拜　皇太孫再拜訖升自西階詣　始祖

室　神位前北向再拜訖次詣　逐室行禮並如上儀訖降自西階復西向位典儀稱禮畢還次服遠遊冠朱明衣步至　廟門外升輅東去謁　別廟並如　太廟之儀訖歸幄次改服升輅西過　太廟門鳴鐃而行至左掖門外降輅升輿以入將士各還本所次日公服謁　宣孝太子廟於　東宮受羣官賀如元正受賀儀惟不用獻酒及作樂之禮十五日謝　廟十六日宣孝廟禮畢謁　陵還受賀　二月二十三

日　奏稟合用　奏告并行禮攝官員數奉
勅旨東宮少師仰尚書省擬餘以點定官充尋
再擬　奏從之平章特進　奏告　天地平章
金紫告　宗廟左右丞攝侍中中書令禮刑部
尚書攝門下中書侍郎左右宣徽攝行禮侍中
工部尚書攝　太孫太保簽書攝　太孫少師
册曰維年月日　皇帝若曰昔我　太祖
肇造鴻業撫有於多方肆予一人　纂紹丕圖
期傳於萬世　頊豫建於　元子用祗率於大猷

而享年不遐閱日寖遠仰賴　上穹之祐蚤開
甲觀之祥念　儲副之重難乎久虛顧名分之
嚴宜以時定載稽故事備有前聞謂尊嫡者議
著於漢儒曰立孫者經明乎周禮先王彝典朕
曷敢廢天下公義朕曷敢違咨爾　皇孫某官
某　慶襲靈源　系承正統　英姿秀發　德
器少成　動循謹厚之風　居遠華腴之習諸
難歷試衆譽翕歸初尹正於京畿旋登庸於揆
路　勤勞庶務　兢畏一心固足以貳　宸極

之尊協　重離之吉式涓穀旦誕舉徽章粤從
朱邸之華嗣陟　青宮之邃今　冊命爾爲
皇太孫於戲　國本甚大也居之不可不敬
廟鬯至重也奉之不可不嚴篤愛親之心在
斯須不離乎孝盡事君之道唯造次毋忘於忠
爾能章不已之　令名我亦有無疆之　善慶
豈不偉與其勗之哉祗若朕命
謝表云云　端門宣　詔方渙鴻恩　宸扆臨
軒載昭茂典祗膺　寵數倍積兢惕伏以豫建

儲闈號稱 國本仰以守 宗祧之祀俯以系
天下之心匪有元良疇諧師錫伏念臣年方冲
弱性本庸虛猥承世嫡之名優荷 聖恩之庇
始從羣爵改胙 國封特起自於服廬使習知
於政務暫莅京畿之任旋升端揆之司嘗竊省
修己多忝越乃復嗣位承華之重正名貳極之
崇 瑶牒寶章奉 巍儀而增惕 龍樓鷄戟
撫蕞質以奚勝兹蓋 云云 爲 宗社無疆之計
惟古今大義之公既 惇貴貴之風仍 厚親

親之愛憶　中宮於已往悼主鬯之方虚念臣
乃　昭德之遺孫憐臣實　宣孝之嫡子遂曲
垂於兹　眷俾得冒於殊榮臣敢不恒自恪勤
益深勗勵惟師善事惟邇正人學禮讀書慕聖
賢之篤行問安侍膳率忠孝之良規
賀表　璿宮敷佑夙開　甲觀之祥　寶册正
名爰定　春宫之位　云云　載舉升　儲之典式
昭繼體之光肆嚴奉於　宗祧保永安於　社
稷是謂立國家之本有以格神祇之歡　少海

分流接瀛波而增潤前星續耀拱帝座以
常明和氣周被於九區孚福延及於羣品臣等
欣逢聖運幸覩曠儀基緒有輝仰重離
之叶吉戩穀來備慶萬壽之無疆

守國儀

車駕將幸上京擬定東宫治事儀式大定二
十三年十二月二十一日准奏皇太子三
日一次於承華殿受尚書省啟事續奉聖
旨只於集賢殿視政皇太子見宰執師少並

用已定儀禮　啓事日服帽帶正座宰執展紫分東西向坐左右司啟事亦並展紫　二十四年三月　勑旨敎都事啓事議除授不妨事　隨朝并在都官遇朔望日具公服候問其禮依已定相見儀式　皇太子是日仍具袍笏　啓稟過事務並稱　啟稟奉訖奉　令旨依遇治事日本宮官屬侍立如常儀

二十四年三月十九日奉　勑旨造　監國印令擬比親王印稍大半分以金爲之龜紐篆文

曰監國之寶准　奉敀監爲守比親王印大一分并擬其日遣使詣　東宫　皇太子具公服詣褥位立使者稱有　勅兩拜使者傳　宣朕將廵幸上京　令卿權守國事仍　付卿守國之　寶想宜知悉　訖授　皇太子寶又兩拜禮畢奏奉　勅旨御前祗受雜録云三月七日皇太子　御前受　寶訖實録三月七日授之

三月五日擬　奏下項儀禮奉　勅旨遇有

詔書　皇太子止俟於應天門外　萬春節
賜宴於　集賢殿仍用落後教坊樂　起居表
沿路二十日一次差走馬人　進呈到上京已
後一月一次仍附帶尚書省表章餘並准　奏
詔書迎接儀　使者於前一程頓先遣人報
尚書省及詹事院有司於應天門外望　闕設
香案一并設　皇太子親王宰執以下褥位於
香案前又設使者褥位於香案之左又設讀案
於香案之右　皇太子親王宰執以下百官詣

五里以來迎接仍委留守司備旗幟音樂綵輿香輿等使者將至　皇太子立於香輿前褥位親王宰執并百官序班立定使者去綵輿百步閒下馬取置綵輿中　皇太子詣香案前上香訖　詔輿行使者上馬後從　皇太子親王宰執以下並上馬後從至應天門外使者下馬就褥位立　皇太子親王宰執已下序班定使者於輿内取　詔置於案綵輿退使者稱有　勅皆再拜　皇太子少前上香訖復位又皆再拜

使者取授尚書省都事（都事跪受）及尚書省令史二人齊捧同升於案在位官皆跪聽讀訖置於案都事以下退　皇太子親王宰執以下俱再拜搢笏舞蹈俛伏興再拜　皇太子少離位望　闕跪問　聖躬萬福在位者皆跪使者躬答曰　聖躬萬福禮畢　皇太子還　宮宰執同使者詣尚書省館待禮畢使者還館使者行親王宰執同百官送至都城門外班首酌酒一卮酬酢訖親王宰執以下相揖別使者上馬乃

退　萬春節若有　天使　賜宴儀　使者到
館有司陳設　宴所并香案褥位其日與宴
官並公服先詣庭中望　闕褥位班定典儀引
皇太子詣褥位使者立於香案之側　皇太
子以下皆再拜上香復位再拜跪使者　宣傳
訖又再拜搢笏舞蹈俛伏興又再拜　皇太子
少離位跪問　聖躬萬福在位者皆跪使者躬
荅曰　聖躬萬福典儀引升皆就坐親王宰執
以下依班次見訖分東西升階就位少立使者

欄子内見訖　皇太子各就坐使者隅坐前筵畢少頃戴花再詣望　闕褥位再拜執事以表跪進　皇太子跪授使者在位者皆跪使者跪受訖各升階就坐禮畢退　二十五年二月擬定若於　集賢殿　賜宴　天使敷德偏門内下馬

賜生日或年節儀　使者到館先報詹事院東宫門外設使者幕次又於　承華殿前望闕設香案禮物案并褥位　皇太子公服乘馬

出迎與使者同入左掖門至　東宮門外　皇太子先詣香案側褥位使者就次以　賜物授執事者二人對捧先行使者從入立於褥位置案上執事者退典儀引　皇太子詣望　闕褥位再拜上香復位再拜跪使者傳　旨受物訖再拜搢笏舞蹈俛伏興又再拜離位跪問　聖躬萬福使者荅　聖躬萬福復位執事者以表跪進　皇太子搢笏跪授使者訖使者跪受典儀引升　殿東西向坐　皇太子在東使者在

西酌酒一巵立勸使者立飲訖以禮物授使者
退　皇太子問　聖躬起居表幾日差走馬人
進　呈尚書省表有無附去
重五九月九日合與不合拜　天射柳仍於甚
處　勑旨拜天射柳城外　擊毬於甚處　勑
旨於常武毬場樂亭上坐　圍獵事如何　敕
旨從來往日數亦從　太子所欲
賜書迎接儀　行宮禮部二十四年五月　奏
過　皇太子公服乘馬出左掖門外下馬使者

捧　書置綵輿中　皇太子詣香輿上香道從
前引香輿在前綵輿次之　皇太子乘馬從行
使者亦從行至　承華殿門　皇太子下馬從
輿入至　殿前使者取　書置案上　皇太子
再上香使者以　書授　皇太子跪受訖再行
躬閱畢以授詹事跪問　聖躬萬福使者荅
聖躬萬福禮畢
奏定合　聞奏事理　五品已上并隨　駕大
小官除授　勅旨五品上除授在此擬定　聞

奏　應邊關頭段事理五品已上文武官循遷

隨　駕五品已上官假故犯贓罪罷職解由到

部官承襲千户謀充軍功五品已上遷叙每歲

天下院務比較增虧每歲民間有無非理差料

應横支每歲　五享　二社差攝官及祝版并

隨節　國忌遣使　祭奠　山陵祝版　五岳

祝版　勅旨差攝官在此擬定　奏　五岳只

降香　每歲頒曆　詔　御試點讀卷官雜犯

死罪　勅旨原情可恕及合　上情　勅裁者

奏　五品以上官犯應決罪應據宰執情見不同難以與決事理應三國人使並去上京行禮若有該載不盡事理比類施行　在此施行事理　宮中并省臺寺監外六品已下除隨季部擬正八品已上除六品已下循遷　宮中諸局分承應人等出職已經　奏五品已上官假故宮中在此局分人告侍親品官子孫承廕非引見者軍負使効係班并宋齊官換敘蕃部承襲年老放罷千戸謀充係班六品已下致仕

非　宮中者賑濟賑貸　聖旨闕奏隨路灾
傷府會試差試官六品已下官追解察到不好
官告移推并杖已下罪獲賊補官并獲姦細補
官　東宮視政宰執坐具若亦用綉墩恐與
朝殿筵　宴無別擬止用杌子宰相在上執政
次之更合准備紫羅鋪坐紫羅杌衣又案法朱
油素梅紅羅案衣素梅紅羅幪帕椅法朱油金
鍍銀獸獸口用梅紅絨絛結椅背梅紅羅明金
團花獸搭手同踏脚與椅同用素梅紅羅幪帕

三月十七日並准呈差知寶二人擡案四人

及檢照唐令有典謁名稱差禮直官六人權行

勾當

雜録

天會十四年四月　日命　皇孫爲諳版勃

極烈　制曰爾惟　太祖之　世嫡皇孫故命

爾爲諳版勃極烈其無自謂幼沖狎於童戲惟

敬修厥德

天德四年九月十五日檢討到唐孝敬皇帝爲

太子時改弘教門爲崇教門沛王爲皇太子改崇賢門爲崇文館皆避名諱以遵典禮緣係單名又禮記曲禮篇云二名不偏諱注云孔子之母名徵在言在不稱徵言徵不稱在又唐高祖採濟世安民之義以名太宗武德九年立爲太子下令曰依禮二名義不偏諱其官號人名及公私文籍有世及民兩字不連讀者並不須避稟詵光字不須迴避光字在上連稱者亦得不避大定二年七月一日擬 奏唐會要公卿大

夫與太子同名無嫌蓋尊統於上故事東宮官與太子名同皆改并宗姓中有名同者迴避其餘不在迴避之限　從之　九年九月二十三日檢討到唐會要順宗立廣陵王爲皇太子尚書王紹本與太子同諱陳請改名時君子非之謂東宮之臣當請改耳又唐孝敬皇帝爲太子改東宮弘教門其弘字係當時太子正門所以令本宮改避無迴避疑混聲字典故又唐武德九年太宗爲太子避連用世民字係自下令避

其名難以遵用昨定二年已具典故　聞奏見

令下一字同音者東宫官依上迴避　奏奉

勅旨准外　皇太子名下一字如百官名同

者改避其同音字不在迴避之限

大定二年十一月七日參照通典開元禮五禮

新儀唐六典擬到元正誕日　勅旨准　奏外

親王於欄子内一品宗室於欄子外其餘宗室

並庭下拜　皇太子起立荅揖　後准　皇太子

奏荅拜　其日質明羣官並公服集於門外少

詹事　奏請内嚴又奏外備典儀引升　座文
武宫臣入就庭下位重行北向立定典儀曰再
拜在位官皆再拜爲首者少前跪　奏元正首
祚生日云慶誕令辰伏惟　皇太子　殿下福
壽千秋賀訖復位典儀曰再拜宫臣皆再拜坐
受分東西序立次引　東宫三師於　殿上三
步於　殿柱外北向東上立定　皇太子詣南
向褥位典儀曰再拜師少皆再拜爲首者少前
稱賀同前復位執事者酌酒一巵爲首者奉進

樂作飲訖樂止囬勸師少訖各復位典儀贊師少再拜荅拜以尊師重傅有荅拜之禮師少以次出　皇太子就坐次引親王於欄子內一品宗室於欄子外其餘宗室並庭下序班拜致賀詞并　進酒如上儀　皇太子荅拜拜訖就座次引隨朝三師三公宰執於　殿上三品以上職事官露階上四品以下就庭下並北向每等重行以東爲上立定　皇太子詣褥位典儀曰再拜上下皆再拜爲班者少前稱賀訖復位

執事者酌酒一巵爲首者奉　進樂作飲訖如有進獻禮物如常儀餘同回勸三師三公其餘殿上羣官並令執事者以盤行酒飲訖典儀曰再拜上下皆再拜荅拜以尊君上荅拜引羣官以次出少詹跪　奏禮畢　按通典唐禮皇太子元正受賀公初入門左庶子奏殿下爲王公與皇太子降立於坐後若有王公諸伯叔則降立於東階下西面公至階則升於坐後與羣官同四拜皇太子荅再拜又太常因革禮

皇太子受冊畢，諸王宗室北向序班於庭下，皇太子坐受諸王謁。宗室封王者，古重宗子，宗室皆當尊之，凡行典禮，尤當嚴正名分，以厲其餘。又通典冊禮畢，會羣臣如元會之儀。今擬親王宗室賀　皇太子，依　冊畢受　賀禮。又緣唐元正禮見諸伯叔，則降立於東階下，及與羣官同拜，皇太子答拜。有此不同，并典故別無妃主命婦見太子禮。照到令文，應致恭之官相見，或貴賤殊隔，或有長幼親戚者，任隨私禮。今來若

在　東宮候　皇太子便服合依私禮接見又
三師以下遇　皇太子旦日在　御前即候
皇太子先　進酒訖百官望　皇帝再拜班首
跪　進酒又再拜若　賜酒即當　殿跪飲訖
又再拜
皇太子奏狀受百官　慶賀禮内文一欵　親
王并一品宗室皆北面拜伏臣但荅揖而已雖
於典禮以尊宗子其在長幼惇叙之間誠所未
安當時遽蒙　須降未獲懇讓今來元正之明

日有司舉行前禮伏望　聖慈許臣荅拜庶敦
親親友愛之義二年十二月二十九日奉　勑
旨依仍令尚書省頒下所司
皇太子生日公服左上露臺欄子外先兩拜二
閤使齊揖入欄子内拜跪祝訖拜起復位兩拜
又兩拜接臺　進酒　進訖退跪候飲訖接盞
復位轉臺訖兩拜宣徽將酒進　皇帝親　賜
酒接盞稍退跪飲訖宣徽接盞復位兩拜揖入
欄子内跪搢笏授　賜物訖出笏起復位兩拜

退更衣入　殿稍東西向立定次　皇妃等做

生日勸酒　皇太子跪　皇妃等亦跪接盞飲

訖各兩拜次臣寮進酒見前儀

大定二年十一月九日擬到百官并宫官相見

儀　敕旨准奏并奉表體式及用印例准呈

三師三公欄子内北向立躬揖爲首者稍前問

候下同離位稍前正南立荅揖二品並謂職事

官欄子外稍近南躬揖親王同　皇太子起揖

三品露階上又近南躬揖　皇太子坐揖四品

以下庭下躬揖跪問候　皇太子坐受令大定儀制云三師三公親王宰相樞密使欄子內北向云云樞密副使御史大夫及一品執事官云云注並謂親王同五字削去　太子太師太傅太保與隨朝三師同　少師少傅少保與隨朝二品同　詹事以下並庭下西北每品重行以東為上再拜班首稍前問候又再拜　皇太子坐受

唐志太子通表如諸臣之禮除無節辰奉表典故若遇合奉表擬依令文格式臣　誠懽誠忭賀

則云云誠懽誠忭後章末准此頓首頓首入詞
云云謹奉表稱誠謝以
聞稱賀陳讓陳乞倣
此臣誠惶誠懼頓首頓首謹言年月日皇太
子臣名上表若封 令書用宮師印別無上表
用印典故擬依即令奏目例更不用印 檢到
通典開元禮皇太子冠衣制度內該烏紗帽視
事及晏見賓客服之今擬 皇太子逐日視事
及見師少賓客服小帽子皂衫玉束帶三師見
皇太子不稱臣通典漢魏故事太子於二傅

執弟子禮少傅稱臣太傅不稱臣擬展皂三少

見皇太子稱臣擬並展紫三年九月一日

勅旨准奏

皇太子出入別無接送禮例八年十月十七日

奏奉勅旨團場出入不須遇別委勾當多

時即令接送團場出入所過州縣官只於側近

接送不得出境遠去九年五月皇太子坐

夏擬定於都外三里以來量地之宜鋪設褥位

三公宰執已下公服重行立定皇太子便服

三公宰執以下躬身班首致辭再拜　皇太子荅拜訖退迎接亦如之十八日准呈又六月五日奏奉　勑旨具牋問候緣百官别無拜禮恐只合尚書省首相具銜位姓名等修寫如儀於都堂以牋授走馬人更不合集會百官外司徒合另具牋問九日准呈宰職除外任辭見止合係已　奏定係品從見　皇太子儀

七年十二月二日准呈　皇太子赴　朝除宰執親王許相見外其餘百官宗室並迴避即令

大定儀制云云除親王宰執樞密使副御史大夫判宗東宮三師許相見外云云

東宮官見　皇太子依例言　清躬萬福別無違礙大定二年五月二十三日准呈

職林太子舍人奏官掌宣傳令旨令擬稱　令旨二年六月十五日准奏

四年七月二十五日　奏歷代太子親政事典故　勅旨送　皇太子并奉　勅旨今後　奏過事件約赴將赴　太子處經歷五年六月檢

討到宋會要該眞宗天禧四年内出御扎今後中書樞密院及諸處合該進呈取旨公事並依舊進呈外所有常程小可事務委皇太子與宰臣樞密使已下就資善堂商量發遣訖奏又定五條内第三條該一後殿及軍頭司公事亦仰逐司具名件赴資善堂通呈令擬於　東宮作通呈施行七月一日再擬定只用呈字

七年十月二十五日　勅旨　東宮涼樓前添殿仍蓋貯廊叅政孟浩諫　皇太子雖爲儲副

終是人臣若所居與　至尊宮室相侔恐於制度未便兼　東宮燕寢及遊歷處所已是完備且　皇太子年幼性未純成宜示儉德奉　勅旨所奏甚當據　東宮添蓋事仰行停罷

宋會要南郊正陽門習儀皇太子立樓上御座之西左右持繖障日太子不許見得宋時許將繖入宮今擬於　宮城裏橫門外許用繖二年六月一日　准奏又參酌定到　皇太子每朝見依前至左嘉會門外免傘下馬若遇雨雪

恐失禮容更用傘近前至宣明門九年七月四日准呈

人使　朝賀　殿庭筵宴自來臣僚襴坐用紫羅繡盤鳳棹衣係是紫羅團荅南花今擬　皇太子襴坐用梅紅羅繡間金盤鳳外棹衣亦用梅紅羅繡獨角間金盤獸二年五月二十二日准呈

四年十一月三日奉　勅旨　皇太子四妃除正妃合作妃名稱外檢討古來典禮是何名稱

檢到唐六典太子內官門漢書曰太子有妃有良娣有孺子凡三等歷代用之宋明帝時太子內制職二等有寶林良娣南齊太子置三內職良娣比關內侯寶林比五等侯才人比駙馬都尉隋唐并宋天聖令太子內官除妃外有良娣二人正三良媛六人正四承徽十人正五昭訓十六人正七奉儀二十四人正九七日奏奉勅旨良娣良媛入五品承徽昭訓奉儀入六品仍爲定制其日出給皇太子妃元撥宣

麻

良媛昭訓奉儀并　許王妃　誥命

大定二十六年十二月三十三日　奏禀將來

正旦　聖節　皇太孫除合稱　賀外緣在

服制不合預　宴并　本宮元日亦不合受

賀從之

二十七年二月九日　奏禀禮部勘當到將來

皇太孫受　册後於　本宮受羣官　賀如

元正賀儀檢討到開元禮皇太子元正受賀

儀公初入門左庶子奏爲公王輿若有諸伯叔

則降立於東階下西面公王至階則升於座後
今來叅酌比依上項典故親王入門將至東副
階　皇太孫降至東副階上親王既升則還立
於座前親王欄子内再拜致　賀詞訖又拜
皇太孫俱荅拜
二十六年二月二十五日　奏禀三月九日
册　皇太孫行禮契勘到　大安殿前綵山若
於三月初五日人使辭　朝罷依例拆去緣相
去行禮日數至近誠恐難迭奉　勅旨初三日

晏罷行拆去

大金集禮卷第八

大金集禮卷第九

親王公主

親王

宗室

公主

郡縣主

親王

天眷元年定到國封等第大國二十遼燕梁宋秦晉漢齊魏趙越許楚魯冀豫御名兗陳曹次

國三十蜀隋鄭衛吳韓潞豳潘岐代虞徐滕薛杞原邢翼豐畢鄧鄆霍蔡瀛沂滎英温小國三十濮濟道定景申崇宿息莒鄴郜舒淄郕宋郎譚應向郇密胙任戴鞏葛蕭莘芮皇統五年十二月二十九日　奏定大國從上添唐殷商周爲二十四餘仍舊　大定格大國二十遼梁宋秦晉漢齊趙越許楚魯冀豫唐兗吳蜀陳曹次國三十隋鄭衛韓潞豳潘鄂代虞徐滕薛紀原邢翼豐畢鄧鄆霍蔡瀛沂荊滎壽温小國三十

濮濟道定景申崇宿息莒鄞郜舒淄郕宋鄖譚
杞向郇密胙任戴鞏葛蕭莘芮
天眷二年四月　勅旨　親王有職事者除本
職俸外更依　親王例另支俸　皇統元年
奏定依令文　皇兄弟　皇子封一字王爲親
王並二品俸傔已下　宗室封一字王皆非親
王支三品俸傔又　親王除本職合請俸傔外
支二品　親王俸不支傔至　天德二年職事王
爵止從一高

大定二年正月二十三日　奏定依　國王例用金印重八十兩駞紐各知印二人傘權依正隆儀制金鍍銀浮圖青表紫裏舊例紫傘交椅用圈背銀裹銀水鑵子厮羅唾盂引接十人皂衫盤裹束帶騎馬擎攏官四十人首領紫羅襖子素幞頭執銀裹牙杖人傘子紫羅團荅盤鳳襖子交脚幞頭金花鳳子餘人紫羅四䙆盤鳳襖子兩邊黃絹義襴幞頭與傘子同並用金鍍銀束帶　三年正月擎攏官至五十人十年正

月二日　勅旨繡鳳襖子更改別様二十二日
襖子改作繡芙蓉幞頭改作間金花　十三年
九月二十五日　奏定依三師三公宰執赴朝
絲鞭鞍轡等
七年九月十三日　奏瀋王俸奉　勅旨依隋
王分例支亦候出　宮支全俸
二十五年十二月十三日　勅旨諸王特遷開
府儀同三司　二年封　皇子許王自後以次並
封王每遇　朝參並依王爵敘班

二年十一月二十五日　奏定見客儀式　非
泛見客三師三公尚書令宰執樞密使副判宗
東宮三師欄子内少前東向北上　親王西
向相揖二品職事官欄子内北向以東爲上躬
揖　親王離位正南立荅揖三品扣欄子躬揖
親王位前立荅揖四品欄子外稍近南躬揖
五品露階上又近南　親王坐揖六品七品庭
下躬揖内省臺寺監東宫官宣徽學士國史記
註諫院之類雖不至五品亦展狀上階八品九

品庭下通名唱喏　親王坐受　邂逅相見二品以上職事官先揖　親王荅揖三品以下並迴避　在路相逢三師三公尚書令宰執樞密使副判宗東宮三師道遇　親王即於馬上相揖依尊卑分路行如同途並行即俱出入從唯呵喝止從職事高者散官一品職事官二品及爵一品者道遇　親王道側却傘斂馬候過方行以下並迴避（令儀式無此欵）

二十年宣徽院　奏定賜生日儀　使者至所

往處第一驛先遣人報知即於儀門東間陳設使者幕次於廳事庭中望　闕設香案置物案又設拜褥并使者褥位　親王率僚屬吏從音樂於客亭具公服迎接使者將至先遣人覆知未敢叅見使者過借儀衛音樂前導　親王以下後從至儀門幕次　親王先赴庭中香案之側立俟使者取　賜物置箱複中孔目官二人具本服捧箱行至於庭置箱於案上捧箱人退　親王上拜褥使赴褥位立　親王再拜上香

復位再拜　親王跪使者傳　旨　賜物又再
拜跪使者取物於案以授　親王受物訖就褥
位再拜搢笏舞蹈俛伏興又再拜少離位跪問
聖躬萬福使者荅訖復位即請使者陞廳正
坐佐貳以下展狀叅訖設果棹　親王先揖跪
獻酒一盞復揖退佐貳以下僚屬跪獻一盞次
獻幣物　親王復獻一盞以付從人訖徹果棹
入食案邀請以次官陪坐供食食畢徹案再以
果棹前使者命　親王即坐就食執事者斟酒

無筭使者請罷酒至再乃徹果棹皿時使者上
馬 親王以下率僚屬具公服送至客亭跪附
奏使者聽訖立勸酒一盞以次官共勸酒一
盞致辭

宗室

大定十九年 奏定 皇孫 郡王 國公傘
蓋印信制度止依見行儀式 國公自來不曾
鑄印故事難以給鑄亦無鑄印 郡主人從六
人 郡王傘攏官三十人未出 宮二十人

國公牽攏官二十人未出　宮十四人　郡王
接引六人　國公四人未出　宮各減半並依
一品職事官人從服飾用紫衫盤裹銀偏帶圈
背銀裹交椅銀水罐廝羅盂子唾盆　十九年七
月擬申　趙王長子光祿降減差設人力省批
無似此格例
十八年十一月二十三日　勅旨　皇太子子
封金源郡王　典故代宗爲玄宗嫡皇孫年十五
封廣平郡王　長男授特進封　温國公次男封

道國公女封　廣平郡主以次諸子例封公趙王長子授光祿次子奉國

三年七月九日御史臺舉　奏係令　皇兄弟　皇子爲親王判宗　壽王祕監　温王皆不合佩玉魚壽王皇統時亦於親王班佩玉魚銀褐領

三年正月十七日　奏劄禮部呈宣徽院申會驗自來每遇旦望并應有見辭官員通贊官職姓名其間或有　皇親及　賜姓官員有無通姓下太常寺檢到唐會要貞元八年太常寺奏

宗子名銜皆云皇某親此非避嫌自卑之道也
伏請三從内仍舊從之武德三年曹國公徐勣
賜姓李氏貞觀十七年詔圖畫功臣像於凌煙
閣内河間元王孝恭不用姓以此見得唐宗室
近屬不用姓其餘宗室及賜姓者並用姓今來
擬依前項典故三從　皇親不通姓外其餘
宗室及　賜姓者並通姓氏奉　聖旨准　奏
行外平章阿烈仍通姓氏

公主

大定七年二月二日　勑旨今後封　郡王及宗室女封　公主者只於郡名内封揀十箇好名内用封　縣主者只於縣名内封封　王封　長公主或　皇公主於國字内封已後不須　奏便做例封十三日　奏定下項郡名金源廣平平原南陽常山太原平陽東平安定延安縣名樂安清平蓬萊榮安棲霞壽光靈仙壽陽鍾秀惠和永寧壽安後改慶雲靜樂福山隆平德平文安福昌順安樂壽靜安靈壽大寧聞

喜秀容宜芳貞寧嘉祥昌樂永樂十四年十二月七日奏改昌樂永樂爲金鄉華原

六年十一月二十七日以自來封公主 縣主有 宣授不同并一例有封訖國號者檢討到唐通典公主止是冊授緣官制内以定公主郡主制授擬依官制又唐宋典故封公主有以國名者代國霍國是也有以郡名者平陽襄陽是也有以縣名者永樂雲陽是也有以美名者太平長寧是也唯唐玄宗之女皆以美名之唐

宗室女封公主者有弘化交城金城永樂等號
別無曾封國號者宋會要封公主有以國名者
宣祖太祖太宗諸女如陳國晉國之類是也有
以美名者真宗之主福康崇慶之類是也外宗
室秦王女曾封雲陽貴鄉公主與唐制同今來
宗室女不合一例封國號　勅旨准奏據以
前宣誥授者止追宣命外宗室女曾封
國號仍改封　二十三年三月七日奉勅旨

公主給宣誥用玉寶　七年六月十三日

檢討到漢制帝女曰公主姊妹曰長公主唐代有不加長字者睿宗妹太平公主穆宗妹永安公主是也　武靈皇帝妹大定三年再封鄂國公主不合便加長字海陵姊妹合去長字依帝女例封　公主　奏奉　勅旨　鄂國公主依舊　明肅女並封郡公主

二年正月二十八日奉　勅旨　大長公主舊引從八人添四人並着紫羅繡冐背葵花夾襖子并大佩銀腰帶盤裹幞頭牙杖一對　皇妹

公主　皇女公主各引從一十人衣襖幞頭帶
牙杖同　景　宣　閔　宗公主各設八人　宋
王　梁王女各設六人
天德二年閏四月二十二日海陵庶人旨公主
仰在國妃上排次
天眷二年　奏定　公主禮物依　惠妃公主
例外成造衣襖器用等物裙子五十腰小襖子
五十領金三十兩大褥二十片綿胎朧褥氈二
十片做複絹一百疋黑鵝項車二十具黑氈鞔

食車一十具蓆靴男兒大襖子五十領團襖子五十領繫腰五十條婦人下領大襖子五十領繫腰五十條大物三百段疋定磁一千事　三年二月二十七日二　公主禮物係　昭慶公主例金瓮四隻金臺盞四副金鑄椀四副金盂子二隻銀瓮八隻銀臺盞四副黑銀臺盞四副銀水瓶四隻銀廝羅四面銀唾椀四隻黑銀盂子二隻鍮石馳籠頭一十二副鍮石牛籠頭一十二副床櫃棹杌上銀釘兒五十餘萬箇　皇

統七年十一月二日　代國公主下嫁奴婢二千五百人馬二千牛四千羊三萬猪二千綵幣二千端綃萬疋錢二十萬貫黄金千五百兩銀萬五百兩器皿珠玉首飾服用稱是　大定七年二月　敕旨　公主斷送依例准備駞三十隻馬一百疋牛二百頭羊二千口猪二百口續减訖駞十隻仍　與絆籠頭各五十副

大定六年十一月十九日　敕旨令後駙馬巳下財拜門訖類例支俸

二十年宣徽院　奏定　賜生日儀　使者至所往處第一驛先遣人報知於儀門東閒設幕次於廳事庭中望　闕設香案置物案又設褥位使者將至　公主先於香案之側立俟其駙馬與處所僚屬吏從音樂於客亭具公服迎接使者至先遣人覆知未敢參見使者過借儀衛音樂前導駙馬以下後從至儀門幕次取　賜物置箱複中孔目官二人具本服捧箱行至於庭置箱於案上捧箱人退　公主上拜褥使者

赴褥位　公主再拜上香復位又再拜訖　公主跪使者傳　旨　賜物　公主又再拜跪使者取物於案以授　公主受物訖就褥位又再拜　公主少離位跪問　聖躬萬福使者荅訖起復位贊者引使者陞廳正坐駙馬率僚屬以下展狀參訖設果桌　公主駙馬次第先跪獻酒二盞使者坐飲訖獻幣物時　公主復獻一盞以付從人訖徹酒果入食案邀請以次官陪坐共食食畢徹食案再以果桌前使者命　公

主駙馬即坐就食執事者斟酒無筭使者請罷酒至再乃徹果棹禮畢　使者囬時先於庭中設褥位　公主跪附　奏使者聽訖立致辭別訖使者上馬駙馬以下率僚屬送至客亭立勸酒一盞相別致辭退

郡縣主

大定七年二月十三日　奏定縣名郡名　唐制皇姑封大長公主皇姊妹封長公主皇女封公主皆視正一品皇太子之女封郡主視從一

品王之女封縣主視正二品自魏晉以來尚皆主拜駙馬都尉從五品　新制係正四品娶郡主正六品上敘娶縣主正七品上敘今擬縣主壻比駙馬都尉唐品并新制品從升五品上敘

天眷三年　月　勑旨准　奏大定十五年四月二十七日擬　奏唐初學記魏晉之後尚公主皆拜駙馬都尉故世稱駙馬又唐百官志駙馬都尉從五品下又唐選舉令諸娶郡主者出身正六品上娶縣主者正七品上據此則

郡主縣主之壻止合以所授官爲稱呼世呼郡馬縣馬皆無所據前賢亦論其非奉　勅旨郡主縣主壻依唐典故行　大定七年正月十九日　勅旨秘監阿隣妹遷縣主只給與　誥不須出　宣今後以此例行

大金集禮卷第九

大金集禮卷第十

皇帝夏至日祭方丘后土同

齋戒

陳設

省牲器

鑾駕出宫

奠玉帛

進熟

祭五岳　四鎮　四海　四瀆

鑾駕還宫

齋戒

前祭七日戒誓　皇帝服衮冕前祭二日太尉告　高祖皇帝廟如常吉之儀告以配神作主孟冬祭　神州則告　太宗文武聖皇帝廟餘並如　圜丘之儀

陳設

前祭三日尚舍直長施大次於東壝東門之外道北南向攝事衛尉設祭官公卿以下次於東

壝外道南北向西上尚舍奉御鋪　御座衛尉設文武侍臣次於大次之後文官在左武官在右俱南向設祭官次於東壝之外道南北向西上三師於南壝之外道東諸王於三師之南俱西向北上文官九品以上於祭官之東北向西上介公酅公於南壝之南外道西東向諸州使人東方南方於諸王東南西向西方北方於介公酅公西南東向皆北上諸國之客東方南方於諸州使人之南西向西方北方於諸州使人

之南東向皆北上武官三品以下七品以上於西壝之外道南北向東上其襃聖侯於文武官三品之下攝事無御座以下至此儀設陳饌幔於内壝東門西門之外道北面南向壇上及神州東方南方之饌陳於東門外西向西方北方之饌陳於西門外東向神州無西門之饌前祭二日大樂令設宮懸之樂於壇南壝之外樹靈鼓於北懸之内道之左右餘如圓丘之儀又爲瘞埳於壇之壬地内壝之外方深取

足容物南出陛前祭一日奉禮設御座攝事
無御座於壇之東南西向設望瘞位於壇西
南當瘞埳北向設祭官公卿位於内壝東門之
外道南分獻官於公卿之南執事者位於其後
每等異位俱重行西向北上設御史位於壇上
正位於東南隅西向副位於西南隅東向設奉
禮位於樂懸東北贊者二人在南差退俱西向
北上設奉禮贊者位於瘞坎西南東向南上設
協律郎位於壇上陛之西東向設大樂令位於

北懸之間當壇北向設從祭官三師位於懸南道東諸王位於三師之東俱北向西上介公酅公位於道西北向東上文官從一品巳下九品以上位於執事之南每等異位重行西向武官三品以下九品以上位於西方當文官每等異位重行東向皆北上諸州使人位東方南方於諸王東南重行北向西上西方北方於介公酅公西南重行北向東上設諸國客使位於內壝南門之外東方南方於諸州使人之東每國異

位重行北向西上西方北方諸州使人之西每國異位重行北向東上攝事無三師以下至此儀設門外位祭官公卿以下皆於東壝之外道南每等異位重行北向西上三師位於南壝之外道東諸王於三師之南俱西向介公酅公於道西東向皆北上文官從一品以下九品以上位於東壝之外祭官之南每等異位重行北向西上武官三品以下九品以上位於西壝之外道南每等異位重行北向東上諸州使人位東

方南方於諸王東南重行西向西方北方於介公鄷公西南重行東向俱北上設諸國客位東方南方於諸州使人之南每國異位重行西向西方北方於諸州使人之南每國異位重行東向皆北上攝事無三師以下至此儀牲榜位東壝之外當門西向黃牲一居前又黃牲一在北少退玄牲一在南少退設廩犧令位於牲西南祝史陪其後俱北向設諸太祝位於牲東各當牲後祝史陪其後俱西向設太常卿省牲位於

牲前近北南向設　皇地祇酒鐏於壇之上下太鐏二著鐏二犧鐏二罍一在壇上東南隅北向象鐏二壺鐏二山鐏二在壇下皆於南陛之東北向俱西上設　配帝著鐏二犧鐏二象鐏二罍一在壇上皆於　皇地祇酒鐏之東北向西上孟冬北郊酒鐏於　神州酒鐏之東如夏至之儀　神州太鐏二在第一等每　方岳鎮海瀆俱山鐏二山川林澤俱蜃鐏二丘陵墳衍原隰俱概鐏二凡鐏各設於　神座之左而右

向　神州以上之罇置於坫以下之罇俱以席

皆加勺冪設爵於罇下孟冬犧壇上之罇置於

坫壇下之罇藉以席設　御洗及玉幣之篚等

並如圜丘儀　孟冬祭同　祭日未明五刻太史

令郊社令各服其服帥其屬升設　皇地祇神

座於壇上北方南向席以藁秸設　高祖皇帝

座　孟冬神州則設　太宗文武聖帝神座　於東

方西向席以莞設　神州地祇神座於第一等

東南方席以藁秸又設　岳鎮海瀆以下之座

於内壝之内各於其方皆有原隰丘陵墳衍之座又設　中岳以下之座於壇之西南俱内向自　神州以下六十八位藨皆以莞設　神位各於座首

省牲器如别儀

鑾駕出宫

鑾駕出宫服以衮冕餘如上辛　圓丘儀孟冬北郊同圓丘

祭日未明三刻諸祭官服其服郊社令良醖令各帥其屬入實罇罍玉幣凡六

罇之次太罇爲上實以泛齊著罇次之實以醞齊犧罇次之實以盎齊象罇次之實以醍齊壺罇次之實以沈齊山罍爲下實以三酒　配帝著罇爲上實以沈齊犧罇次之實以醴齊象罇次之實以盎齊○已上孟冬同　神州太罇實以沈齊五方　岳鎮海瀆之山罇實以醍齊山林川澤之蜃罇實以沈齊丘陵以下之散罇實以清酒玄酒各實於諸齊之上罇

奠玉帛

禮神之玉 皇地祇以黃琮其幣以黃配 皇帝之幣亦如 神州之玉兩珪有邸其幣以玄（孟冬同）岳瀆以下之幣各從方色太官令帥進饌者其實饌及禮官就位御史太祝行掃除等並同 圓丘儀（孟冬同）駕將至謁者贊引各引祭官從祭官客使等俱就門外 駕至大次門外廻輅南向將畢降立於輅左侍中進當鑾駕前跪 奏稱侍中臣某言請降跪俛伏興還侍位五品以上從祭之官皆就壝外位 攝

事無　駕至大次下儀　大樂令帥工人二舞次入就位文舞入陳於懸内武舞立於懸南道西謁者引司空入行掃除訖出復位　皇帝停大次半刻頃謁贊引各引祝官通事舍人分引從祀羣官介公酅公諸方客使皆先入就位太常博士引太常卿立於大次門外當門北向侍中版奏外辦　皇帝服衮冕孟冬神州大裘而冕出次華蓋侍衛如常儀侍中負寶陪從如式博士引太常卿太常卿引　皇帝至中壝

門外殿中監進大珪尚衣奉御又以鎮珪授殿中監　皇帝進大珪執鎮珪華蓋仗衛停外門外使者從入謁者引禮部尚書太常少卿陪從如常儀　皇帝至版位太常卿請再拜及請行事位如　圜丘儀攝事如　圜丘位攝事儀舉麾工鼓奏順和之樂乃以林鍾爲宮太簇爲角姑洗爲徵南呂爲羽作文武之舞樂舞八成林鍾太簇姑洗南呂皆再成　偃麾戛敔樂止太常卿前　奏稱請再拜退復位　皇帝再拜奉禮

曰衆官再拜在位者再再拜　皇帝奠玉幣乃奏樂之節並如　圓丘儀攝事則太尉奠玉帛下劾此登歌作肅和之樂以應鍾之均太常卿引　皇帝進北向跪奠於　皇地祇孟冬神州神座俛伏興及奠配位並如　圓丘儀攝事同圓丘攝事儀

進熟

皇帝既升奠玉幣太官令陳設之儀如　圓丘俎入門奏雍和之樂以太簇之均自後接神之

樂用太簇饌至陛樂止祝史俱進跪毛血之豆降自東陛以出 皇地祇之饌升自南陛 配帝之饌升自東陛 神州之饌升自北陛孟冬神州升自南陛諸太祝迎引於壇上各設於神座前設訖謁者引司徒太官令帥進熟者降自東陛以出司徒復位諸太祝還罇所又進設 岳鎮以下之饌相次而畢太常卿引 皇帝詣罍洗樂作其盥洗酌獻跪奠奏樂之儀並如 圓丘攝事如 圓丘攝事儀太祝持版進

於 神座之右東向跪請祝文曰維某年歲次
月朔日子嗣 天子臣某 攝事云謹遣太尉臣
名下効此 敢昭告於 皇地祇乾道運 日躔
北至景風應序離氣効時嘉承至和肅若舊典
敬以玉帛犧齊粢盛庶品備兹祇瘞式表誠慤
高祖 皇帝配神作主尚饗太祝俛伏興 孟
冬 神州云包函區夏載鎮羣生溥被域中賴
兹厚德式遵彝典練此元辰敬以玉帛犧齊粢
盛庶品明獻厥誠備兹祇瘞 皇祖太宗文武

聖皇帝配神作主　皇帝再拜攝則太尉再拜

初讀祝文訖樂作太祝進跪奠版於　神座再拜興還罇所　皇帝拜訖樂止太常卿引　皇帝詣　配帝酒罇所執罇者舉冪侍中取爵於坫進　皇帝受爵侍中贊酌沈齊訖樂作太常卿引　皇帝進　高祖神座前東向跪奠爵俛伏興太常卿引　皇帝少退東向立樂作止太祝持版進於　神座之左北向跪讀祝文曰維某年月歲次朔日子孝孫　開元神武皇帝臣

其敢昭告於　高祖皇帝時維夏至肅敬訓典
用祇祭於　皇地祇惟　高祖　德叶二儀
道兼三統禮膺　光配敢率舊章孟冬　皇曾
祖太宗文武聖皇帝　德被乾坤　格於上下
昭配之議欽率舊章謹以制幣犧齊粢盛庶品
肅雍明薦作主侑神尚饗太祝俛伏興　皇帝
再拜初讀文訖樂作太祝進奠版於　神座興
還罇所　皇帝飲福受胙及亞獻終獻盥洗酌
獻飲福並如　圜丘儀唯　皇地祇太尉亞獻

酌醴齊時武舞作合六律六同爲異耳

祭五岳　四鎮　四海　四瀆

初太尉將升獻謁者一人引獻官詣罍洗盥洗

匏爵訖升自北陛詣酒罇所執罇者舉冪酌泲

齊進奠於　神州座前引降還本位謁者五人

次引獻官各詣罍洗盥洗訖各詣酒罇所俱酌

醍齊訖引獻官各進奠爵於諸方　岳鎮海瀆

首座餘座皆祝史助奠相次而畢引還本位又

贊引五人各引獻官詣罍洗盥洗詣酒罇所酌

沈齊獻山川澤如　岳鎮之儀訖又引獻官詣罍洗盥洗訖詣酒罇所俱酌清酒獻丘陵以下及齋郎助奠如上儀訖各引還本位武舞六成樂止舞獻俱畢諸祝徹豆乃　賜胙　皇帝再拜奏樂並如　圜丘儀太常卿前　奏請就望瘞位太常卿引　皇帝樂作　皇帝就望瘞位北向立樂止於羣官將拜上下諸祝各執篚進於　神座前取　玉帛齋郎以俎載　神州以上牲體稷黍飯爵酒各由其陛降壇北行當瘞埳

西行諸太祝以玉幣饌物置於埳諸祝又以
岳鎮以下之禮幣及牲體皆從瘞奉禮曰可瘞
坎東西廂各六人置土半埳太常卿前　奏禮
畢引　皇帝還大次樂從祀羣官諸方客使御
史以下出並如　圜丘之儀其祝板燔於齋所

　　鑾駕還宮

鑾駕還宮如　圜丘儀

大金集禮卷第十

大金集禮卷第十一

皇帝祭皇地祇於方丘儀注每年夏至日祭

齋戒

陳設

省牲器

奠玉幣

進熟

望瘗

齋戒

祭前三日質明有司設三獻以下行事官位於尚書省初獻南向監祭御史位於西東向監禮博士位於其東西向俱北上司徒亞終獻位於其南北向次光祿卿太常卿次第一等分獻官司天監次第二等分獻官光祿丞郊社令大樂令良醖令廩犧令司尊彝次内壝内外分獻官太祝官奉禮郎協律郎諸執事官就位立定次禮直官引初獻就位初獻讀誓曰今年五月幾日夏至祭　皇地祇於方丘所有攝官各揚其

職其或不敬國有常刑讀畢禮直官贊七品以下官先退監祭監禮職雖七品不退餘官並對再拜訖退散齋二日宿於正寢治事如故唯不弔喪問疾不作樂不判署刑殺文字不決罰罪人不預凶穢致齋日唯祭事得行其餘悉禁赴祭之日官給酒饌凡預祭之官已齋而闕者通攝行事守壝門兵衛與大樂工人俱清齋一宿行禮官前期習儀於祠所

陳設

祭前三日所司設三獻官以下行事執事官次於外壝東門之外道南北向西上隨地之宜又設饌幂於内壝東門之外道北南向祭前二日所司設兵衛各服其器守衛壝門每門二人大樂令帥其屬設登歌之樂於壇上稍南北向磬簴在西鍾簴在東柷一在鍾簴北稍西敔一在磬簴北稍東搏拊二其一在柷北一在敔北東西相向歌工次之餘工各位於懸後其匏竹者位於壇下在第一等重行北向相對爲首郊

社令帥其屬掃除壇之上下爲瘞坎坎在内壝外之壬地　祭前一日司天監郊社令各服其服帥其屬升設　皇地祇神座於壇上北方南向席以藁秸又設　配位神座於東方西向席以蒲越又設　神州地祇神座於壇之第一等東南方席以藁秸又設　五神五官嶽鎮海瀆二十九座於第四等陛之間各依方位又設崑崙山林川澤二十一座於内壝之内又設丘陵墳衍原隰三十座於内壝外席皆以莞又

設　神位版各於坐首　子陛之西水神玄冥北岳北鎮北海北瀆於壇之第二等北山北林北川北澤於内壝内北丘北陵北墳北衍北原北隰於内壝外皆各爲一列以東爲上　卯陛之北木神勾芒東嶽長白山東鎮東海東瀆於壇之第二等東山東林東川東澤於内壝内東丘東陵東墳東衍東原東隰於内壝外皆各爲一列以南爲上　午陛之東神州地祇於壇之第一等火神祝融南岳南鎮南海南瀆於壇之

第二等南山南林南川南澤於内壝内南丘南陵南墳南衍南原南隰於内壝外皆各爲一列以西爲上　午陛之西土神后土中岳中鎮於壇之第二等中山中林中川中澤於内壝内中丘中陵中墳中衍中原中隰於内壝外皆各爲一列以南爲上　酉陛之南金神蓐收西岳西鎮西海西瀆於壇之第二等崑崙西山西林西川西澤於内壝内西丘西陵西墳西衍西原西隰於内壝外皆各爲一列以北爲上其　皇地

祇及　配位　神州地祇之座并禮神之玉雖設詑俟告潔畢權徹祭日早重設其第二等以下神坐設定不收奉禮郎禮直官又設三獻官於夘陛之東稍北西向司徒位於夘陛之東道南西向太常卿光禄卿位次之第一等分獻官司天監位於其東光禄丞郊社令太官令廩犧令位又在其東每等異位重行俱西向北上又設太祝奉禮郎及諸執事位於內壝東門外道南每等異位重行俱西向北上設監祭御史二

位一於壇下午陛之西南一於子陛之西北俱東向設監禮博士二位一於壇下午陛之東南一於子陛之東北俱西向奉禮郎位於壇之東南西向協律郎位於樂簴西北東向大樂令位樂簴之間西向司尊彝位於酌尊所俱北向設望瘞位坎之南北向又設牲牓位於内壝東門之外西向太祝祝史各位於牲後俱西向設省饌位於牲西太常卿光禄卿太官令位北南向西上凡太祝官皆稍却監祭監禮位在太常卿

之西稍却西上廪犧令位於牲西南北向又陳禮饌於內壝東門之外道北南向設省饌位於禮饌之南太常卿光禄卿太官令位在東西向監祭監禮位在西東向俱北上設祝版於　神位之右司尊及奉禮郎帥其屬設玉幣篚於酌尊所次及籩豆之位　正配位各左有十一籩右有十一豆俱爲三登三在籩豆間鉶三在登前簠一簋一（簠左簋右）各在鉶前又設尊罍之位　皇地祇太尊二著尊二犧尊二山罍二在

壇上東南隅　配位著尊二犧尊二象尊二山罍二在正位酒尊之東俱北向西上皆有坫加勺冪爲酌尊所左實玄酒者加勺右實明水者不加勺又設　皇地祇位象尊二壺尊二山罍四在壇下午陛之西北向西上配位犧尊二壺尊二山罍四在酉陛之北東向北上皆有坫加冪設而不酌　神州地祇位左八籩右八豆登一在籩豆間簠一簋一在登前簠左簋右爵坫一在　神座前又設第二等諸　神位每位

籩二豆二簠一簋一俎一爵坫一內壝之內外諸　神每位籩一豆一簠一簋一俎一爵坫一陳列皆與上同又設　神州地祇太尊二著尊二皆有坫第二等諸　神每方山尊二內壝內外每方蜃尊二內壝內外每方㮣尊二皆加冪自第二等以下皆用匏爵其爵皆先拭洗訖置尊下又設　正配位籩一豆一簠一簋一俎三及毛血豆一并　神州地祇位俎一各於饌冪內又設二洗於壇下卯陛之東北向盥洗在東

爵洗在西罍洗在東加勺篚在洗西南肆實以巾爵洗之篚實以匏爵加坫又設第一分獻官盥洗爵洗爵第二等以下分獻官盥洗位各於其方道之左罍在洗左篚在洗右俱內向執罍篚者各於其後　祭日丑前五刻司天監郊社令帥其屬升設　皇地祇及　配位神座於壇上設　神州地祇坐於第一等又設玉幣　皇地祇玉以黃琮　神州地祇玉以兩圭有邸皆置於匣　正配位幣並以黃色　神州地祇幣

以玄色五神五官嶽鎮海瀆之幣各從其方色皆陳於篚太祝取瘞玉加於幣以禮神之玉各置於 神座前光禄卿帥其屬入實 正配位籩豆 籩三行以右爲上第一行形塩在前魚鱐糗餌次之第二行榛實在前乾桃棗次之第三行菱在前乾芡乾栗鹿脯次之豆三行以左爲上第一行芹菹在前筍菹葵菹次之第二行韭菹在前酏食魚醢次之第三行豚胎在前鹿臡醓醢菁菹次之 登實以大羹鉶實以和羹 又設

從祭第一等　神州地祇位之饌　籩三行以右爲上第一行形盐在前魚鱐次之第二行乾桃在前乾棗次之第三行乾芡在前鹿脯次之豆三行以左爲上第一行芹菹在前筍菹次之第二行菁菹在前韭菹次之第三行兎醢在前鹿䕩醓醢次之登實以大羹簠實以稷簋實以黍

第二等每位　左二籩栗在前鹿脯次之右二豆菁菹在前鹿䕩次之簠實以稷簋實以黍俎一羊一豕

內壝內外每位　左籩一鹿脯右豆一鹿

蘜簠稷簋黍俎以羊良醞令帥其屬入實酒尊

皇地祇太尊爲上實以汎齊著尊次之實以醴齊犧尊次之實以盎齊象尊次之實以醍齊壺尊次之實以沈齊山罍爲下次之實以三酒

配位著尊爲上實以汎齊犧尊次之實以醴齊象尊次之實以盎齊壺尊次之實以醍齊山罍爲下實以三酒皆左實明水右實玄酒皆上醞代

次實從祭第一等神州地祇酒尊太尊爲上實以汎齊著尊次之實以醴齊第二等山

尊實以醍齊內壝內蜃尊實以汎齊內壝外概尊實以三酒以上尊皆左以明水右以玄酒皆尚醞代之太常卿設燭於 神座前

省牲器

祭前一日午後八刻去壝二百步禁止行者未後二刻郊社令帥其屬掃除壇之上下司尊與奉禮郎帥執事者以祭器入設於位郊社令陳玉幣於篚未後三刻廩犧令與諸太祝祝史牲就省位禮直官贊者分引太常卿光祿等卿丞

監禮祭太官令等詣内壝東門外省牲位立定禮直官引太常卿贊者引監祭監禮自東壝門南門而入升自夘階視滌濯執事者皆舉冪曰潔俱後位禮直官稍前曰告潔畢請省牲太常卿稍前省牲訖退後位次引廩犧令出班巡省一匝西向躬曰充請太祝巡牲一匝首員西向躬曰腯俱後位禮直官稍前曰省牲畢請就饌位引太常卿以下各就位立定省饌俱訖禮直官贊省饌畢俱還齋所廩犧令諸太祝祝史以

次牽牲詣廚授太官令次引光禄卿以下詣廚省鼎鑊視滌溉乃還齋所晡後一刻太官令帥宰人以鸞刀割牲祝史各取毛血實以豆置於饌幔遂烹牲又祝史取瘞血貯於盤

奠玉幣

祭日丑前五刻獻官以下行事官各服其服有司設神位版陳玉幣實籩豆簠簋尊罍俟監祭監禮按視壇之上下乃徹去蓋羃大樂令帥工人入以次奉禮郎贊者先入禮直官贊者分

引分獻官以下監祭監禮請太祝太史齋郎與執尊罍篚冪者南壝東門當壇南重行北向西上立定奉禮郎贊拜獻官以下皆再拜訖以次分引各就位升壇陛上及下位次引監祭監禮按視壇之上下糾察不如儀者省訖退後位禮直官分引三獻官以下行事官俱入就位行禮官皆自南壝東門入禮直進立初獻之左白曰有司謹具請行事退後位協律郎高舉笏執麾工舉麾興凡取物者則跪俛伏而取輿奠物則

跪奠訖俛伏興　工鼓柷樂作坤寧之曲八成偃麾戛敔樂止俟太常卿瘞血訖奉禮郎贊拜在位者皆再拜又贊諸執事者各就位禮直官引諸執事各就其位俟太祝跪取玉幣於篚立於尊所諸位太祝亦各取玉幣立於尊所禮直官引初獻詣盥洗位樂作肅寧之曲至位北向立樂止搢笏盥手帨手執笏詣壇樂作肅寧之曲

辭殊凡初獻升降皆作肅寧之曲　升自夘階至壇樂止詣　皇地祇神座前北向立樂作靜寧

之曲搢笏俛伏興太祝於幣西向跪以授初獻初獻官受玉幣奠訖執笏興再拜拜訖樂止次詣 配位神座前東向立樂作億寧之曲奠幣如上儀樂止降自卯階樂作復位樂止初獻將奠 配位之幣贊者引第一等分獻官詣盥洗位搢笏盥手帨手執笏由卯階詣 神州地祇神座前搢笏跪太祝以玉幣授分獻官分獻官受玉幣奠訖執笏俛伏興再拜訖退還初第一分獻官將升贊者引第二分獻官詣盥洗位盥

手帨手執笏各由其陛升唯不由午陛詣於首位　神座前奠如上儀以次祝史齋郎助奠訖各引還位初獻奠幣將畢祝史奉毛血豆各由午階升諸太祝迎於壇上進奠於　正配位神座前太祝與祝史俱退立於奠所

進熟

初獻既升奠玉幣有司先陳牛鼎二羊鼎二豕鼎二於神厨各在鑊右太官帥進饌者詣厨以匕升牛羊豕自鑊實放各鼎牛羊豕各肩臂臑

肶胳正脊一横脊一長脇一短脇一代脇一皆二骨一並冪之祝史以局各對舉鼎有司執匕以從陳於饌幔內從祀之俎實以羊更陳於饌幔內光禄卿實以籩豆簠簋籩實以粉餈豆實以糝食簠實以稷簋實以黍實訖去鼎之局冪匕加於鼎太官令以匕升牛羊豕載於俎肩臂臑在上端肶胳在下端脊脅在中正初獻還位樂止禮直官引司徒出詣饌所同薦籩豆簠簋俎齋郎各奉 皇地祇 配位之饌升自卯陛

諸太祝各迎於壇上司徒詣　皇地祇神座前
搢笏奉籩豆簠簋次奉俎北向跪奠訖執笏俛
伏興設籩於糗餌之前豆於醓醢之前簠簋在登前俎在籩前次於夘陛奉　配位之饌東向
跪奠於　神座前並如上儀各降自夘陛還位
太祝迎於壇陛之道間奠於　神座前在籩前
訖樂止太官令進饌者降自夘陛還位禮直官
引初獻官詣盥洗位樂作至位樂止北向立搢
笏盥手帨手執笏詣爵洗位至位北向立搢笏

洗爵拭爵以授執事者執笏詣壇樂作升自卯陛至壇上樂止詣皇地祇酌尊所西向立執事者以爵授初獻搢笏執爵司尊舉冪良醞令跪酌太尊之泛齊酌訖先詣配位尊所樂作太簇宮溥寧之曲初獻以爵授執事者執笏詣皇地祇神座前北向立搢笏跪執事者以爵授初獻初獻執爵三祭酒於茅苴奠爵三獻奠爵皆執事者受以與執笏俛伏興少退跪樂止舉祝官跪對舉祝版讀祝太祝東向跪讀祝文訖

俛伏興舉祝官奠版於按興先詣配位坐前北向立初獻再拜初讀祝文樂作拜訖樂止次詣配位酌尊所執事者以爵授初獻初獻搢笏執爵司尊舉冪良醖令跪酌著尊之汎齊樂作太簇宮保寧之曲初獻以爵授執事者執笏詣配位神座前東向立搢笏跪執事者以爵授初獻初獻執爵三奠酒於茅苴奠爵執笏俛伏興少退跪樂止舉祝版於按興初獻再拜訖初讀祝文樂作拜訖樂止降自阼陛讀祝舉祝官

俱從樂作復位樂止次引亞獻詣盥洗位北向
立搢笏盥手帨手執笏詣爵洗位北向立搢笏
洗爵拭爵授執事者執笏升自卯陛詣　皇地
祇酌尊所西向立執事以爵授亞獻搢笏執爵
司尊舉冪良醞令酌著尊之醴齊酌訖先詣配位酌尊所北向立樂作咸寧之曲亞獻以爵授
執事者執笏詣　皇地祇神座前北向立搢笏
跪執事以爵授亞獻亞獻執爵三祭酒於茅苴
奠爵執笏俛伏興少退再拜次詣　配位酌獻

並如上儀唯酌犧尊爲異樂止降後位次引終
獻詣洗位盥手洗爵升壇　正位酌犧尊之盎
齊　配位酌象尊之醴齊奠獻並如亞獻之儀
禮畢降復位初終獻將升贊者引第一等分獻
官詣盥洗位搢笏盥手帨手洗爵拭爵以爵授
執事者執笏詣　神州地祇酌尊所搢笏執事
者以爵授獻官獻官執爵執事以酌太尊之泛
齊酌訖以爵授執事者進詣　神座前搢笏跪
執事者以爵授獻官獻官執爵三祭酒於茅苴

奠爵俛伏興少退跪再拜訖還位初第一分獻官將升贊者分引第二等分獻官詣盥洗位搢笏盥手帨手執笏詣尊所執事以爵授分獻官酌以授執事者進詣首位　神座前奠獻並如上儀祝史齋郎以次助奠訖各引還位諸獻俱畢諸太祝進徹籩豆籩豆各一少移故處樂作豐寧之曲卒徹樂止奉禮贊曰賜胙衆官再拜樂作一成止

望瘞

初送　神樂止引初獻官詣望瘞位樂作太簇宮肅寧之曲至位南向立樂止初在位官將拜諸太祝祝史各奉篚進詣　神座前玉幣從祭神州地祇以下並以俎載牲體并取黍稷飯爵酒各由其陛降壇北詣瘞坎實於坎中又以從祭之位禮畢皆從瘞禮直官曰可瘞東西六行寘土半坎禮直官贊禮畢引初獻出禮官贊者各引祭官及監祭監禮太祝以下俱復壇南北向立定奉禮郎贊曰再拜監祭以下皆再拜

訖奉禮以下及工人以次出光禄卿以胙奉進監祭監禮就位展視光禄卿詣闕再拜訖以進其祝版燔於齋坊　鑾駕還宫如圓丘之儀

檢討定儀禮合設執事職官人員於後

一祭　方丘　神州　皇地祇事攝官

初獻一

司徒一

亞獻一

終獻一

已上四員擬宣

太常卿一

光祿卿省擬奏攝

監祭二 御史臺差監察御史

監禮二 太常博士

第一等分獻官一員

第二等分獻官三員

内壝内分獻官五員

司天監一

光禄丞一
郊社令一
大樂令一
廪犧令一
太官令一
良醖令二
司尊二
太祝官三
奉禮郎一

讀祝太祝官一

舉祝官一

協律郎二

祝史三十一人

齋郎四十二內四人代事故

諸執事

三獻奉爵官一

盥洗官一

爵洗官一

巾篚官二

第一等獻官盥洗官一兼爵洗奉爵

巾篚官一

内壝内及第二等獻官每方盥洗二

已上皆部擬擬誓前三日各取告示

禮直官贊三十四員太常寺所隸

司天生二員

接手官三十員宣徽院承奉班祗侯，權差

大金集禮卷第十一

大金集禮卷第十二至卷第十七 元有闕文

永安四年四月五日奉職留住於禮部傳奉
聖旨東京清安寺有元賜與靜因院錢一萬貫每年三道戒牒都撥與靜因院交另請長老做主次及每年　太后忌辰五百貫錢也交與令東京留守提控如闕後已次同知少尹提控作齋行者　禮部泰和五年二月十六日准東京留守司申垂慶清安兩寺内俱有　貞懿皇后影殿自來各差射粮軍人六名巡宿委差什將

高坦管勾副留守相訟提控云云 年前九月
奉禮部符云云 不得似前滅裂 照得大定十
三年准禮案六月二十九日奉禮部符承 省
劄奉御東陽傳奉 聖旨東京太后塔位并院
墻聽得都倒塌了仰專差本京留判常做提點
官覷着勾當院墻用塼束砌及教清安寺長老
和尚每遇節朔諷呪官稟與 享祀 送法斷
上清安寺與垂慶寺内 太后影殿係是一體
合委副留守一就提控如副留守闕員依符同

知提控外　孝寧宮塔位留判依舊提點　部
符檢清安寺提控官合准來申委副留守一就
提控外孝寧宮塔位亦合依符令留判提控
世宗　顯宗　熈宗各本　陵位祭帶祭后
太宗　睿宗忌辰各磐寧宮望祭帶祭后
太祖忌辰除不祭　世祖外遍祭
太宗　睿宗　世宗　顯宗　熈宗並帶祭諸
后　后昭德后忌辰磐寧望祭　忌辰本　陵
祭　明昌二年禮直官曹遇單子具到　昭　忌

扆磐寧宮是定二十九年七月内太常寺定來

部有卷

享所已齋而闕者通攝行事　前三日兵部量設兵衛列於　廟之四門前一日禁斷行人儀鸞司設饌幔十一所於　南神門外西南向又設七祀次竈與中霤二位於橫階之北道西東向又設羣官齋宿次於　廟門之東西舍前二日大樂局設登歌之樂於　殿上太廟令帥其屬掃除　廟殿門之內外又設七祀燎柴於廟門之外又於室內鋪設　神位於北墉下當戶南向設几於筵上時寒用虎皮次席時暄用

桃枝竹次席又設三獻官拜褥位二一在室內一在室外學士院定撰祝文訖計會通進司請

御書訖降付禮部置於祝案祠祭局濯溉祭器與尊彝訖鋪設如儀內太尊二山罍二在室犧尊五象尊五雞彝一鳥彝一在室戶外之左爐炭稍前著尊二犧尊二在殿上象尊二壺六在下俱北向西上加冪皆設而不酌并設獻官罍洗位禮部設祝按於室戶之外右禮直官設位版并省牲位如已定圖前一日光祿

卿帥其屬入實祭器良醖令入實尊彝　前一
日諸太祝與廩犧令以牲就　東神門外如省
牲圖司尊彝與禮直官及執事者皆入升自西
階以俟禮直官引太常卿贊者引御史自西階
升遍視滌濯執尊者舉冪告潔訖引降就省牲
位廩犧令少前曰請省牲退復位太常卿省牲
廩犧令又前北向躬身曰腯還本位太祝與廩
犧令以次牽牲詣廚授太官令贊者引光禄卿
詣廚請省鼎鑊申視滌溉贊者引御史詣廚省

饌具訖與太常卿等各還齋所太官令帥宰人以鸞刀割牲祝史各取毛血每室共實一豆又取肝膋共實一豆置饌所遂烹牲　享日質明百官各服其品服禮直官贊者先引御史博士太廟令太官令諸太祝祝史司尊彝與執罍篚官等入自南門當階間北面西上立定奉禮曰再拜贊者承傳皆再拜訖贊者引太祝與宮闈令升自西階詣　始祖室開祏太祝捧出　帝主宮闈令捧出　后主置於座（帝主在西后主

在東贊者引太祝與宮闈令降自西階俱復位奉禮曰再拜贊者承傳在位官皆再拜訖俱各就執事位大樂令帥工人入禮直官贊者分引三獻官與百官自俱南東偏門入至　廟庭橫階上三獻官當中北向西上應行事執事官并百官依品重行立五禮新儀內皆自東門入看詳宋齋坊並在廟東令在南門外只合就南門入奉禮曰拜贊者承傳應北向在位官皆再拜其先拜者不拜拜訖贊者引三獻官詣　廟殿

東階下西向位其餘行事執事官與百官俱各就位訖禮直官詣初獻官前稱請行事協律郎跪俛伏興樂作禮直官引初獻詣盥洗位北向立定樂止搢笏盥手帨手執笏詣爵洗位北向立搢笏洗瓚拭瓚以瓚授執事者執笏升殿樂作至　始祖室尊彝所西向立樂止執事者以瓚奉初獻官獻官搢笏執瓚執尊者舉冪太官令酌鬱鬯訖先詣第二室尊彝所北向立初獻以瓚授執事者執笏詣　始祖室神位前樂作

北向立搢笏跪執事者以瓚授初獻官初獻官
執瓚以鬯祼地訖以瓚授執事者執笏俛伏興
出戶外北向再拜訖樂止已下逐室樂作止並
准此每室行禮並如上儀禮直官引初獻降復
位初獻將升祼祝史各奉毛血肝膋豆及齋郎
奉爐炭蕭蒿黍稷籩各於饌幔內以俟初獻晨
祼訖以次入自正門升自太階諸太祝皆各迎
毛血肝膋豆於階上俱入奠於　神座前齋郎
所奉爐炭蕭蒿籩皆置於　室戶外之左與祝

史俱降自西階以出諸太祝取肝膋洗於鬱鬯燔於爐炭訖還尊所　享日有司設羊鼎十一豕鼎十一於　神厨各在鑊右初獻既升祼光禄卿帥齋郎詣厨以匕升羊於鑊實於一鼎肩臂臑肫胳正脊一横脊一長脅一短脇一代脅一皆二骨以並次升豕如羊實於一鼎每　室羊豕各一鼎皆設局冪郎對舉入鑊放饌幔前齋郎抽局委於鼎右除冪光禄帥太官令以匕升羊載於一　俎肩臂臑在上端肫胳在下端脊

脇在中次升豕如羊各載於一俎每　室羊豕各一俎齋郎以冪舉鼎先退置於　神厨訖還復饌幔所禮直官引司徒出詣饌幔前立以俟光禄卿帥其屬實籩以粉餈實豆以糝食實簠以粱實簋以稷俟初獻祼畢復位祝史俱進徹毛血之豆降自西階以出禮直官引司徒帥薦籩豆簠簋官奉俎齋郎各奉籩豆簠簋羊豕俎每　室以序而進立於南神門之外以俟羊俎在前豕俎次之籩豆簠簋又次之入自正門樂

作升自太階諸太祝迎引於階上樂止各設於
神位前訖禮直官引司徒以下降自西階樂
作復位樂止諸太祝各取蕭蒿黍稷擩於脂燔
於爐炭還尊所　禮直官引初獻詣罍洗位樂
作至位北向立樂止搢笏盥手帨手執笏詣爵
洗位北向立搢笏洗爵拭爵以爵授執事者執
笏升　殿樂作詣　始祖室酌尊所西向立樂
止執事者以爵授初獻初獻搢笏執爵執事者
舉冪太官令酌犧尊之泛齊訖先詣　第二室

酌尊所北向立初獻以爵授執事者執笏詣始祖神位前樂作北向立搢笏跪執事者以爵授初獻初獻執爵三祭酒於茅苴奠爵執笏俛伏興出戶外北向立樂止已下逐室樂作止並准此贊者次引太祝詣　室戶外東向搢笏跪讀祝文讀訖執笏興先詣　第二室戶外東向立初獻再拜次詣　每室行禮並如上儀太官令復詣　始祖室酌尊所太祝復位初獻降階樂作復位樂止禮直官次引亞獻詣盥洗位北

向立搢笏盥手帨手執笏詣爵洗位北向立搢笏洗爵拭爵以授執事官執笏升　殿詣　始祖酌尊所西向立執事者以爵授亞獻亞獻搢笏執爵執尊者舉冪太官令酌象尊之醴齊訖先詣　第二室酌尊所北向立亞獻以爵授執事者執笏詣　始祖神位前樂作北向立搢笏跪執事者以爵授亞獻亞獻執爵三祭酒於茅苴奠爵執笏俛伏興出戶外北向再拜訖樂止已下逐室樂作止並准此次詣　每室行禮並

如上儀降階樂作復位樂止禮直官次引終獻
詣盥洗及升　殿行禮並如亞獻之儀降復位
次引太祝徹籩豆籩豆各一少移樂作卒徹樂
止俱復位禮直官曰　賜胙贊者承傳曰　賜
胙再拜在位者皆再拜禮直官引太祝宮闈令
奉　神主太祝搢笏納　帝主於匱奉入祏室
執笏退復位次引宮闈令納　后主於匱奉入
祏室並如上儀退復位禮直官贊者引行事執
事官各就位奉禮曰再拜贊者承傳應在位官

皆再拜禮直官贊者引百官次出大樂令帥工人次出太官令帥其屬徹禮饌次引監祭御史詣　殿監視卒徹訖還齋所太廟令闔戸以降太常藏祝板於匱光祿以胙奉　進監祭御史就位展視光祿卿望　闕再拜乃退　夏合祀竈并中霤鋪設祭器入實酒饌俟終獻將升獻獻官行禮并讀祝文並如巳行儀　自後每歲四孟月并臘五　享並如上儀至正隆元年二月五日禀定每歲二月十日遣使　時享　神

主不出過三年　祫享用烝祭　視祠　天德二年秋　享執宰三品官　親王内稟差三獻官并司徒除點定初獻官司徒外委尚書省就便擬攝自後遂爲常例　天德年宰執攝太尉親王專攝司徒大定十二年以前太尉司徒通其一品至三品貟數　奏點先者攝太尉次者司徒十三年後另具三品官點差司徒亞終獻舊差三品貟官曾具三品四品自後只具四品官大定十三年臘　享劉子樞密趙王始於丞

相下排次大定十六年冬享諸王並具在

丞相上

大金集禮卷第十二至十七

大金集禮卷第十八

時享上

攝行禮

攝行禮

天德二年三月奉安　太廟祫享禮部呈四月時享合用犧牲若　親祠隨　室各犢一羊一豕一遣使止用羊豕兼合預先牢養周禮享先王則袞冕禀訖服袞冕用堂上樂又以時享禮似有繁紊兼典故有親祠者亦有有司行事

者稟訖委有司行事　稟定平章滕王攝太尉

初獻　王宗睦攝司徒行禮吏部尚書烏里也

攝太常卿亞獻禮部尚書盧彦倫攝光禄卿終

獻四月十五日行禮其餘攝官除有正員外差

光禄卿一七祀獻官一司尊彝二太官令二大

樂令一太祝十一宫闈令十一奉禮郎一通事

舍人充讀祝太祝一舉祝官二七祀讀祝官一

協律郎一以上職事官内差攝齋郎一百三十

二毛血肝膋篚爐先入奉俎簠簋籩豆次入

每室只用八員計八十八員 祝史二十二只用
齋郎充更不另攝 禮直官一十贊者一 閤門充
七祀位祝史一七祀退饌官二執事官五以上
省部令譯史通事及供奉官直省内差 檢討
定儀禮准呈下項 太常寺舉申禮部關學士
院司天臺擇日以其日報太常寺具時日散告
前七日受誓戒於尚書省其日質明禮直官
設位版於都堂之下係已定誓戒圖禮直官引
三獻官并應行事執事官等各就位立定贊揖

在位官皆對揖訖禮直官以誓文奉初獻官初獻官搢笏讀誓文某月某日孟春　薦享　太廟各揚其職不恭其事國有常刑讀訖執笏七品以下官先退餘官對拜訖乃退散齋四日治事如故宿於正寢唯不弔喪問疾作樂判署刑殺文字決罰罪人及預穢惡致齋三日於本司唯享事得行其餘悉禁一日於明昌二年九月點檢司申到前月二十九日奉　聖旨　孝懿皇后陵前享祭准備茶食四十棹子宮籍監已

欽依前去墳山造辦大定三年七月二日禮部

行下太常寺近奉　聖旨　山陵下時新　諸

陵下都交有者省部除另行外來申　世祖位

合依自來　享祀例止於　盤寧宮　薦獻新

物到　陵下署官公服再拜興進前跪奠訖俛

伏興退再拜訖禮畢并勘當到別無薦新帶享

保陵公禮例准申行下云云　大定十八年五月

初七日尚書省奉　勑旨今後遇　貞懿皇后

忌辰祭享仰定撰祝文禮部下太常寺檢到禮

數呈省奉省批台旨致祭使仰本部移文宣徽院依例　奏差餘並准呈　一差官致祭使一員奏差讀祝官一員本處官充舉祝官二員本府幕官充　禮直官二員本處差近上司吏充

一合用物並本處應辦茶食香茶酒果香案一裾全祝案一裾全拜褥位

一禮數其日質明致祭使并本處見任官讀祝舉祝官並公服禮直官引赴　殿階下迎西先兩拜次引使面　殿以東爲上立又再拜引使陞　殿詣　神

位前搢笏跪三上香奠茶奠酒訖執笏俛伏興
引使降殿復位立俟讀祝訖又再拜引赴近
西褥位立定再拜禮畢退　大安元年十一月
三十日承省劄・奏帖近　奏差秘書監丞温
迪罕胡土三司知事邊源檢勘墳山以西銀
洞事云云今據所差官胡土等檢勘得止合以
龍泉河爲禁限西界等商量若准所申是爲相
應云云爲此於十一月二十九日聞奏過奉
聖旨封堠立得分朗者餘並准奏行一

墳山禁界封堠四至周圍地里東至萬安寺西小嶺一十八里南至黃山峪水心二十六里西至轆轤嶺二十三里周圍計地一百二十八里

一　墳山以西過轆轤嶺有南郊澗道隔斷山勢以西過木浮嶺下至龍泉河又隔斷木浮嶺其龍泉河身闊處約五十步窄處十餘步水深三四尺自　陵寢紅排沙至此三十二里以西又過煙燻嶺松片山數重纔是接連銀山其　墳山與銀山不是一帶山勢一銀山在　墳

山西北其山東西形勢嶺南屬奉先縣有銀洞五十四處山嶺北屬宛平縣有銀洞六十二處兩縣銀洞止是一山自　陵寢紅排沙以西最近銀洞四十二里最遠銀洞四十八里　一取責到將去司天臺陰陽人張慶淵等三人狀稱相視得自　陵寢紅排沙以西過澗轆轤嶺已有南郊澗道隔斷山勢以西又過木浮嶺下有龍泉河河身深闊隔絶地脉按地里新書五音地脉篇凡隔坑潭江河地勢已絶不相連按兼

山陵至此已三十二里若将龍泉河便爲禁限西界委是別無窒礙其東南北三面禁界止合依元定界堠爲限　大定二年正月初七日省差官刑部主事薛萬亨并提點　山陵涿州刺史完顔璋同銜申取責到司天臺張慶淵魏器博盧世明等三人狀稱合自　墳山西北係奉先縣所管神寧鄉上冶村龍泉河爲西界爲頭排立封堠訟龍泉河至南羗弧嶺其龍泉河水流正西南去離　墳山八十餘里止合於羗

弧嶺東南下　墳按　墳山舊南界封堠是周圍四至别無窒礙呈省　一起自萬安寺西嶺爲頭打量至西面儘北南郊澗口舊封堠計地六十二里令一百四十四步自南郊澗只舊封堠以西上冶村按連排立溜龍泉河南至羗弧嶺客排訖封堠一百一十六箇按連至赤石峪舊封堠計地五十八里令二百二十八步自赤石峪口舊封堠至萬安寺西嶺計地三十五里令三百步周圍計地一百五十六里令三百一

十二步

大金集禮卷第十八

大金集禮卷第十九

時享下

攝行禮

攝行禮

大定三年七月　奏禀唐禮儀志四時各以孟月享太廟季冬臘享凡五祭擬今年十月擇日祫享升祔已後　時享有司依時舉行　從之　十二月二十一日臘　享　命平章元宜攝太尉充初獻參政石琚攝司徒省差亞獻終

獻各一員 三品以上依開元禮攝太常光祿卿禮部擬差太常光祿卿各一 三品 七祀獻官一 五品 助奠官二太廟令一大樂令一 並六品 監察二太常博士二司尊彝一太官令二讀祝太祝一舉祝官二七祀讀祝一 並七品 廩犧令協律奉禮郎各一太祝十一 並八品 贊者一禮直官十宮闈令十四齋郎一百一十七祀祝史進饌官二 並九品 奉瓚盤奉爵酒盥洗爵洗巾篚官各一 六品七品 外 昭德皇后別廟獻官司

徒以次另行差攝同日質明行禮太常光祿卿
太廟廩犧令并太官令一員係太廟所差官通
設至二十六年臘享 太廟另差已上員數
檢討定儀禮准呈下項 擬依典禮前七日受
誓戒於尚書省其日質明設位版於都堂之下
係已定受誓戒圖禮直官引三獻官并應行事
執事官等各就位立贊揖在位官皆對揖訖禮
直官以誓文奉初獻官初獻官搢笏讀誓文云
十二月二十一日臘日薦享 太廟各揚其職

不恭其事國有常刑讀訖執笏七品以下官先退餘官對拜訖乃退散齋四日治事如故宿於正寢唯不弔喪問疾作樂判署刑殺文書決罰罪人及預穢惡致齋三日並於有司無本司者並宿於省部禮官宿於享所唯享事得行其餘悉禁享官已齋而闕者通攝行事禮部看詳前來 親祠大禮散齋四日致齋三日今每歲五

享係有司行事如致齋三日緣所用攝官令史人等數多見得廢務多日擬止令散齋二日

致齋一日 前三日兵部設兵衛於 廟之四門禁斷行人儀鸞司設饌幔十一所於南神門外之西南向又設七祀次於横階之北道西東向前一日大樂局設登歌之樂於 殿上太廟令帥其屬掃除 廟殿之内外又於 室内鋪設 神位於北牖下當戸南向設几在筵上用虎皮及次席又設三獻官拜褥位二一在室内一在室外學士院定撰祝文訖計會通進司請御署訖 降付禮部設祝案於 室戸外之

右又於每　室設左十有二籩分爲四行以右爲上

第一行形鹽在前榛實黍米次之

第二行魚鱐在前乾桃乾芡次之

第三行糗餌在前乾橑栗子次之

第四行粉餈在前乾棗鹿脯次之

右十有豆分爲四行以左爲上

第一行芹菹在前韭菹豚拍次之

第二行筍菹在前酏食鹿臡次之

第三行葵菹在前魚醢醓次之

第四行菁菹在前兎醢糝食次之

又設鉶三在籩豆之間實以羹茹芼滑

登一實以大羹

簠二在左實以粱稻粱在稻前

簋二在右實以黍稷稷在黍前

又設俎三在籩前各實牲體

又加二豆在籩前實以毛血肝膋

大尊二實以明水

各加坫冪設而不酌又設沙池一茅苴一稍前

又設尊彝所在室戶之左

設黄彝一斝一實以鬱鬯各加酌冪

犧尊二象尊二山罍二上尊實以明水餘者實以糯酒各加坫冪

又設篚箱一內蕭蒿實以黍稷

燎爐一實以爐炭

稍南又設著尊一山罍二並實以糯酒

壺尊六實以明水各加坫冪設而不酌在　殿

下

又設獻官爵洗在罍洗之西罍在洗東篚在洗

西北肆實以巾

又設七祀每位簠二實以稻粱

簋二實以黍稷

籩二實以榛實

豆二實以菁菹鹿臡

俎一實以羊體

又設壺尊二在神位之右實以糯酒各加酌

坫冪

又設爵盞一坫全禮直官設位版并省牲位如巳定圖前一日光禄卿帥其屬入實祭器良醞令入實尊彝　前一日省牲器如天德二年儀享日質明行事執事官各服其品服禮直官贊者先引御史博士太廟令太官令諸太祝祝史司尊彝與執罍篚官等入自南門當階間北面西上立定奉禮曰再拜贊者承傳皆再拜訖贊者引太祝與宮闈令升自西階詣　始祖室

開　祏室太祝奉出　帝主宮闈令奉出　后主置於座帝主在西后主在東贊者引太祝與宮闈令降自西階俱復位奉禮曰再拜贊者分引三獻官與百官俱自南神東偏門入至　廟庭橫階上三獻官當中北向西上應行事執事官并百官依品重行立奉禮曰拜贊者承傳應北向在位官皆再拜其先拜者不拜拜訖贊者引三獻官詣　廟殿東階下西向立其餘行事執事官俱各就位訖禮直官詣初獻官前稱請

行事協律郎跪俛伏興樂作禮直官引初獻詣
盥洗位立定樂止搢笏盥手帨手執笏詣爵洗
位北向立搢笏洗瓚拭瓚以瓚授執事者由西
階升執笏升　殿樂作至　始祖尊彝所西向
立樂止執事者以瓚奉初獻初獻搢笏執瓚執
尊者舉冪太官令酌鬱鬯訖先詣第二室尊彝
所北向立初獻以瓚授執事者執笏詣　始祖
室神位前樂作北向立搢笏跪執事者以瓚授
初獻初獻執瓚以鬯祼地訖以瓚授執事者執

笏俛伏興出戶外北向再拜訖樂止已下逐室樂作止並准此次詣每　室行禮並如上儀

禮直官引初獻降復位初獻將升祼祝史各奉毛血肝膋豆及齋郎奉爐炭蕭蒿黍稷篚各於饌幔內以俟初獻晨祼訖以次入自正門升自太階諸太祝各迎毛血肝膋豆於階上俱入奠於　神座前齋郎所奉爐炭蕭蒿篚各置於室戶外之左興祝史俱降自西階以次出太祝取肝膋洗於鬱鬯燔於爐炭訖還尊所　晨祼

如天德二年儀惟云　享日質明行事執事官各服其品服不云百官後儀内數處却依例有百官字百官二字未當

旣升祼太官令帥進饌者奉陳於南門外諸饌幔内以西爲上禮直官引司徒出詣饌所司徒與薦俎齋郎奉俎并薦籩豆簠簋官奉籩豆簠簋禮直官太官令以序入自正門樂作升自太階諸太祝迎引於階上樂止各設於　神位前訖禮直官引司徒以下降自西階樂作復位樂止諸太祝各取蕭蒿黍

稷擩於脂燔於爐炭訖還尊所　酌獻如天德
二年儀惟云太官令酌酒訖不云酌泛齊醴齊
臘日並祀七位俟終獻將升七祀獻官詣司
命　神位前祭酒讀祝再拜餘　坐助奠如儀
惟不讀祝　大定四年正月十九日春享　太
廟并　昭德皇后别廟同時行禮其一切禮數
并應行事執事官並如臘　享儀正月十六日
受誓戒十七日各　廟儀習十八日各於本司
致齋次日質明行禮春夏用鷄彝鳥彝秋冬用

黄彝斝彝 七祀司命戶以春竈中霤以夏門厲以秋行以冬臘並祀七位其餘並同 每歲五享以為常式十五年三月二十七日奉安訖武靈皇帝別廟自後每遇時享 太廟并兩處 別廟同時行禮十九年就 禘祭升祔閔宗其舊 廟坼毀 太廟時享增 閔宗一室籩豆尊彝之數添差太祝宮闈令禮直官各一員并添齋郎員數

大金集禮卷第十九

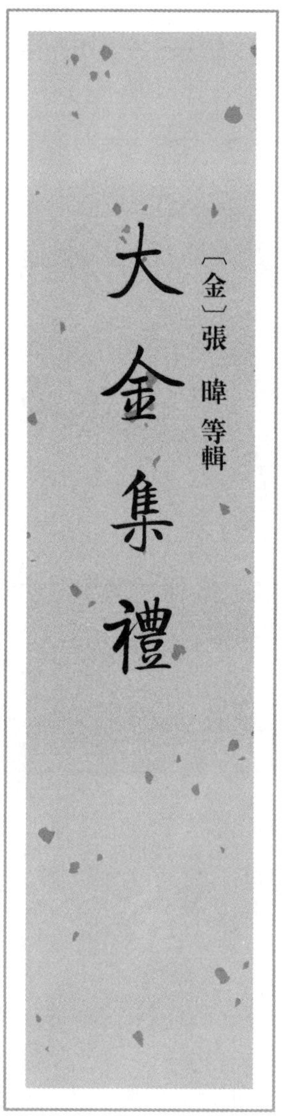

大金集禮

〔金〕張暐等輯

2

中華書局

大金集禮卷第二十

原廟上

奉安

奉安

皇統七年四月十一日奏禀慶元宮改作原廟内三門曰景暉正殿曰辰居似非廟中殿門名額勑旨改曰世德天會十三年始定宮名曰慶元殿曰辰居門曰景暉

天眷二年九月以慶元宮爲太祖原廟百

寮陪位奉安　御容　天眷四年十月緣燕京
起蓋　太廟　原廟不見係典有無俱合告
享檢討到三代已前並無原廟至漢惠帝時叔
孫通始建議置原廟於長安渭北曾薦時果其
後又置原廟於豐沛別不該曾行享薦之禮又
漢以後歷代亦無原廟兩都告享之禮　稟定
只於燕京建　原廟內宫曰行殿曰聖武
門曰同。閣曰崇聖　准備行薦　享之禮
大定二年十二月二十七日恭奉　勅旨會寧

府　國家興王之地合建　太祖皇帝廟仰於
慶元宮基址上修建　正殿九間候工畢委
有司以時　薦享五年八月十一日　奏用元
立　慶元宮　世德殿門名額　從之
天會四年十月　命勅董胡剌姑秘少揚丘忠
充使副送　御容赴燕京奉安於　廟沿路每
日三時燒飦用羊豕兎鴈魚米麵等
皇統七年八月以東京　御容殿工畢　命王
宗哲等充奉送　慶元宮　御容使副

大定二年九月二十七日以　睿宗御容未奉遷於　衍慶宫選定十月十二日行禮其日質明宰執率百官公服奉迎於　御容殿有司先設香案酒果等宰執以下階下拜再跪上香奠酒教坊樂作再拜執事者奉　御容升綠輿以行教坊引導甲騎旗幟儀衛傘扇導從百官公服騎從至　衍慶宫奉安訖宰相以下於　聖武殿下再拜退禮直官二人紅羅傘一傘子一拱衛司差黄羅扇八執扇八人用供奉官擡舁

香輿用拱衛司弩手八人緑輿用弩手一十六人導從用弩手并控鶴各三十人甲騎旗幟儀衛點檢司約度差　勅旨准　奏外十月二日奉迎

五年七月二十五日　奏禀會寧府已起蓋太祖皇帝廟未有　御容係前代典故合嚴衛而往契勘　衍慶宫内見有　太祖御容一十二軸法服容一展立容一衣甲容一弓箭容一坐容一頭巾紅襖子容一展坐容一以上會寧

府奉遷到頭子容二春衣容一頭巾紅襖子容

二以上中都舊 御容殿奉遷到有無將一軸

前去奉安或別行謄寫奉 勅旨以便服容一

軸差官前去奉安

宋會要揚州建隆寺舊有太祖御榻殿景德二

年寺僧請奉安聖容詔翰林圖畫嚴衛而往令

擬以木爲 御容匣朱紅油漆黃羅托裹合用

龍䡨車隨宜鋪設裀褥匣上覆以黃羅帕隨車

用紅羅傘差護衛并導從甲軍旗鼓所過州城

見任官出郭見備香酒奠祭　八月一日擬奏
奉送　御容禮數准外甲軍於宗州咸平府等
路遇有處差贊　宣付引進使高瑞仙充使副使
省差　奏差使副二員省差知禮數閤門二人都
管一名先排二人擇日起發前一日夙興告
廟用酒饌差奏告官一員以所差使充
進請　御署　其日質明有司設　龍車於
衍慶宮門外少西東向宰執率百官並穿執詣
本宮殿下班立再拜班首升　殿跪上香奠

酒教坊作樂少退再拜班首降階復位陪位官皆再拜奉送使副率太祝捧御容匣出宰執以下分左右前導出衍慶宮門外俟御容匣升車百官上馬後從旗幟甲馬錦衣帽子人等分左右導香輿扇等中導前行至都門郊外俟御容車少駐導從官下馬車前立班再拜奉迎使副側侍不拜班首詣香輿跪上香俛伏興還班再拜辭訖退錦衣帽子執扇人等回香輿不用奉送使副整齊旗幟甲馬前去每程到

館或廨舍內亭中安駐紅羅傘一龍車一
御容匣一青布大亭子二座遞牛倒載奉安
龍車并排列酒饌駞五頭旗鼓共五十面五方
龍旗鼓用彩畫香輿一扇八傘子二人送到把
車六人並用鞍馬送到旗鼓五十人送到檯香
輿一十人導從六十人執扇八人各着本服甲
軍一百人兵部差護衛二十人前來例於宗室
壻弟兄猛安謀克子孫內選人材可觀者充
沿路經過州城官員具公服出郭排辦酒果等

等迎見　御容先再拜訖班首少前上香奠酒
訖又再拜送於郊外再拜退　會寧府官員并
建　廟官各率其屬具公服并香輿導從人等
依上准備將引於郊外迎接　御容先再拜班
首少前跪上香奠酒又再拜訖上馬後從至
廟門外下馬分左右導引使副率太祝四員捧
御容入　廟於中門外東壁幄次内奉置定
再拜訖退　奉安合本處擇日前一日准備祭
享酒饌至日質明差去官與本府官及建　廟

官等並公服詣　幄次前排立先再拜跪上香
樂作奠酒訖又再拜太祝捧　御容衆官前導
引至　殿下排立　御容升　殿奉安訖再拜
班首升　殿跪上香讀祝奠酒樂作少退再拜
訖班首降階復位同執事官再拜訖退有司嚴
如式
十五年二月二十五日　奏稟東京開覺寺塔
内　睿宗皇帝容儀係皂羅衣展幞頭若擬
於　祖廟懸供緣　太后天眷年間　親視安

置來檢討到唐典故有將眞容於寺觀內安置
別無眞容皂羅展裹奉 勑旨移於本京 祖
廟奉祀仍換袍色圖寫 太后容塔内懸供
十六年四月十一日 奏禀近奉 勑旨 世
祖皇帝御容仰擇日權於 衍慶宮奉安參酌
定二年奉安 睿宗皇帝御容已行典禮擬定
今月十九日奉安至日質明親王宰相率百官
公服奉迎有司先設香案酒果等百官階下再
拜班首升階跪上香奠酒教坊作樂再拜訖復

位與百官又再拜執事者奉　御容升綵輿甲
騎旗幟導從　香輿扇教坊樂等前導百官騎從
至　衍慶宮奉安訖百官拜奠如奉迎之儀奉
勅旨令有司擇日　親行朝謁以此再擇定
十九日奉安係朝謁吉月其日奉安訖百官於
殿下再拜訖退於　衍慶宮門外立班迎
駕
奉迎用甲騎一百人執傘二人執扇十二人擡
香輿八人擡綵輿十六人執事官二員太廟署

官充弩手控鶴各五十人贊者二人閤門充禮直官二人緣權奉安不行　奏告禮禮部續奉
勅旨禮數重着擡綵輿添作四十人内二十四人係隨從又差六品已下三十員公服乘馬前導」
十六年正月七日　奏劄近奉　勅旨　世祖皇帝御容當於何處奉安檢討到無奉安容像典故參詳　衍慶宫即漢之原廟伏見每遇
太祖皇帝忌辰百官　朝拜所有　世祖皇帝

御容若擇地修建　殿位奉安庶可以仰副國
家嚴奉　祖宗之意　從之續奉　勅旨仰於
聖武殿東西起建　世祖　太宗　睿宗殿
位又　聖武殿東殿閣兩位比　聖武殿閣制
度小着又　太宗殿位欲别擇地起蓋十七年
正月十七日擬定　世祖　太宗　睿宗殿位
制度並依　太祖殿位一體營建外　太宗殿
位踏逐到車輅院并歸仁館兩處皆是　國音
利方叅詳車輅院係今起蓋　殿位之後恐有

室礙兼　山陵内　太祖　太宗　睿宗共一兆域及　太廟内　世祖　太祖　太宗　睿宗亦同堂異室今來歸仁舘若擬起蓋　太位殿位恐與　山陵　太廟制度不同　奏奉勑旨依進呈四位圖本起建各殿七間閤五間内三門五間二月九日　奏定今歲　國音通利合行修建三月八日　奏告　十一日啟土并絫酌到　三聖御容在　衍慶宫通爲一處止合於　衍慶宫　奏告施行十八年十月三

日奏定 世祖殿閣曰廣德燕昌 太宗殿閣曰丕承光昭 睿宗殿閣曰天興景福十九年五月六日 奏告係例外七日奉安禮數下項禮官二省差四品太廟署官一內侍各二太祝各六司尊酌酒官各一一員把注一員執盤盞盥洗巾篚官各一贊者各二禮直官各四合用物件每位香案一爐匙合裙全祭器席一拜褥二盥洗一大勺一篚一絹巾一前一日太廟令率其屬掃除宮內外又各設 神

座於殿上又設親王宰執以下百官拜位各於殿庭又設盥洗位於東階下執罍篚者位於其後又於神位前各設北向拜褥位并各設香案香爐匙合香酒花果器皿物等依前來例又於聖武殿上設香案爐匙合香等又於殿下各設腰輿一每輿一十六人以弩手充傘子各二人以弩手傘子充執扇各十二人以供奉官充導從弩手各三十人各依資次排立如式内傘扇自閤迎至殿俟御容出殿

迎至腰輿以次至　廣德殿　前一日清齋親
王於本府百官於其第行禮官執事人等習儀
就祠所清齋　其日質明禮官率太廟署官等
詣　崇聖閣奉　世祖御容　捧匣人每匣用內
侍二人太祝一員　禮官署官並前從置於　聖
武殿神座禮直官引親王宰執百官公服於
殿庭班立　七品以下班於殿門之外　贊者曰拜
在位官皆再拜禮直官引班首詣盥洗盥手訖
升　殿詣　神座前跪上香訖少退再拜禮直

官引班前降　殿復位贊者曰再拜在位官皆
再拜訖禮直官導　世祖御容升腰轝儀衛係
次序導從至　廣德殿百官後從至庭下班位
立禮官率太廟署官就腰轝内捧　御容太祝
内侍與署官同捧於　殿上正面奉安訖百官
於階下六品以下官於殿門外立班贊者曰
再拜在位官皆再拜禮直官引班首詣盥洗盥
手訖升　殿執事官等從升詣　御容前跪上
香奠酒教坊樂作少退再拜訖樂止禮直官引

班首降　殿復位贊者曰拜在位官皆再拜訖

禮官率太廟署官詣　崇聖閣太祝内侍捧

太宗御容禮官導　太宗御容署於　聖武殿

行禮畢以次奉安於　丕承殿行禮並如上儀

次　睿宗御容奉安於　天慶殿禮亦如之俟

奉安禮畢百官退

大定二十一年閏三月二十六日禮部准寺申

太廟署狀契勘到　昭祖已下五位容六軸舊

來於　崇聖閣下奉安時係用黄羅帷帳一坐

黃羅明金柱衣二條紫羅薄地褥一片金鍍銀裝釘紅油龍床一張褥子全踏床二箇床衣全如此奉安來有無係例各另成造禮部關工部戶部下寺差人催促類會同日准寺申太廟署申打量到奉安地步事　燕昌閣上　昭祖景祖　世祖三位緣閣上中間安置鴈翅上𢪔今來合於東西兩間添置山𢪔其鴈翅移於兩邊　燕昌閣下奉安　肅宗　穆宗　康宗御容三位今契勘閣下五間鶻梯占訖東二間中

一間合留充遷奉　神位外止有西二間難以東西安設三位今來若西壁東向安設　肅宗康宗以南爲上外東壁鶡梯南有空歒一十五尺以西向安設　穆宗部呈　省云不敢專便關工部計料成造安置省家別不見回降

閏三月二十六日省判禮部呈今月二十五日奉御古難傳奉　聖旨道與禮部太常寺　昭祖　景祖交遷請在　世祖御容閣上者　肅宗　穆宗　康宗這三箇交着　世祖閣下者

明肅皇帝敎着　太祖御容閤下着這底不是𥺌遷奉安　神主只是一時間權放着一般更交檢討古典禮覷莫不更别該載者有麽如無時依上項　聖旨施行太常寺申别無典故明肅皇帝恐合遷出　云云批呈訖奉台旨仰照勘依元奉　聖旨事理施行送部

閏三月二十八日户工部關禮部云契勘近爲前後承准到來關内成造奉安要用床褥等物别不曾分朗開坐到各色名件數目以此行下

太常寺承并太廟署官將引合干等人前來指
視去後除逐官不曾前來即目才只有太廟署
合干人楊壁今取責得本人狀供到合造名件
下項當部除已下隨署立便勘當依應如法成
造外契勘即目楊壁然已供到前項合造名件
仍恐未是端的須合移關請照驗施行須至關
者禮部下太常寺照會速行勘當申上其後卷
內不見太常寺勘當到申解

燕昌閣奉安物　閣上二位　床二張透背厚

褥各二片計四片係雜色紅錦薄褥各一片計二片係雜色 紅羅明金蒙帕各二條計四條係芝蔴羅盤龍 閣下三位 床三張透背厚褥各二片計六片係雜色紅錦薄褥各一片計三片係雜色紅羅明金蒙帕各二條計六條係芝蔴羅盤龍黃羅帷幄各一座計三座係芝蔴羅紫羅薄地褥各一片計三片黃羅明金柱衣各二條計六條係是芝蔴羅雲龍 聖武位 崇聖閣下 明肅 黃羅帷幄一座係芝蔴羅紫

羅薄地褥一片係芝蔴羅右定二十一年奉安

五聖容有兩卷大定元年十一月取來涉着

抄節出前四件共先二件係一卷内後二件係

別二卷　二十一年奉　勅旨　景祖　肅宗

穆宗御容合於何處安置檢討到典故古者先

王遷廟之主合藏於始祖廟以此比附恐合於

世祖廟安置　勅旨准奏又以閣上窄隘六

位難以安置　奏定奉　三祖神御於閣上

三宗神御於閣下安置　閏三月二十九日

奏告四月一日　奉安五日　親祠前一日致
齋　奉安儀禮准呈下項　差官並每位物件
如十九年奉安儀惟太廟署官二員　前一日
太廟令率其屬掃除　宮内外又於　廣德殿
聖武殿上各設案置　昭祖　景祖　肅宗
穆宗　康宗　容匣　神位及陳設如儀又
設親王宰執以下百官拜位各於　殿庭又設
盥洗位於東階下執罍篚者位於其後又於
神位前各設北向拜褥并各設香案香爐匙合

并香内　廣德殿又設酒花果器皿又於　聖武殿設腰輿立南向西上每輿擡舁人一十六人弩手充傘各二柄傘子各二人執扇各一十二人以供奉官充導從弩手各三十人各依次排立如式　其日質明禮官率太廟令官等詣崇聖閣下奉出　昭祖　景祖　肅宗　穆宗　康宗御容於各匣内安置捧匣各内侍二員太祝官二員迎出閣凡　神位行次並用傘扇禮官署官前導置於　聖武殿上　太廟室

之序設儀衛至　廣德殿閤禮直官引親王宰
執百官並公服由　衍慶宮東西偏門入於
殿庭班立七品已下班於　殿門外贊者曰拜
在位官皆再拜禮直官引班首詣盥洗位盥手
訖升　殿先詣　昭祖神位前跪上香訖少退
再拜次詣以次　神位前俟上香禮畢禮直官
引班首降　殿復位贊者曰拜在位者皆再拜
拜訖執事捧　昭祖以下　神御各升腰輿
昭祖在先次　景祖次　肅宗　穆宗　康宗

禮直官前導各位儀衛依次序導從至廣德
殿百官復從至庭下班位立禮官與署官率太
祝内侍捧昭宗以下御容匣降輿依次序
升殿置於位奉安訖百官於階下六品以下
門外贊者曰拜在位者皆再拜禮直官引班
首詣盥洗位盥手訖升殿執事官等從升詣
酒尊所酌酒訖詣昭祖神位前跪上香奠酒
教坊樂作少退再拜訖樂止次引詣以次神
位前如上儀禮畢禮直官引班首降殿復位

贊者曰拜在位官皆再拜訖在位官皆出禮官

率署官與內侍太祝捧　神御奉安於　燕昌

閣

二十一年五月二十九日　勅旨聖安寺裏

睿宗皇帝御容不是放處已前如何儀依禮數

檢討少古典後還入廟裏去　蔡酌十六年奉

還　世祖皇帝御容已行禮數定到下項掌准

呈　儀衛甲騎一百人點檢司差執扇十二人

供奉官差　繖子二人弩手充擡香輿八人弩手

充擡龍輿十六人弩手充弩手控鶴各五十人執事官二員太廟署官充贊者二人閤門充禮直官二員前一日差官奏告前一日清齋皇太子於本宮親王於本府百官於其第其日質明皇太子親王宰執百官公服詣聖安寺奉迎御容典贊儀引皇太子禮直官引親宰執已下百官入就見安置階下班立贊者曰拜皆再拜皇太子升階詣御容前上香奠酒教坊樂作少退再拜皇太子降階

復位樂作再拜在位官皆再拜以上行禮如地步窄狹並從宜執事者捧御容升輿儀衛如儀皇太子以下後從出聖安寺門外執事者奉御容降輿升龍輿儀位如上儀俟輿行皇太子以下上馬以次從旗幟甲馬導從人等分左右前導香輿教坊樂等中導前行至衍慶宮甲騎弩手控鶴於門外止執事者奉御容降龍輿升腰輿儀衛如上儀至殿階下俟執事者奉御容升殿奉安訖不懸展

香輿　龍輿繖扇等並退典贊儀引　皇太子禮直官引親王宰執以下官入就位贊者曰拜在位官皆再拜典贊儀引　皇太子升階詣御容前上香奠酒教坊樂作少退再拜　皇太子降階復位樂作再拜在位官皆再拜禮畢有司嚴奉如式行禮處如值雨合用油幕百官於三門及廊房度宜望拜如中道遇雨　龍輿香輿等合用油帕遮護　東宮親王百官合比准儀制定到入内城門非時雨雪許自執小油傘

及用傘子執油傘儀衛教坊甲馬難同百官以

上亦用油傘

二十三年奉　勅旨修整　慶元宫同知副留

守提控勾當奉遷　御容同知宅權安置祭酹

衍慶宫三位奉安已行典禮定到下項禮數

并　奏定四月十四日　奏告奉遷十六日啟

土八月十八日　奏告奉迎如工未畢用九月

二十二日　奉遷合差執事官并贊禮者禮直

官及儀衛人等並本處差其儀物等委本處計

置成造應副執事官二員廟官充公服贊者二員禮直官二員甲騎五十人執傘二人執扇十二人擡香輿八人擡採輿十六人導從四十人以軍人充仍紫窄衫幞頭至日質明所司設香案香合酒果等於慶元宮并奉遷處又設香輿彩輿於御容殿階下長官率以次官並公服詣御容殿階下班立再拜長官升階詣御容前跪上香奠酒教坊樂作少退樂止長官降復位同陪位官再拜執事官捧御容升輿

長官以下分左右前導出宮俟　御容輿行遂
官上馬後從旗幟甲騎導從上等分左右前導
香輿扇教坊等中道前行至奉遷處甲騎並於
門外止香輿彩輿傘扇至階下俟執事官捧
御容升階奉安訖香輿彩輿傘扇等並退長官
以下於階下班立再拜長官升詣　御容前跪
上香奠酒樂作少退再拜長官降階復位同陪
位官再拜退有司嚴奉如式　奉迎還　宮
執事官并儀衛人等係奉遷人數差遣其日質

明所司先設香案香合果酒等於　慶元宫弁
奉遷處又設香輿彩輿於階下長官率以次官
並公服詣
御容前跪上香奠酒少退再拜長官降階復
位同陪位官再拜執事官捧　御容升輿長官
已下分左右前導出俟　御容輿行逐官上馬
後從旗幟甲騎導從人等分左右前導香輿扇
教坊樂等中道前行至　慶元宫甲騎等並於
門外止香輿彩輿傘扇至　殿階下俟執事捧

御容升　殿奉安訖香輿彩輿傘扇等並退

長官以下於　殿階下班立再拜長官升詣

御容前跪上香奠酒樂作少退再拜　長官降

階復位同陪位官再拜訖乃退已上樂如無

教坊以留司樂代

大金集禮卷第二十

大金集禮卷第二十一

原廟下

朝拜

朝拜

太祖忌辰　親祠儀禮　大定五年十月宣徽

宗院申已行禮數十一年同十九年奉　勅旨

三廟行禮不同往日只奠一盞酒冷淡又奉

勅旨忌辰奠酒用樂不是只奠茶　太子大王

不須奠只依舊例　其日三品已上職事官公

服先於　衍慶宮門外西向班定俟　皇帝服
袍乘馬自　應天門出四品已下職事官前導
導駕四十員閤祗六員各從人一名服錦山帽
錦絡縫偏帶至三門外下馬左右宣徽前導自
正門入左上　殿百官合班立定六品已下
聖武門外　皇帝至褥位先兩拜左宣徽贊
稍東西立定入香案訖上拜褥兩拜添香訖復
位再兩拜候前西向立定排食訖上拜褥兩拜
奠茶訖復位再兩拜稍東西向立定先分引百

官出少頃辭　御容兩拜除見辭四拜外八拜
百官並陪拜宣徽導引　皇帝歸幄次更衣畢
至三門外上馬侍衛導從如來儀
大定十六年四月十九日奉安　世祖御容行
朝謁之禮　皇帝前一日齋於内　殿　皇
太子齋於本宫　親王齋於本府百官齋於其
第太廟令率其屬於　衍慶宫内外掃除設
親王百官拜位於　殿庭又設　皇太子拜褥
於　親王百官位前宣徽院率其屬於　聖武

門外之東設西向　御幄櫺星門東設　皇太子幄次其日有司列仗衛於　應天門外俟奉安　御容訖有司於　殿上并　神御前設北向拜褥位安置香爐香案并香酒器物等　皇太子比至　車駕進發已前公服乘馬本宮官屬導從至　衍慶宮門西下馬步入幄次　親王百官於　衍慶宮門外西向立班俟　車駕將至典贊儀引　皇太子出幄次於　親王百官班前奉迎導駕官五品六品七品職官内差

四十員於　應天門外道南立班以俟每員引色衣從人一名御溝内分左右排立皇帝服靴袍乘輦從官繖扇侍衛如常儀　勑旨用大安輦儀仗一千人出應天門閤通喝導駕官再拜訖閤門傳　勑導駕官上馬分左右前導至廟門外西偏下馬導駕官不陪位　車駕至衍慶宫門外稍西降輦左右宣徽使前導　皇帝步入　御幄簾降閤門先引親王宰職四品已上執事官由東西偏門入至　殿庭分東西

班相向立典贊儀引　皇太子入立於褥位之西東向進香進酒等執事官並升階於　殿上分東西向以次立宣徽使跪　奏請　皇帝行朝謁禮簾捲　皇帝出幄宣徽使前導至　殿上褥位北向立典贊儀引　皇太子就褥位閤門引　親王宰職四品已上職事官田班並北向立令中間歇空不礙奏樂五品以下　聖武門外八品以下　宮門外陪拜奏請　並宣徽使　皇帝再拜教坊樂作　皇太子以下羣官

皆再拜並閤門贊拜請　皇帝詣　神位前褥位北向立又請　皇帝再拜　皇太子已下羣官皆再拜請　皇帝跪三上香三奠酒伏伏興又請　皇帝再拜　皇太子已下羣官皆再拜訖請　皇帝復位又請　皇帝再拜　皇太子已下羣官皆再拜樂作宣徽使　奏禮畢已上擬八拜宣徽院　奏過依舊例十二拜典贊儀引　皇太子復立於褥位之西東向閤門引親王宰執以下羣官東西向立先引五品已下

官出宣徽使前導　皇帝還　御幄簾降典贊
儀引皇太子閤門分引殿庭百官以次出
宣徽使跪　奏請　皇帝還　宮簾捲步出
廟門外升輦還　宮如來儀導駕官前導　皇
太子已下羣官後從俟　車駕入　宮乃退尋
奉　勑旨行禮畢更衣乘馬還　宮　十九年
五月七日奉安　三聖御容禮畢八日　親祠
奏定儀仗一千人導駕官四十員五品六品
七品內差　七日奉安禮畢應天門外習儀又以

奉安後　朝謁與自來忌辰用素食事體不同
奏奉　勅旨用肉食已下乘輦往還行禮大
署並　奏過前一日清齋　皇帝齋於內殿
皇太子齋於本宮　親王齋於本府百官齋於
其第　前一日太廟令率其屬掃除　宮內外
又各設　神座於　殿上及陳設如式又設
親王宰執百官拜位各於　殿庭又設　皇太
子拜褥於百官位前宣徽院率其屬於　三殿
門外之東各設西向　御幄又於　衍慶宮門

外之東從地之宜設　皇太子幄次亦西向又
於　殿上并　神位前各設北向拜褥又各設
香案爐匙合香酒果器物等於　三聖神座前
其日有司列仗衛於應天門外又設大安輦於
應天門外道東南向如式　其日質明　親王
宰執已下百官（並公服）於　衍慶宮門外少東
西向立班以俟　車駕其日　皇太子公服乘
馬本宮官屬導從如常先詣　衍慶宮門東下
馬步入幄次俟　車駕將至典贊儀引　皇太

子出幄次於　親王百官班前奉迎　車駕十六年　皇太子立班係　奏過　其日質明導駕官公服於應天門外道南立班以俟每員許色衣人從一名擗攏如御溝内分左右排立准備　起居畢乘馬前導俟　皇帝服靴袍乘大安輦從官繖扇侍衛如常儀出應天門　車駕少駐閤門通喝導駕官起居再拜訖閤門傳勅導駕官上馬分左右以裹爲上前導至　衍慶宫門外西偏下馬　車駕至　衍慶宫門外

稍西降輦左右宣徽使前導引　皇帝步入
衍慶宫門内稍西乘輦七寶輦至　世祖殿門
外降輦步入　御幄簾降閤門先引　親王宰
執四品已上職事官由東西偏門入至殿庭
分東西班相向立五品以下廣德門外立班典
贊儀引　皇太子入立於褥位之西東向進香
進酒等官並升階於　殿上分東西以次立宣
徽使詣　御幄前跪　奏請　皇太子　朝謁
之禮簾捲　皇帝出幄宣徽使前導於　殿上

褥位北向立典賛儀引　皇太子就褥位閤門
引　親王宰執并四品以上職事官田班北向
立　奏請　並宣徽使　皇帝再拜　皇太子
已下百官皆再拜並閤門賛拜請　皇帝詣
世祖神位前褥位向北立又請　皇帝再拜
皇太子已下百官皆再拜請　皇帝跪三上香
三奠酒俛伏興又請　皇帝再拜　皇太子已
下百官皆再拜請　皇帝復位又請　皇帝再
拜　皇太子已下百官皆再拜樂止典賛儀引

皇太子復位立於褥位之西東向閤門引
親王宰執四品已上官以次東西相向立引五
品已下官權於 衍慶宮門外餘位止於各
殿門外近西稍却 皇帝步出 廟門乘輦詣
太宗殿門外 御幄少憩 皇太子 親王
宰執并四品已上官依班次先立於 太宗殿
下 奏請 皇帝詣 太宗殿行禮如上儀禮
畢詣 睿宗殿行禮亦如之宣徽使 奏禮畢
典贊儀引 皇太子復立於褥位之西東向閤

門引　親王宰執已下百官以次東西相向立
贊者先引五品已下官出宣徽使引　皇帝還
御幄簾降典贊儀引　皇太子閤門分引百
官以次出宣徽使跪　奏請　皇帝還　宮簾
捲步出幄次乘輦至　廟門内稍東降輦步出
廟門外升大安輦還　宮如來儀導駕官前
導　皇太子已下百官後從俟　車駕入　宮
門退
賀表　三后在天神遊雖邈　一人忠孝廟寢

是崇旣新寶構之成載肅眞儀之奉涓辰遷
御浹宇均歡 中賀 祇遹先猷緝熙茂集言念
武元之成烈蓋遵 聖肅之貽謀 太宗守以
文 睿考嗣其德慨瞻遺像增大原祠聳層觀
之巍巍規摹其麗仰睟容之穆穆精爽如存臣
陪侍親祠獲觀縟禮孝悌之至遂能通諸神明
祖考以安於是成其福祿臣 無任
二十一年四月一日奉安 五聖御容五日
親祠奉 勑旨仗儀省少着與 世祖一處祭

奏定前一日致齋其日擬用儀仗七百人導
駕官四十員　皇太子并　親王宰執以次百
官於　衍慶宮門外奉迎　皇帝服靴袍乘大
安輦從官繖扇侍衛如常儀出　應天門至
衍慶宮門外稍西降輦步入　宮門內稍西乘
七寳輦至　御幄俟　皇太子班定　皇帝行
朝謁之禮俟禮畢還　宮如來儀係　廣德殿
行禮先　昭祖神位前再拜上香奠酒又再拜
以次　神位並同餘如十六年十九年之儀

奏稟安設　神御次序若正面安設　昭祖
景祖　世祖并東西面安設　肅宗　穆宗
康宗緣食棹香案拜褥外地步窄狹擬權去山
幈依　廟室次序安設奏　勅旨　三祖並於
正位安置　昭祖正中其次分左右以東爲上
肅宗以下北　正位稍斜安設　二十一年
五月十二日　睿宗皇帝忌辰擬定　親祠儀
禮𧰼准呈行移宣徽院依例聞　奏十一日宣
徽使稱不設小次不同導駕官再定到下項前

一日宣徽院設御幄於天興殿門外稍西

至日質明皇太子親王百官具公服於

衍慶宮門外立班奉迎皇帝乘馬至衍慶

宮門外下馬二宣徽前導步入宫門稍東皇

帝乘輦繖扇侍衛如常儀至天興殿門外稍

西皇帝降輦入幄次簾降典贊儀引皇太

子閤門引親王宰執四品已上官由偏門入

出入如之至於殿庭左右分班立定二宣徽

使導皇帝由天興門正門入自東階升

殿詣褥位立定　皇太子已下官合班五品已下官班於門外宣徽使　奏請　皇帝先兩拜請詣侍　神位立俟有司置香案酒樟訖請詣褥位兩拜三上香奠酒訖復位再兩拜已上皇太子已下皆陪拜一再　奏請詣稍東侍神位立典贊儀引　皇太子升　殿赴褥位先兩拜奠酒訖再拜降復褥位次閤門引終獻官趙王上　殿行禮如亞獻儀宣徽使奏請　皇帝詣褥位再拜兩拜　皇太子已下官皆再拜

禮畢百官依前分班立　皇帝出殿門外入幄次簾降更衣次引　皇太子已下官出宫門外立班　皇帝乘輦至　宫門稍東降輦步出宫門外上馬還　宫導從侍衛如來儀　皇太子已下官俟　車駕行然後退

大定五年七月二十五日　奏請會寧府已起蓋　祖廟元奉　勑旨候工畢委有司以時薦享今擬每歲元日寒食節七月十五日冬至八月二十八日忌辰以本府長官充獻官佐貳以

下陪位　勅旨准行仍設教坊所司前期排辦茶食香茶花果至日供設酒饌質明禮直官引獻官與陪位官已下並公服入　廟庭詣面西位立俱再拜訖引獻官詣　殿正階下再拜訖升階至食案前褥位上香奠酒訖一拜又再拜訖禮直官引獻官復位與陪位官已下俱再拜訖退

五年八月二十七日奉　勅旨　太祖皇帝忌辰　衍慶宫呈用素食　享祭其餘諸京應有

太祖皇帝御容去處自今後每遇忌辰亦只用素食十一年九月二十三日奉　勑旨有太祖御容處只用素食奠茶不用肉及酒樂緣慶元宮見設教坊四十人　五年八月一日奏設　奏過檢討故事檢到前漢書祖宗廟在郡國用樂及犧牲宋會要忌日罷樂廢務擬遇忌辰用素食其餘祭奠用肉及酒樂　勑旨准奏行　慶元宮教坊樂係舊存設

六年五月以會寧府申稟　慶元宮朔望朝拜

禮數參詳朔望朝拜合依儀制外任官朝拜
祖廟之禮拜褥用紫絹所用茶食并黃香果食
分數依西京及東京　御容殿例茶擬每次用
二兩如有未盡名件就便移文東西京取會比
附施行蒙准呈
六年三月大同府申自來月一十五日並詣
祖廟上香即目　車駕行幸其禮數有無依舊
契勘中都除　五享及遣使并　太祖忌辰
親祠外無朔望上香之禮即目　車駕到京亦

合依例施行㨿准呈仍候　車駕還都日却依

舊例

六年八月　奏請每年　太祖皇帝忌辰　車

駕詣　衍慶宮　親祠百官陪拜令　車駕廵

幸擬依諸京府遇　太祖忌辰詣　御容殿祭

拜體例以宰臣爲班首率百官詣　衍慶宮行

禮　從之　其日質明百官公服詣　衍慶宮

禮直官引班首官已下入自南東偏門於　聖

武殿下面北以東爲上班首拜褥稍前同兩拜

禮直官引首官升階詣　御容前兩拜少前搢笏跪上香奠茶訖出笏就位一拜少退再兩拜訖引首官降階復位首官已下同兩拜禮畢

十六年四月二十二日奉　勅旨遇　太祖忌辰如是夏捺鉢去雖未還都百官須得謁　廟祭祀不得有闕常禮　世祖忌辰亦仰祭祀續奉　勅旨　太祖忌辰　世祖　太宗亦一處致祭無有妨礙檢討到唐禮閣新編所載唐高祖已下諸帝忌日各另於兩京寺觀内致齋行

香外歷代無一聖忌辰列聖預祭故事看詳
世祖太宗若就聖武殿一處享祭須是昭
穆並坐別無似此典禮兼世祖太宗御容
並是面東今來世祖在中位則太祖在東
位御容面不相嚮恐於禮未安未稟奏間
勅遣皇太子行禮祭一位并就功臣檢到
到唐六典自高祖已下國忌日並無親祭之禮
亦無皇太子行禮典秩今參酌定到其日質
明百官先赴衍慶宮皇太子公服乘馬本

官官屬導從侍衛如常儀至　衍慶宮門外下馬入幄次少頃先引百官分班入　宮庭　殿下東西相向立六品已下聖武門外典贊儀引　皇太子由東偏門入赴　殿下褥位立定百官合班先兩拜訖引　皇太子左上殿面西少立入香案訖上拜再拜搢笏跪添香出笏就位一拜訖再兩拜稍東西向立出香安排食訖上拜褥兩拜搢笏跪奠茶出笏就位一拜訖再兩拜訖引　皇太子降階復位再兩拜已上十二

拜百官皆拜先引　皇太子出百官以次分班
出分獻官俟　皇太子將升　殿禮直官分引
獻官詣各位功臣前褥位立定俟　殿上上香
時獻官搢笏跪齊上香奠茶訖出就位一拜再
兩拜訖引詣次位行禮如上儀俱拜訖立定齊
引降階入班俟　皇太子百官辭　神同兩拜
訖以次出
二十四年四月九日　勅旨到京第二日便謁
廟六月十五日　勅旨　祖廟文依中都例

節朔享祭　車駕不來後月一十五日亦燒香
九月十五日　太祖廟薦新諸王公服欄子外
奠酒百官　殿下陪拜九月十九日　勑旨上
京興王之地　太祖廟只是忌辰日享祀於禮
未應雖　山陵隨節享祀此亦隨節差官享祀
二十五年元日　慶元宮享祭命豳王充使會
寧同尹充副使
二十六年三月二十一日以裏外　祖廟享祭
不同檢討擬定　太廟每歲五享　山陵朔望

忌辰及節辰祭奠並依前代典故外　衍慶

宫自來　車駕行幸遇　祖宗忌辰百官行禮

并諸京　祖廟節辰忌辰朔望拜奠雖無典故

叅酌恐合依舊以盡崇奉之意　奏奉　勅旨

山陵朔望祭享食用比節辰享祭食料約量

裁減餘並依舊

二十八年八月十四日　聖旨東京西京兩處

有　祖廟前來月一十五日本處官享祭來兼

太祖山陵在這裏有那裏每只合依這裡隨

節享祭後是敎禮部定部　奏唐會要該載武宗廢天下寺上州以上各留寺一所國忌日行香列聖眞容移入行香寺見得當時隨處御容止於忌日拜奠今看詳東西京　祖廟隨節忌辰各有奠祭禮數其月一十五日在此　山陵已有享祀之禮兼前代別無諸京祖廟朔望祭享典故若行停罷別無窒礙　八月二十五日奉職劉元弼傳奉　聖旨其東西京兼　太祖不曾到　廟也不合立爲是已有也敎隨節忌

辰祭奠其月一十五日准奏體罷上京　廟比
此兩處爭别是　太祖生長本鄉東京大清安
禪寺立　貞懿皇后功德碑其　殿曰　報德
之殿門名亦同　大定十年東京垂慶寺　太
后影殿曰孝思　大定三十年三月十三日
奏

大金集禮卷第二十一

大金集禮卷第二十二

别廟

孝成舊廟

孝成舊廟

大定二年四月一日擬　奏　閔宗皇帝緣無後嗣合别立　閔宗之廟有司以時祭享　從之九月二十三日擬奏唐故事孝敬皇帝以本謚爲廟稱　閔宗既不入　廟不合稱宗只合以　武靈爲　廟稱　從之　十一月五日擬

奏檢到唐會要於太廟西別建中宗廟中宗玄宗之伯於睿宗時祔廟至玄宗時遷於別廟却升祔睿宗入太廟又讓皇帝睿宗之子玄宗之兄立廟於立政坊以此見得唐立別廟不必專在太廟垣內今來　武靈皇帝不稱宗又不預　祫享其　別廟擬於　太廟東墻外階東空閑地內建造係准備起建諸局署地步　從之司天臺選定十二年七月係國音通利年月合行起蓋是年四月一日　奏奉　勅旨再檢

討檢照到大定二年元擬建　廟事引唐會要開元四年用太常卿姜皎議以中宗無後出為別廟令　武靈皇帝別無後嗣與唐中宗事體一同合依前項典故已　奏定立　別廟令再檢到唐會要中宗初祔太廟至開元四年因議睿宗升祔而太廟止七室當時以中宗無後出置別廟而祔睿宗至開元十年添置九室中宗尋復升祔據此則中宗始終皆祔廟來又按晉書諸儒議謂惠懷及愍宜別立廟令考晉禮志

三帝皆祔太廟則惠懷愍雖無後竟不用別廟之議也兼唐莊宗亦無後嗣明宗時升祔於太廟若依此典故　武靈皇帝亦合升祔然中宗之祔廟始則有虛室終則添爲九室晉惠懷之祔廟係遷豫章潁川二廟唐莊宗之升祔係祧懿宗一室今　太廟之制除　祧廟外係　七室十一室已有定數如或升祔　武靈皇帝即須別祧一廟緣唐書引荀子曰有天下者事七世謂從禰以上也若旁容兄弟上毀祖考則

天子有不得事七世者矣伏覩　太廟世次自
睿宗皇帝上至　始祖皇帝係是　七世別
無可祧之廟若添置廟室則晉書云廟以容主
爲限無拘常數東晉與唐皆用此議增至十一
室兼晉成帝之後唐帝承統以兄弟一世故不
遷遠廟而增室以祔成帝始有十一室唐會昌
六年以敬文武三宗同爲一代於太廟東閒添
置兩室定爲九代十一室今　太廟已是十一
室如用不拘常數之說雖增至十二室亦可也

然廟制已定更易增展其事至重擬五代會要
周世宗顯德六年將祔太祖神主博士聶崇義
奏殿室闕少若是添脩並須移動神門及角樓
宮牆等不唯重勞兼恐未便欲請將夾室安排
位次遂遞遷諸室奉安太祖於夾室今來若依
唐會昌之制於東邊增展即須動移 神門
太階諸 祏室並須動移別行安置若依此更
改升祔又緣與 睿宗皇帝祏室上下昭穆位
次恐有更易按春秋文公二年大事於太廟躋

僖公穀梁傳曰躋升也逆祀也君子不以親親害尊尊此春秋之義也范甯注云僖公閔公兄也故文公升僖公於閔公之上耳僖公雖長已爲臣矣閔公雖小已爲君矣臣不可以先君猶子不可以先父又按晉書元帝於愍帝爲叔然於愍帝嘗北面稱臣故元帝神位在愍帝之下後當大禘王道與荀松議昭穆之位王導謂愍帝君位永固無復暫還子位之理且廟尚居上祀安得居下若暫下是逆祀也又後漢祭祀志

云父爲昭南向子爲穆北向父子不並坐而孫從王父今若　武靈皇帝升祔　太廟增廣作十二室若依春秋尊尊典故　武靈皇帝祏室當在第　十一室遇　禘祫合食依孫從王父典故當在　太宗之下而居昭位又合稱宗緣前來已升祔　睿宗皇帝在第　十一室及累遇　祫享　睿宗皇帝在穆位與　太宗皇帝昭位相對若更改　祏室及昭穆位次非有司所敢輕議兼按唐禮官元議中宗爲别廟時謂

漢之光武不嗣於孝成而上承於元帝中宗無後請同漢之成帝出爲別廟自漢有之今按後漢書光武繼體元帝於孝成爲兄弟自元帝已上祭於洛陽廟帝親奉祠成帝以下祠於長安有司得事見得係祭於別廟亦有此典故伏取

聖裁十三年閏正月二十一日　奏奉　聖

旨起建　別廟尋檢引周朝別廟法式南垣一屋三間東西垣各一屋一門每門二十四戟建殿三間齋房神厨度地之宜修建其　殿上

堂房戸牖一准　太廟之制以　太廟東墻外階東空閑地内建造　十三年三月十三日差戸部尚書曹望之　奏告　太廟十六日戊申啓土差禮部郎中王中安祭告太歳土地諸神十月二十五日上梁差吏部郎中蒲思烈依例祭土地神位

十五年三月十九日擬　奏今年三月二十七日戊申奉安　武靈皇帝　悼皇后於别廟

檢討到唐禮閣新儀大曆十四年代宗神主祔

廟就享來将來奉安亦合行享禮緣代宗自太
極殿具鹵簿奉迎神主至太廟升祔今來奉安
神主依前代典禮并　本廟已行升祔禮數
止合就　本廟西南隅設　幄恭造叅酌典故
神主幄次在　本廟西南隅相去　廟殿甫
近難以排列儀仗擬攝太尉行事百官後從仍
用享禮前一日丁未　奏告　太廟　十一室
及祭告　昭德皇后廟　從之二十一日
命中丞劉仲誨監造　神主仍差王彥潛題寫

巾篚盥洗官各一　命皇子趙王攝太尉充初獻官行禮禮部尚書張景仁攝司徒刑部尚書梁肅攝侍中　差太府監白鉢少尹高居中充亞獻官終獻并　差太常光禄卿大樂太廟廪犧令協律奉禮郎賛者監察博士奉　神主宫闈令捧几太祝内侍司尊彝奉瓚奉爵酒盥洗爵洗讀祝官各一舉祝巾篚太官令祝史二員齋郎禮直官各十　差勸農使莎魯古二員告廟并　別廟　享前三日三獻官應行事執事

官等受誓戒如常儀百官各於其第清齋一宿奉安行事官亦清齋一宿其日不赴 朝參神主用栗如 太廟之制前三日 本廟西南隅東向設幄次席褥前一日製造訖其日晚内中尚奉承以箱覆以帕 帝主覆以黄羅帕藉以白羅帕 后主覆以紅羅帕藉以青羅帕 捧詣幄中奉安日丑前五刻題寫官與侍中禮官詣幄前太祝宮闈令先以香捧沐拭以羅巾題寫官盥手帨手就褥位題訖墨書用光漆摸訖

授太祝宮闈令各捧詣座置於 神扆帝主在右后主在左覆以帕乃下簾帷侍衛如式以俟奉安儀衛如 昭德皇帝過 廟儀 前一日太廟令率其屬掃除 廟之內外兵部於 廟之四門約度設兵衛旗幟儀鸞設饌幔一所於南神門外之西大樂局設登歌之樂於殿上前楹門北向儀鸞於 廟西南隅設 神幄一所簾全幄內設黼扆一床裙全几二帝用曲几后用直几莞席一繅席二次席四桃

皮竹席二虎皮席二紫綾厚褥一紫綾蒙褥一香案爐合匙全燭臺二火筯一箱二黃羅帕一白羅帕一紅羅帕一素羅帕一白羅巾二浴神主銀盆二題 神主席褥全香湯光漆筆墨全罍洗一勺一篚一帨巾一藉席一禮直官設太尉以下行事直事官版位褥位並如時享之儀又設百官位於享官之南東西相向重行以北爲上如窄隘六品以下職事官於神門外東西相向或更難以排列八品以下於東神門

外又設祝案尊彝籩豆等器亦如時享之儀又設盥洗位於街之南稍東罍在洗東加勺篚在洗西南肆實以巾執罍篚者位於其後 太廟又令設神位於室内北牖下當戶南向設曲几一黼扆一莞席一繅席二次席四桃皮席二虎皮席二紫綾厚褥一紫綾蒙褥一并幄帳等諸物並如 太廟一室之儀所司陳儀衛於幄次前禮直官設省牲版位 享日丑前五刻光祿卿帥其屬入實祭器尊彝各如常儀 前一

日請太祝與廩犧令以牲就東神門外如省牲圖司尊彝與禮直官及執事者皆入升階以俟禮直官引太常卿贊者引御史由階升遍視滌濯執事者舉冪告潔訖引降就牲禮位廩犧令又前北向躬身曰腯還本位太祝與廩犧令以牽牲詣廚授太官令贊者引光禄卿詣廚省鼎鑊申視滌溉贊者引御史入廚省饌具訖與太常卿等各還齋所太官令帥宰人以鸞刀割牲祝史取毛血共實一豆又取肝膋一豆置饌所

遂烹牲　奉安日丑前五刻有司進方扇團扇燭籠設腰輿繖等於幄次前質明候題　神主訖禮直官引太尉以下法服入立於東神門外北向西上大樂令師工人先入次引太尉以下行事執事官入視　廟庭位次引百官以次公服詣南神門外幄次重行立定如窄隘六品以下並門外立俟攝侍中於　神幄前俛伏跪奏請　帝后神主奉安於　廟　降座　升輿詣　廟　奏訖俛伏興捧几太祝内侍先捧几

匵跪置於輿 几在前匵在後 又太祝宮闈令捧接 神主攝侍中禮官等前引跪置於輿上几後覆以帕繖扇侍衛如式侍中以下分左右前引百官分左右後從由南神門入 内百官由東西偏門入 導從扇傘至 殿階下依左右立腰輿至階百官立於享官之南東西相向重行以北爲上攝侍中於腰輿前 奏請 降輿 陛座腰輿繖扇退捧几太祝内侍捧几匵前太祝宮闈令捧接 升座 帝主在西 后主在東

神主南面題處向北用帕覆侍中以下各復
本位奉禮郎贊曰再拜太尉以下百官在位者
皆再拜禮直官詣太尉之左曰有司謹具請行
事協律郎跪俛伏興樂作禮直官引太尉詣盥
洗位立定樂止搢笏盥手帨手執笏詣爵洗位
北向立搢笏洗瓚拭瓚以授執事者執笏升
殿樂作至酒尊所西南立樂止執事者以爵瓚
奉初獻初獻搢笏執瓚執事者舉冪太官令酌
鬱鬯訖初獻以瓚授執事者執笏詣　神位前

北向立搢笏跪執事者以瓚奉初獻初獻執瓚以鬯祼地訖設沙池授執事者搢笏俛伏興出戶外北向再拜訖初獻降階樂作復位樂止初獻將升祼祝史奉毛血肝膋豆齋郎奉爐炭蕭蒿黍稷簋各於饌幔內以俟初獻晨祼訖以次入自正門升階太祝迎毛血肝膋豆於階上入奠於　神座前齋郎所奉爐炭蕭蒿黍稷簋各置於室戶外之左與史祝俱降階以出太祝取肝膋洗於鬱鬯燔於爐炭訖還尊所既升祼太

官令帥進饌者奉陳於南神門外饌幔内禮直
官引司徒出詣饌所司徒與薦俎齋郎奉俎并
薦籩豆簠簋官奉籩豆簠簋禮直官太官令以
序入自正門樂作升階太祝迎引於階上樂作
設於 神位前訖禮直官引司徒以下降階樂
止太祝取蕭蒿黍稷擩於詣燔於爐炭還尊所
禮直官引初獻詣罍洗位樂作至位北向立樂
止搢笏盥手帨手執笏詣爵洗位北向立搢笏
洗爵拭爵以爵授執事者執笏升 殿樂作詣

酌尊所西向立樂止執事者以爵授初獻初獻搢笏執爵執事者舉冪太官令酌酒訖初獻以爵授執事者執笏詣　神位前樂作北向立搢笏跪執事者以爵授初獻初獻執爵三祭酒於茅苴奠爵執笏俛伏興出戶立樂止贊者次引太祝詣室戶外東北向舉祝官跪舉祝版太祝搢笏跪讀祝文讀訖置祝於案俛伏興舉祝官皆却立北向位贊者曰再拜初獻就兩拜降階樂作復位樂止舉祝讀祝官後從復本位禮直

官次引亞終獻詣盥洗位及升殿行禮如上儀出戶外北向再拜止降階樂作無讀祝一節降階復位次引太祝徹籩豆籩豆各少移樂作卒徹樂止俱復位禮直官賜胙贊者承傳曰賜胙再拜在位者皆再拜攝侍中太廟令太祝宮闈令納神主於室復本位禮直官贊者引行事執事官各就位奉禮贊曰再拜贊者承傳在位者皆再拜贊者曰禮畢引享官自東門出禮直官引百官自南神門出大樂令帥工人

以次出太官令帥其屬徹禮饌次引監察御史詣殿監視卒徹訖還齋所太廟令闔戶以降太祝藏祝版于匱光禄卿以胙奉進監察御史展視光禄卿望闕再拜訖奉進

大定十五年四月十七日夏享太廟同時行禮命判宗英王奭攝太尉充初獻官兵部尚書讓攝司徒差大理卿天錫攝太常卿充亞獻大興少尹高居中攝光禄卿充終獻并差太常光禄卿大樂太廟令司尊彝太常博士監

察讀祝官一太官令二奉瓚奉爵酒官一舉祝官二太祝奉禮協律郎一齋郎十廩犧令罍爵洗官一巾篚官二宮闈令一禮直官七贊者一其齋戒陳設省牲晨祼饋食酌獻並如太廟儀係用 一室籩豆尊彝之數自是歲常五享

大定十七年十月十四日 祫享 太廟緣武靈皇帝已建 別廟檢討到唐孝敬皇帝廟時享用廟舞宮懸樂登歌讓皇帝廟該至禘祫

月一祭只用登歌其禮制損益不同及俱不係曾經在位兼　武靈皇帝廟庭與　太廟地步不同難以容設宫懸樂舞并樂器亦是闕少看詳恐合依上項讓皇帝祫享典故樂用登歌所有牲牢樽俎同　太廟一室行禮及契勘得自來　祫享遇　親祠每　室一犢攝官行禮共用三犢今添牛數　奏奉　勅旨　太廟　别廟共用三犢　武靈皇帝廟樂用登歌　差官奏告並准奏　命判宗英王爽充攝太尉

祫享初獻官左丞石琚充亞獻右丞安禮充終獻樞副宗尹攝司徒行禮　差戶部尚書張仲愈勸農使莎魯古攝太常光禄卿御史中丞邈充奏告官於十月六日告本　廟并　差太常光禄卿三品大樂太廟令司尊彝六品太博監御讀祝太祝官一太官令二奉爵酒官一七品舉祝官二太祝一祝史二奉禮協律郎一齋郎十六廩犧令罍洗爵洗官一巾篚官八品宮闈令一禮直官八贊者一九品　時享自太常

以下部擬差　祫享太常光祿省差除　享前七日太尉初獻讀誓文享官散齋四日致齋三日陳設省牲晨祼饋食酌獻並如時享之儀

大定十九年四月二十日升祔　太廟依唐中宗還祔太廟故事其舊廟坼毀

大金集禮卷第二十二

大金集禮卷第二十三

御名

聖節

御名

天會十四年六月齊國申乞　降下　御名音切及同音字號下禮部檢討問具申覆施行　天會十三年十一月已依亡遼乾統二年體式定撰牒草令沿邊州城牒報高麗齊夏國

皇統三年學士院看詳高麗　賀表內犯　太

廟諱同音緣元初不經開牒至有犯諱今來只
合全録　廟諱　御名及同音字號分朗開牒
施行尚書省商量擬與宋國一就開坐牒報
勅旨準奏
大定元年十二月十六日　御前批送下　御
名　廟諱　欽慈皇后　貞懿皇后諱并　萬
春節二年閏二月十二日　奏定　御名　廟
諱并　欽慈　貞懿皇后迴避字様合遍下隨
處外　御名　廟諱報諭外方　四月九日三國

牒草不該　閔宗諱以議立　別廟故

大定九年正月二十三日檢討到唐會要該古不諱嫌名若禹與雨是也後世廣避故諱同音別無迴避相類字典故今　御名同音已經頒降迴避外有不係同音相類字蓋是訛誤犯上合省諭各從正音餘救切二十八字係正字同音合迴避尤救切十六字不係同音不合迴避　勅旨準奏

大定十四年三月四日禮部尚書張景仁　進

入下項更名典故五日宰臣奉　勑旨檢擬字
樣十一日奏定於容切字命學士撰　詔
十七日頒下仍遣官分告　天地　宗廟
社稷　五嶽具奏告門
漢宣帝初名病已元康二年夏五月詔曰聞
古天子之名難知而易諱也今百姓多上書
觸諱以犯罪者朕甚憐之其便諱詢諸觸諱
在令前者赦之唐武宗初名　會昌六年三
月制曰漢宣帝御曆十年乃從美稱朕遠追

大漢之事改名爲炎仍令所司擇日分命宰
臣告天地宗廟其舊名中外奏章不得更有
迴避五代後唐明宗初名嗣源天成二年正
月制改名爲亶宣訖百寮稱賀兼差官告郊
廟社稷五代漢高祖本名知遠乾祐元年正
月勑曰君父之名貴於易避臣子之敬難以
斥尊苟觸類以妨言必迂文而害理爰從改
革庶叶典章令改名暠宋國史太宗初名光
義太平興國二年春二月詔曰制名之訓典

經攸載矧乃膺期纂極長世御邦思稽古以
酌中貴難知而易避朕改名旻除已改州縣
職官及人名外舊名二字不須迴避
制曰天子之名貴難知而易避人君之德當寬
御以簡臨以其字有於協音是使語涉於觸諱
若因循而不改則過誤以誰無朕甚愍焉期無
犯者今更名仍令所司擇日告　天地　宗廟
社稷五嶽其舊名更不須迴避布告中外咸使
聞知　四月二十七日擬　奏官制國號大國

内有一字犯　御名送學士院檢定到史記周
武王之子虞封於唐其地在今太原若以代合
避國名似爲允當　從之　五月又以武清民
姓犯　御名太常寺檢討到舊五代史晉帝紀
天福七年勑應宫殿州縣名及官府府號人姓
名有與高祖諱同音者悉改之今前人本姓於
平聲去聲韻内各行收入疑混不明字畫正犯
御名亦合廻避學士院檢照到唐廣韻去聲
犯御名字注云姓風俗通云文王字犯御名伯之後

大金禮二十三　四

又春秋左氏傳僖公二十四年富辰曰管蔡郕霍魯衛毛聃郜（犯御名）曹滕畢原酆郇文之昭也注云十六國皆文王之子釋文云（犯御名）於用反又何承天姓苑平聲姬字注云周姓也今以衆說參考（犯御名）氏其先蓋出（犯御名）伯之後周文王之子封於（犯御名）後世因以爲姓周本姓姬擬從其本姓改曰姬二十二日　准呈

聖節

太宗皇帝十月十五日　天清節受百官及外

國使　朝賀夏使自會二年高麗使自會四年齊使自會八年

閔宗皇帝七月七日　生辰天會十三年六月二十一日　詔以每歲正月十七日爲　萬壽節受諸國　朝賀以七月七日　景宣皇帝忌辰又以暑雨泥潦使驛艱阻故用正月而羣臣宗戚獻壽　賜宴則於　生辰之明日　天會十四年　月以隨處申禀　萬壽節未審於正生辰或正月十七日開設道場齋筵　奏奉

勅旨七月七日是　生辰止緣係　景宣皇帝忌辰以此改正月十七日爲萬萬壽節宜於其日資集　天清節崇壽寺道場三晝夜　萬壽節七月七日依例

大定元年十二月二十六日　御前批劄三月一日爲　萬春節

大定四年正月　勅旨隨處供納正旦　生辰禮物今後並行免進禮部擬自定五年爲頭免納只拜表稱　賀蒙　批降已起發在路之物

並合免納　進表事准呈隨京府州軍并運司每年合供正旦　生辰禮物綾羅共二千三十段內正旦　生辰綾各四百九十四段羅各五百四十一段

大定二年二月十一日禮部擬呈係准前來舊例五品已上文武職事官係下項等第供　進銀香合𧰼准行　三師三公五十兩親王宰臣使相四十兩執政官三十兩二品二十五兩三品二十兩四品十五兩五品一十兩　具位臣

姓名　令謹　進獻　萬春節祝　聖壽儀物
如後　香一　銀合重四十兩紅羅複全　右謹
隨狀上　進以　聞謹進　年月日具位臣姓
名上進

大定十六年三月　萬春節職事官　進到銀
香合奉　勅旨四品已下官並免三品已上官
依例交納

大定十三年閏正月十三日　奏請自來　萬
春節止禁斷屠宰一日切恐未爲允當檢討到

宋會要承天節禁屠七日乾元節禁屠三日今擬萬春節三月一日爲頭禁斷屠宰三日 從之

隨朝官 賀儀具朝會門上 儀制諸外路京府州軍縣分等處每遇 聖節筵會如有 賜宴天使者官職從一高叙非 賜宴者並以職爲叙若寄居無職事官並以前職爲叙如無前職以散官爲叙品從雖高亦在見任官長之下

又京府并運司每遇 萬春節筵會留守府尹

與運使客禮東西相見並坐又隨　朝官差出外路勾當如遇　萬春節筵會並不合赴又諸官司每遇　聖節賜宴並服公裳至席起簪花者仍戴至所居

大金集禮卷第二十三

大金集禮卷第二十四

赦詔

御樓宣赦

隨朝拜　赦詔

外路迎拜赦詔

隨朝迎拜曆日　詔

外路迎拜曆日　詔

御樓宣赦

大定七年正月十一日上尊　冊禮畢十四日

御應天門　頒赦儀　前期宣徽院帥其屬陳設應天門之內外又設更衣　御幄於　大安殿門外稍東南向閤門使設捧　制書箱案於　御坐之左少府監准備樹鷄竿於樓下之左竿上置大盤盤中置金鷄鷄口啣絳幡幡上金書　大赦天下四字其幡乃卷而啣之盤四面近邊安大鐵鐶四隻盤底四面近邊懸麄紅繩四條以俟四伎人攀緣　又設捧　制書木鶴仙人一以紅繩貫之置於　御前欄干上繩用

轆轤引又設承鶴畫臺於樓下當中臺以弩手四人對舉大樂署設宮懸於樓下又設鼓一於宮懸之左稍北東向兵部立黃麾仗於門外刑部御史臺大興府以囚徒集於左仗外御史臺閤門司設文武百官位於樓下東西相向又設典儀位於門下稍東西向宣徽院設承受制書案於畫臺之前又設皇太子侍立褥位於門下稍東西向又設皇太子致賀褥位於百官班前又設協律郎位於樓上前楹稍東西向

尚書省委所司設　宣　制書位於百官班之北稍東西向司天臺設鷄唱生於東　闕樓之上尚衣局准備　皇帝常服如常日　視朝所服之服尚輦設輦於更衣　御幄之前　躬謝禮畢　皇帝乘金輅入應天門至幄次前侍中俛伏跪　奏請降輅入幄俛伏興凡　奏請准此皇帝降輅入幄簾降少頃侍中　奏中嚴又少頃俟典贊儀引　皇太子就門下侍立位通事舍人引羣官就門下分班相向立侍中

奏外辦　皇帝服常服以出如常日視朝所服之服　尚輦　進輦侍中　奏請升輦繖扇侍衛如常儀由左翔龍門踏道升應天門至　御座東侍中　奏請降輦升　座宮懸樂作所司索扇扇十五柄　扇合　皇帝臨軒即　御座樓下鳴鞭簾捲扇開執御繖者張於軒前以障日　樂止東上閤門使捧　制書置於箱閤門舍人二員從以俟引繩降木鶴仙人通事舍人引文武羣官合班北向立宮懸樂作立定樂止應

分班合班並樂作立定即樂止典儀曰再拜在位官皆再拜拜訖分班相向立侍中詣御座前承　旨退稍前南向　宣曰奉　勑樹金鷄通事舍人於門下稍前東向　宣曰奉　勑樹金鷄退復位金鷄初立大樂署擊鼓樹訖鼓止竿木伎人四人緣繩上竿取鷄所啣絳幡展示訖三呼　萬歲通事舍人引文武羣官合班北向立樓上乘鶴仙人捧　制書循繩而下至晝臺閤使奉承置於案閤門舍人四員舉案又二

員對捧　制書閤使引至班前西向稱有　制
典儀曰拜在位官皆再拜訖以　制書授尚書
省長官稍前搢笏跪受訖以付右司官右司官
搢笏跪受訖長官出笏俛伏興退復位右司官
捧　制書詣　宣制位都事對捧右司官　宣
讀至咸　赦除之所司帥獄吏引罪人詣班南
北向躬稱脫枷訖三呼　萬歲以罪人過右司
官宣　制訖西向以　制書授刑部官跪受訖
以　制書加於笏上退以付其屬歸本班典儀

曰拜在位官皆再拜舞蹈又再拜典贊儀引
皇太子至班前褥位立定典儀曰拜　皇太子
已下羣官皆再拜典贊儀引　皇太子稍前俛
伏跪致詞　云云　俛伏興典儀曰再拜　皇太子
已下羣官皆再拜搢笏舞蹈又再拜侍中於
御座前承　旨退臨軒　宣曰有　制典儀曰
再拜　皇太子已下羣臣皆再拜侍中　宣荅
云云　宣訖歸侍位典儀曰再拜　皇太子已
下羣官皆再拜搢笏舞蹈又再拜訖典贊儀引

皇太子至門下褥位通事舍人引羣官分班相向立侍中詣 御座前俛伏跪 奏禮畢俛伏興退復位所司索扇宮懸樂作扇合簾降 皇帝降座樂止樓下鳴鞭 皇帝乘輦還内繖扇侍衛如常儀侍中 奏解嚴通事舍人承勑羣官各還次將士各還本所

大定十一年冬至 南郊禮畢 御應天門宣赦儀 前期殿中監帥尚舍設 御幄於大安門外之東南向設 御閤於應天門上 近後

設　張設門之内外設　御座於前楹當中南向又設捧　赦書儀物於　御座之東稍南少府監設鷄竿於樓前大樂令設宮懸於橫階之南鼓一在懸西稍北東向諸軍儀仗陳列如式期日御史臺刑部大興府以囚徒集於儀仗後東上閤門設文武百官位於樓下少頃　皇帝便服自　御幄前乘輿升應天門導駕官儀衛前導導駕官俟　皇帝升即還班退升應天門至　御閤東降輿歸閤簾降翰林學士進呈

赦書訖以授東上閤門使捧置於箱付閤門舍人二員以俟降木鶴仙人儀鸞司准備懸朱系繩木鶴閤門以

赦書安設東上閤門使設制案於樓下用黃羅案褥案衣立於案側百官於樓前分班立定侍中升詣

御座之東西向立通事舍人引侍中跪

奏中嚴少頃又

奏外辦並俛伏跪俛伏興簾捲大樂令撞黃鍾之鐘右五鐘皆應昌寧之樂作扇合

皇帝服常服朝服出閤臨軒即

御座樓下鳴鞭扇開

樂止侍衛如常儀禮直官通事舍人分引　皇
太子三公　親王宰執以下橫行北向立如常
朝儀典儀曰再拜贊者承傳在位者皆再拜分
班東西相向通事舍人一員詣樓前北向立侍
中於　御座前承　旨退稍前西向　宣曰奉
勅立金鷄退復位樓下舍人東向　宣曰奉
勅立金鷄　宣付所司少府監退復位金鷄
初立大樂署擊鼓樹訖鼓聲止竿木伎人四人
緣索爭上取鷄口所銜絳幡幡長七尺捲之捧

赦書循繩而下至地以畫臺承鶴門下侍郎一員搢笏就捧　赦書北向跪　奏　制書請付外施行　制書權付禮直官　執笏俛伏興躬身北向次引侍中詣　御座前承　旨退西向宣曰　制可退復位禮直官引首相與門下侍郎北向並跪門下侍郎搢笏捧　赦書授首相首相受訖　權付禮直官　執笏俛伏興捧歸位以授右司郎中右司郎中跪受訖捧置於　制案禮直官通事舍人引百官合班北向立右司

郎中詣　宣制位省令史二人捧　制書立東
上閤門使立於位東北　宣曰有　制典儀曰
再拜贊者承傳在位官皆再拜左司郎中宣
制至咸　赦除之司獄一員詣班南北向躬稱
脫枷訖三呼　萬歲以罪人過右司郎中捧
制書付刑部尚書刑部尚書受訖執笏以　敕
書加於笏上以授所司還位典儀曰再拜贊者
承傳在位官皆再拜通事舍人引班首稍前俛
伏跪致詞云云訖復位典儀曰再拜贊者承傳

在位官皆再拜搢笏舞蹈又再拜東上閤門使
詣樓前北向承　旨退於班首前西向稱有
制典儀曰再拜在位官皆再拜東上閤門使
宣荅云云訖復位典儀曰再拜在位官皆再拜
舞蹈又再拜訖分東西班序立通事舍人引侍
中詣　御座前跪　奏禮畢扇合大樂令撞蕤
賓之鍾左五鐘皆應昌寧之樂作簾降　皇帝
降座還　御閤樂止樓下鳴鞭百官退立　乘
輿還宮導駕官繖扇侍衛警蹕如常儀至　致

齋殿侍中俛伏跪　奏請解嚴俛伏興通事舍人承　旨宣曰奉　勑放仗羣臣各還次將士各還其所

皇統元年十月行　冊禮十二日　大赦取得金鷄合支　賜分例具到亡遼大冊體例恩賞下項奉　勑旨除古籠勾當不與外並奏准支綿襖子一領銀束帶一條絹一十疋銀一十兩錢一百貫喂金鷄粟一百石外與訖燕京六州二十四縣散樂筋𣁽杆杖古籠勾當大定十一

年金鷄七兩戶部無支　賜例工部卷該係金

價贖換

隨朝拜　赦書已上四件並大定儀制

宣赦日於應天門外設香案及設香輿於案前

又於○○設棹子自　皇太子宰臣已下序班

定閤門官於箱內捧　赦書出門置於案閤門

官案東立南向稱有　勅贊　皇太子宰臣百

寮再拜　皇太子少前上香訖復位　皇太子

宰臣百寮又再拜閤門官取　赦書授尚書省

都事都事跪受及尚書省令史二人齊捧同陞於棹子讀在位官皆跪聽讀訖　赦書置於案都事復位　皇太子宰臣百寮以下再拜搢笏舞蹈執笏俛伏興再拜拱衛直以下三稱　萬歲訖退其降諸書禮亦准此不稱萬歲

外路迎拜赦詔

尚書省差官送　赦書到京府節鎮先遣人報長官即率僚屬吏從人等備旗幟音樂綵輿香輿訖五里以來迎接見送　赦書官即於道側

下馬所差官亦下馬取　赦書置於綵輿中長
官詣香輿前上香訖所差官在香輿後長官以
下皆上馬後從鳴鉦鼓作樂前導至公廳從正
門入所差官下馬執事者先設案并望　闕褥
位於庭中香輿置於案之前又設所差官褥位
在案之側又設桌子在案之東南所差官取
赦書置於案綵輿退所差官稱有　勅賛長官
以下皆再拜長官少前上香訖退復位又再拜
所差官取　赦書授都目都目跪受及孔目官

二員如闕則司吏內上三人齊捧　赦書同陞棹子上讀在位官皆跪聽讀訖　赦書置於案都目等復位長官以下再拜舞蹈俛伏興再拜公吏及從人以下三稱　萬歲長官以下與所差官相揖訖於廳前勸酒饌如京府節鎮差公吏送　赦書於支郡屬縣並同其相揖勸酒饌及下禮數不用　如京府節鎮有舊例幣物之禮來獻所差官以付從人所差官行長官率僚屬公吏音樂送至城門外客亭長官以下與差

官相揖勸酒一巵長官已下俱别所差官上馬
乃退尚書省差官送　詔書儀禮倣此惟幣物
不用　諸京府并運司如遇降　赦詔合行同
共迎接候本京府官員禮畢即就用元迎接伎
樂旗幟導引前去本司依例祗受
天德二年正月稟定隨衙門與送　赦使臣錢
數以公用錢充館待同送宣儀行省元帥府五
百貫留守總管招討統軍司三百貫府詳穩統
牧都運節度使二百貫轉運防禦羣牧一百貫

謄下去處不得率斂饋遺并例外受者科違

制

隨朝拜曆日　詔

詔下日於尚書省元帥府宗正府等即於本府尚書省於都堂前設香案宰執依次序班定閤門官於箱内捧　詔書出置於案閤門官於案東立南向稱有　勅贊宰執以下再拜班首少前上香訖復位宰執以下再拜閤門官取　詔書授尚書省都事都事跪受置於案都事復位

宰執以下再拜搢笏舞蹈執笏俛伏興再拜訖
乃退

外路迎拜曆日　詔

尚書省差官送　詔書到京府等處先遣人報
長官率僚屬吏從人備旗幟音樂綵輿香輿詣
五里以來迎接望見送　詔書官即於道側下
馬所差官亦下馬取　詔書置輿中長官詣香
輿前上香訖所差官上馬在綵輿後長官以下
皆上馬後從鳴鉦鼓作樂前導至公廳從正門

入所差官下馬執事者先設案并望　闕褥位於庭中香輿置於案之前又設所差官褥位於案之側所差官取　詔書置於案緑輿退所差官稱有　勅贊長官以下皆再拜長官少前上香訖復位又再拜所差官取　詔書授都目都目跪受以　詔書置於案都目復位長官以下再拜舞蹈俛伏興再拜訖退與所差官相揖畢於廳前勸酒饌訖所差官行長官率僚屬送至城門客亭長官以下與所差官下馬相揖勸酒

一卮相別所差官上馬乃退

大金集禮卷第二十四

大金集禮卷第二十五

宣命

宣麻

賜　勑命

送　宣賜生日

宣麻

大定四年十一月檢討　宣麻典故參酌定到下項封　皇太子妃元議　宣麻後止給　誥學士院撰到　制書用白　詔紙依寫　詔字

大金禮二十五　一

大小録不本不用　寶　進呈訖次日分付閤門司設　制案於東上閤門之外俟朝退　駕還内以　制書置於案上御史臺催百官班分左右入每品重行立於墫道之外（左班西向右班東向）皆以北爲上閤門使引　制案當　殿（在殿階下稍近南）案前北向立搢笏跪閤門使捧　制授宰臣俛伏興執笏捧　制歸位搢笏轉授　宣讀通事舍人執笏捧　制揖訖由東墫道赴　宣制位（在常朝百官拜褥之北）

制案之南　西向揖訖北向立左右班百官皆轉身北面立贊者稱有　制在位官皆再拜舍人搢笏　宣讀讀訖在位官皆再拜搢笏舞蹈又再拜舍人執笏捧　制搢笏授宰臣授訖　制付有司百官以次分班出

賜　勅命

天眷二年八月學士院定撰到文武官給告式蒙准行下項諸　后　妃　公主一品及二品執政官三品諸京留守元帥監軍都監殿前都

點檢統牧統軍招討節度使並　制授告庭內

藩鎮非會要及帶知字者並　勅除餘並　勅

授給告四品已上用○辭

勅授者五品以上內外文武官除職遷官六品

七品省臺寺監東宫學士院客省引進四方館

閤門副使司天監少太醫使副除職九品已上

有勞特遷官草澤遺逸上封事特　命官並給

告諸除官五品已上出　宣六品已下出　勅

牒外其應給告者吏部限三日報學士院　命

詞　制授限五日　勅授限三日納尚書省
制勅授官者並用吏部告印
大定見行官制　親王　公主　王妃　郡縣
主　王夫人及一品官爵並　制授餘並　勅
授又五品以上遷官除職及因子孫　封贈授
官者六品七品省臺寺監謂尚書省部御史臺太常大理寺秘書國子太少府都水監其所轄司局非東宮學士院國史記注諫院宣徽院客省引進四方館東西上閤副除職並給告仍並

命詞

大定二年七月五日 奏定 妃嬪已下告身並用有司印十一月十五日 勅旨內職四品以上給 宣告五品以上只給告十一年八月三日 勅旨今後 宮中 妃嬪止以誥授不用 宣二十三年三月七日 勅旨一品官職及 宮中 公主 妃用 玉寶九日 稟奏緣內職 公主 王妃等並係誥授用吏部告印奉 勅旨 妃嬪已上及 公主 王妃並

給　宣誥其誥仍舊已下止給告
授　宣勑見行儀式　六品已下官於　仁政
殿門外公服北向立俟閤門將　勑出搢笏跪
接　勑置於懷出笏兩拜退五品以上受　宣
官俟　奏事畢引至丹墀閤門以箱複擎　宣
命至闈　勑先兩拜又拜跪搢笏捧接　宣命
置於懷出笏就拜又兩拜訖退至丹墀之東開
視訖開門引升副階靠南　奏謝致詞訖兩拜
降自西副階　六品七品受　勑合　奏謝者並

一班　二品扣欄子一品欄子內如上儀降至東

副階視訖升　謝

送　宣賜生日

儀制受　宣命官如係見任京府節鎮州軍或

別司長貳官即使者預於前一程爲宿頓當日

遣人報受　宣官以次質明率屬官吏從備旗

幟音樂綵輿香輿貳官并別司長貳並移文置

司所在京府州鎮取索排辦音樂綵輿香輿詣

五里以來迎接望見使者即於道側下馬使者

約百步間亦下馬取　宣置綵輿中受　宣官詣香輿前上香訖退遣人覆知使者爲未受　宣命未敢參見使者上馬皆行使者在　宣命綵輿後受　宣官次行屬官皆上馬後從鳴鉦鼓作樂前導至所居　如閑居官即使者入館遣人往報受　宣官受　宣官令人傳語取覆給　宣之日先於本宅隨力排辦仍報所在京府州郡差借知禮數人并合用桌褥等物其京府州郡須得應副隨本官往所館導引至所居處

自來無音樂旗幟者更不排辦皆從正門入使者下馬執事者先設宣命案并望闕褥位於庭中侍宣褥位在宣案之側香輿置於宣案之前使者取宣於綵輿奉置案上案上仍設衣褥綵輿退使者就傳宣褥位立受宣官就望闕褥位立贊再拜上香又再拜訖使者稱有勑賜卿宣命受宣官又再拜跪使者取宣於案以授受宣官受宣官受訖又一拜起稍退恭聞宣命訖就褥位

再五拜舞蹈畢受　宣官近使者前望　闕跪

問　聖躬萬福使者躬荅曰　聖躬萬福受

宣官起贊者引使者陞廳正坐受　宣官展狀

叅見問候使者坐受以次佐貳屬官展狀叅見

亦如上儀禮畢即設菓棹受　宣官躬揖揞笏

酌酒一巵跪勸使者樂作使者坐飲訖復酌一

巵坐勸受　宣官跪飲樂闋再揖訖以次佐貳

跪勸酒至三行受　宣官執笏命執事人持幣

物其幣物之數依大定重修制欵揞笏奉獻使

者以付從人訖徹菓棹入食案受　宣官邀請
以次官陪坐供食食畢徹食案再以菓棹前使
者命受　宣官坐即坐就食執事者斟酒無筭
使者請罷酒至再乃徹菓棹牽使者馬上階上
馬受　宣官與餘官音樂皆送至館如至夜添
設燭籠留連館待不過三日使者欲行受　宣
官率僚屬公吏音樂旗幟送至客亭無客亭者
設幕次不過三里使者下馬正坐受　宣官率
僚屬以下前揖使者畢搢笏酌酒一卮奉勸使

者坐受訖酬酢如初見之儀禮畢受　宣官展

辭狀率以下官俱揖別使者亦坐受候使者上

馬乃退其在　闕下受　賜宣命生日禮物者

已受　命先報知受　賜官以甚時至宅其受

賜官得報即穿執恭待於門外候使者至其

參見勸酬之禮並如上儀唯不用旗幟音樂等

引導禮畢止攀送於門外舊例有　謝表者只

於門首攀送處跪授使者若　賜飲食藥餌花

菓之類其受　賜官跪受望　闕再拜　天德

二年正月尚書省啓請古者王人傳命於諸侯諸侯跽聞聽王命而跽非跽於使人也周王遣使賜齊桓公胙曰伯舅耋老無下拜桓公曰天威不違顔咫尺小白敢不下拜登受爲天子所賜下拜非拜使者也歷考載籍皆無人臣正坐受拜之禮按開元故事遣使宣勞賜會使者將至剌史出城迎於一里外相去九十步剌史路左下馬使者亦下馬稍進使者命剌史上馬乃俱行馬其至所居若未宣制書則使者南向立

於制書案側稱有制刺史以下皆北面再拜宣制畢又再拜皆爲拜制書非拜人也及設會就席則使者席在東西向刺史及應升階者升就席屬官在庭中則文東武西以上下班序點之則刺史坐席在西東向可知宋時所在州府有傳宣官到應受命者郊迎大率如開元禮惟所居庭中設制書案香案望闕褥位傳宣褥位受宣官望闕拜傳宣官側立傳詔授既畢相揖升階全用客禮遼時迎待天使之儀天使正坐受

拜受酒略不起避頗似御筵進酒非人臣所可
當況古者大臣進見天子御坐爲起在輿爲下
彼遼制乃令小臣坐受大臣拜非古者別嫌疑
定尊卑比肩事主尊無二上之義兼檢尋古制
君有賜於臣如飲食藥餌菓實之屬止令上臣
持往則不爲專使故謂之廩人繼粟庖人繼肉
見於孟子惟賜胙乃有專使者是爲祭祀重禮
均福之意以此參酌古今擬定其儀蒙准行今
上項儀制稱有更異

天德二年正月擬稟送　宣及　賜物事例古者謂之私覿亦曰私面所與不過衣帶大者或以幣馬唐時中使所邀索過多史臣書之極爲弊事逮時不常所與冨者倍多以求媚悅清廉守道者不能備辦多取怨怒其小官不量力殫貲傾産終不能給會計所授歲俸不及所用十之一二宋時押賜以十分之一與押賜官其押賜中冬衣襖之類只委本路奏事廉訪使者賫賜不受事例又古者諸侯方有遣王人錫命之

禮書於春秋最爲重事今若循舊例小官皆特
遣使送　宣恐使命太輕非所以重　國體今
擬定到内外官合專使賫送　宣命品從并
賜物使命事例如後外擬其餘品從更不專送
只因走馬人附。至都管衙門就便鑒付
專使送内外任官　宣命事例並謂職事官内
在謂自外除入者正一品一千貫宗室封一字
王者皆同從一品八百貫正二品七百貫從二
品六百貫正三品五百貫從三品四百貫正四

品二百貫從四品并上中下刺史知軍一百貫宣賜生日并　賜物等專使不得受所　賜拾分之貳　已上專使擬自護衛小底已上取旨差　已上送　宣命　赦書　賜物等專使所定合與禮物若例外受者並科違　制雖自願與者亦准上科罪

大定二年四月七日　奏改定送　宣禮物正一品一十貫宗室封一字王者亦同從一品九百貫正二品八百貫從二品七百貫正三品六

百貫從三品五百貫正四品四百貫從四品并諸刺史知軍三百貫正五品二百貫　二十六年月二十一日以言事者乞罷送　宣禮物奏減定從五品一百貫正五品及諸千戶二百貫刺史并從四品正四品三百貫從三品四百貫正三品五百貫從二品正二品六百貫從一品正一品七百貫

賜　皇太子　親王　公主生日儀具各門

大金集禮卷第二十五

大金集禮卷第二十七

儀仗上

行仗

立仗闕

行仗

天眷三年九月　幸燕儀衛用法駕總數稍異具行幸門

攝官六百九十九人　將軍大將軍四十三人

折衝果毅一百二十六校尉五十六郎將三十

四帥兵官二百四十六統軍六都頭六千牛一
旅帥二部轄指揮使二押纛二押衙四四色官
四押旗二引駕官四進馬四押仗通直二押仗
大將二碧欄一十六長史二鼓吹令二鼓吹丞
二典事五太史令一太史正一司丞一府牧一
刻漏生四縣令一御史大夫一僚佐一十進輅
職掌二夾輅將軍二陪輅將軍二教馬官二四
省局官八導駕官四十八抱駕頭官一執扇筤
一尚輦奉御二殿中少監二供奉職官二令史

四書令史四押仗二殿中侍御史二十四人一萬四千五十六人

諸班直隊二千九百四十五人鈞容直三百六人人員六長行三百執旗一百三十六人引駕六十二人人員二長行六十駕頭天武官一十二人執從物茶酒班一十一人御龍直仗劒六人天武把行門八人殿前班擊鞭一十人御龍直四十人人員二長行三十八骨朶直一百三十四人部押二人殿前班行門三十五人捧日

馬隊七百人奉宸步隊七百人天武骨朶大劔三百一十人人員一十長行三百東第四班三十一人人員一長行三十扇筤天武二十人捧日隊從領人員一十七人簇輦茶酒班三十一人人員一長行三十鈞容直三十一人人員一長行三十招箭班三十三人人員三長行三十天武約攔三百一十人人員一十長行三百車輅下駕士六百三十八人玉輅下一百四十人控踏路馬四駕士一百二十八挾輅八金輅下

六十四人控踏路馬四駕士六十象輅下駕士四十人革輅下駕士四十人木輅下駕士四十人耕根車四十人軺車一十八人革車二共五十人指南車三十人記里車三十人鸞旗車一十八人皮軒車一十八人黄鉞車一十五人豹尾車一十五人屬車八共八十人輦輿下六百八十五人小輿一檯士長行二十四人逍遥一共三十五人十將節級九長行二十六平輦下四十二人十將節級九人貟七長行二十六腰

輿共一十九人人員一十將虞候二長行一十六大輦下三百七十一人掌輦人員四十將一十二長行三百五十五分五番芳亭輦一擡士長行六十人御馬三十二疋下共一百三十四人控馬天武官六十四人挾馬騎御馬直長行六十四人騎御馬直人員三天武節級三人押馬六人象二十三人擎執舁士共八千七百七十一人擎執人共八千四百三十三人舁士三百三十八人

鼓吹局樂工九百九十四人數不足隨京府差

馬六千餘疋　御馬二十二疋御鞍轡全添差從馬四疋玉輅青馬八疋內二疋踏道金輅赤馬八疋內二疋踏道象輅白馬六疋革輅圖上該騧馬六疋木輅黑馬六疋耕根車青馬六疋依驗隨輅顏色各差從馬二疋軺車二疋革馬八疋指南車馬四疋記里車四疋鸞旗車四疋皮軒車四疋黃鉞車二疋豹尾車二疋並赤馬依驗隨車各添從馬一疋誕馬一十疋添從馬

二疋攝官馬七百八疋儀仗内擎執馬三千九百七十六疋甲馬一千二百六十九疋

天德五年遷都燕京儀衛用黄麾仗增爲一萬三百四十八人馬三千九百六十九疋元檢討具行幸門

共合用人馬等分爲八節人一萬三百四十八人導駕官四十二員攝官五百六十七人儀仗司一十一人駕頭擊鞭内侍一十一人鼓吹樂工一千四百一十人輔龍直樂三十一人擎執

人八千二百七十六人一千六百五十八人帶甲執撾八百二十九人坐馬八百二十九人步行係玉輅左右并輔龍直等合用人數六千六百一十八人執撾馬三千九百六十九疋御馬一十六疋玉輅青馬八疋金輅赤馬八疋軺車赤馬四疋革車赤馬八疋指南車赤馬四疋記里車赤馬四疋鸞旗車赤馬四疋黃鉞車赤馬二疋豹尾車赤馬二疋導駕官四十二疋攝官五百六十六疋撾執樂工等馬三千三百一疋

帶甲執擎馬八百二十九疋樂工一千四百令一十疋擎執一千六十二疋

第一節人七百八十人內攝官二十六人馬三百九十九疋內攝仗司一疋中道五百四十二人象下二十二人並服花脚幞頭青錦絡縫緋䙆衫金鍍銀雙鹿束帶節級二人銅鑼一七寶鈎一銀鈎一鍮石鈎一鐵鈎一小旗兒十五

第一引七十二人清導一武弁冠緋雲鶴袍袴革帶黑漆杖子㦬弩一赤平巾幘緋辟邪袍革

帶赤袴馬誕馬二控四人平巾幘緋寶花袍革帶纓轡涼屜二副軺車一駕士一十八人赤馬二纓轡涼屜馬面包尾武弁緋雉大袖袴勒帛縣令一員月服坐車紫方傘一黃抹額寶花衫革帶大口軺袴朱團扇一曲蓋一並緋抹額寶花衫革帶袴傔佐四員並朝服馬控馬八人錦帽絡縫紫寬衫大珮銀帶青衣二青平巾素衫袴革帶青竹竿子車輻捧二赤平巾緋白澤袍革帶赤袴告止幡二首六人緋額寶花衫革帶

袴傳教幡一首三人信幡一首三人並黃抹額寶花衫革帶大口袴小戟一十六人黃抹額寶花衫革帶袴子　第二引二百六十四人清道二武弁緋雲鶴袍革帶袴黑杖子憾弩一赤平巾緋辟邪袍革帶赤袴馬誕馬四疋控八人平巾緋寶相花衫革帶袴纓轡涼屜四副搊鼓一金鉦一平巾緋鸞衫抹帶袴滕虵馬大鼓六人黃雷花袍袴抹額抹帶馬節一幢一麾一夾矟二人角四儀刀一十並平巾幘緋寶花袍革帶

大口袴革車一駕士二十五人武弁獅豸大袖勒帛袴赤馬四疋纓轡涼屜馬面包尾府牧一員朝服坐革車僚佐四員並朝服馬控馬八人錦帽絡縫紫寬衫大珮銀腰帶鐃鼓一簫二笳二笛一篳篥一並平巾幘緋寶花袍銀褐抹帶褐馬大橫吹一緋巨紋袍袴抹額抹帶馬青衣四青平巾青素衫袴革帶青竹竿子袋全輻捧四赤平巾緋白澤袍赤袴革帶紫方傘一黃抹額寶花衫革帶大口袴朱團扇四曲蓋一並緋

抹額衫革帶袴告止幡二首六人緋抹額寶花
衫革帶袴信幡傳教幡共四首一十二人黃抹
額衫革帶袴小戟四十人黃抹額寶花衫革帶
大口袴銀褐刀盾三十六人銀褐抹額寶花衫
革帶袴弓矢三十六人錦帽青寶花袍革帶袴
䂍三十六人錦帽紫寶花袍革帶袴朱雀旗隊
三十四人騎折衝都尉三人平巾幘紫辟邪袍
革帶大口袴錦縢虵横刀弓矢馬犦䂍二人平
巾幘緋寶花衫革帶袴馬朱雀旗一口五人緋

額寶花衫革帶大口袴橫刀引夾人加弓矢馬弩六人弓矢六人矟一十二人並平巾幘緋寶花衫橫刀革帶袴龍旗隊七十一人並馬大將軍一員朝服馬引旗四人黃額寶花衫革帶大口袴執弓矢旗一十二口計六十人五色衫抹額革帶袴橫刀引夾人加弓矢風伯一雨師一雷公一電母一北斗一金木水火土五左右攝提旗二副竿二錦帽黃寶花衫革帶袴護旗四人黃抹額寶花衫革帶袴弓矢太僕寺車三具

每具車各赤馬四疋駕士共七十八人並武弁冠緋絁繡大袖銀褐帶袴隨車前各有一名執黑杖子指南車三十人孔雀大袖記里車三十人獬豸大袖鸞旗車一十八人瑞鷹大袖外仗二百三十八人白澤旗二口每口五人並緑具裝冠人馬甲錦臂勾横刀内引夾人加弓矢馬金吾牙門旗第一門共一十八人並馬監門校尉六人長脚幞頭緋抹額緋師子裲襠革帶横刀弓矢烏皮靴馬牙門旗四口每口三人計

一十二人服青寶相花抹額衫革帶大口袴橫
刀內引夾人加弓矢馬　前部馬隊第一第二
第三共二伯一十人並馬隊　第一七十人折
衝果毅都尉二人錦帽緋辟邪袍革帶袴刀弓
矢馬角宿斗宿亢宿牛宿旗四口每口五人並
五色寶相花衫抹額革帶橫刀引夾人加弓矢
弩六弓矢一十四並錦帽青寶相花袍革帶袴
馬矟二十八並錦帽緋寶相花袍革帶袴　第
二隊七十人折衝果毅都尉二人錦帽緋寶白

澤袍袴革帶横刀弓矢馬氐宿女宿房宿虚宿旗四口每口五人並五色寶相花衫抹額革帶横刀引夾人加弓矢弩六弓矢十四並錦帽青寶相花袍革帶袴馬矟二十八並錦帽緋寶相花袍革帶袴馬

第三隊七十人折衝果毅都尉二人錦帽緋白澤袍袴革帶横刀弓矢馬心宿危宿尾宿室宿旗四口每口五人並五色寶相花衫抹額革帶横刀引夾人加弓矢弩六弓矢十四並錦帽青寶相花袍革帶袴馬矟二十

八並錦帽緋寶相花袍革帶袴馬

第二節人一千一百七人内攝官七十七人馬一千二十八疋内儀仗司一疋中道五百六十九人並馬金吾引駕騎二十人並馬折衝都尉二人平巾幘緋辟邪袍革帶袴横刀弓矢馬弩六弓矢六矟六並平巾幘緋寶相花裲襠革帶袴馬前部鼓吹五百四十七人自鼓吹令至大横吹並馬鼓吹令二人長脚幞頭緑公服皂角帶絲鞭烏皮靴府史四人長脚幞頭緑寬衫皂

角帶黃絹半臂烏皮靴部轄指揮使一名平巾幘紫寶相花袍革帶錦縢蛇主帥四十八人分五項平巾幘緋鸞衫革帶袴執儀刀棡鼓金鉦二十四人並平巾幘緋鸞衫銀褐抹帶錦縢蛇大鼓長鳴二百四十步並黃雷花袍袴抹額抹帶鐃鼓一十二人並緋苣紋袍袴抹額抹帶歌色二十四拱辰二十四簫二十四笳二十四並平巾績緋鸞衫銀褐抹帶大口袴大橫吹一百二十人緋苣紋袍袴抹額抹帶外仗五百四十

人　前部馬隊第四至第十隊並馬　第四隊六十人折衝都尉二人錦帽緋飛麟袍革帶袴横刀弓矢箕宿旗一壁宿旗一計一十人五色衫抹額革帶横刀引夾人加弓矢弩六弓矢一十四並錦帽青寶相花袍革帶袴矟二十八並錦帽緋寶相花袍革帶袴子　第五隊六十人折衝都尉二人錦帽緋飛繡麟袍革帶大口袴横刀弓矢奎宿旗一井宿旗一計一十人五色衫抹額革帶横刀引夾加弓矢弩六弓矢一十

四並錦帽青寶相花袍袴革帶稍二十八並錦帽緋寶相花袍革帶袴　第六隊六十人折衝都尉二人錦帽緋瑞鷹袍袴革帶横刀弓矢婁宿旗一鬼宿旗一計一十人五色寶相花衫抹額革帶横刀引夾加弓矢弩六弓矢一十四並錦帽青寶相花袍袴革帶稍二十八並錦帽緋寶相花袍袴革帶　第七隊六十人折衝都尉二人錦帽緋瑞鷹袍袴革帶横刀弓矢胃宿旗一柳宿旗一計一十人五色寶相花衫抹額革

帶橫刀引夾加弓矢弩六弓矢一十四並錦帽青寶相花袍袴革帶矟二十八並錦帽緋寶相花袍袴革帶　第八隊六十人折衝都尉二人錦帽緋瑞鷹袍袴革帶橫刀弓矢昴宿旗一星宿旗一計一十人五色衫抹額革帶橫刀引夾人加弓矢弩六弓矢一十四並錦帽青寶相花袍袴革帶矟二十八並錦帽緋寶相花袍袴革帶　第九隊六十人折衝都尉二人錦帽緋赤豹袍袴革帶橫刀弓矢畢宿旗一張宿旗一計

一十人五色衫抹額革帶橫刀弩六弓矢一十四計二十人錦帽青寶相花袍袴革帶馬矟二十八人並錦帽緋寶相花袍袴革帶馬　第十隊七十人折衝都尉二人錦帽緋瑞馬袍袴革帶橫刀弓矢並馬䝁宿旗一口翼宿旗一口參宿一口軫宿一口計二十人五色衫抹額革帶橫刀弓矢弩六弓矢一十四並錦帽青寶相花袍袴革帶馬矟二十八並錦帽緋寶相花袍大口袴　步甲隊第一第二隊共一百一十人領

軍衛將軍二人平巾紫白澤袍袴革帶錦縢蛇

橫刀弓矢馬𥌺稍四人平巾幘緋寶相花衫革

帶大口袴馬折衝都尉四人平巾幘紫白澤袍

大口袴革帶錦縢蛇橫刀弓矢馬鵰鷄旗二鶡

旗二計二十人五色衫抹額革帶橫刀引夾弓

矢馬皮朱牟甲八十副頭牟甲身披膊錦臂勾

行縢鞋韈勒甲皮條全朱牟甲弓矢四十朱牟

甲刀盾四十

第三節人九百九十七人内攝官五十二人馬

六百一十六疋內儀仗司一疋中道五百一名前部鼓吹節鼓爲頭共四百九十六人並馬節鼓二人笛二十四人簫二十四人篳篥二十四人笳色二十四人桃皮篳篥二十四人共一百二十二人黑平巾幘緋對鸞衫銀褐勒帛大口袴馬主帥二十六人分四項並黑平巾幘緋對鸞衫革帶大口袴執儀刀馬棡鼓一十二金鉦十二共二十四人黑平巾幘緋繡對鸞衫銀褐勒帛大口袴錦縢蛇馬小鼓一百二十人中鳴

一百二十人五色角衣全共二百四十人黃雷花袍袴抹額抹帶馬蒻蓧鼓一十二人青苣紋袍袴抹額抹帶馬歌色二十四人拱辰管二十四人簫色二十四人共七十二人黑平幘緋繡對鸞衫銀褐勒帛大口袴馬侍御史二員朝服馬黃麾幡一首三人並武弁冠緋寶相花衫銀褐勒帛大口袴執馬紼人步 外仗 百二十五人 步甲隊第三至第十隊共四百一十六人 第三隊五十二人折衝果毅都尉二人平

巾幘紫瑞馬袍袴縢蛇革帶刀弓矢馬玉馬旗二口計一十人五色衫抹額革帶橫刀引夾加弓矢馬青巾牟甲弓矢四十人頭牟甲身披膊錦臂勾行縢鞋韈勒甲皮全　第四隊五十二人折衝果毅都尉二人平巾幘紫瑞鷹袍袴縢蛇革帶橫刀弓矢馬三角獸旗二口計一十人五色抹額衫革帶橫刀引夾加弓矢馬青牟甲刀盾四十人頭牟甲身披膊錦臂勾行縢鞋韈勒甲皮條全　第五隊五十二人折衝果毅都

尉二人黑平巾幘紫白澤袍袴革帶滕蛇橫刀
弓矢馬黄鹿旗二口計一十人五色衫抹額革
帶橫刀引夾加弓矢馬黑牟甲弓矢四十人頭
牟甲身披膊臂勾行縢鞋韈勒甲皮條全　第
六隊五十二人折衝果毅都尉二人黑平巾幘
紫白澤袍袴錦縢虵革帶橫刀弓矢馬飛麟旗
二口計一十人五色寶相花衫抹額革帶橫刀
引夾人加弓矢馬黑牟甲刀盾四十人頭牟甲
身披膊臂勾行縢鞋韈勒甲皮條全　第七隊

五十二人折衝果毅都尉二人平巾幘紫赤豹袍大口袴錦縢蛇革帶横刀弓矢馬駃騠旗二口計一十人五色寶相花衫抹額革帶横刀引夾人加弓矢馬銀褐牟甲弓矢四十人頭牟甲身披膊臂勾行縢鞋韈勒甲皮條全　第八隊五十二人折衝果毅都尉二人平巾幘紫赤豹袍大口袴錦縢蛇革帶横刀弓矢馬鸞旗二口計一十人五色寶花衫抹額革帶横刀引甲人加弓矢馬銀褐牟甲刀盾四十人頭牟甲身披

膊錦臂勾行滕鞋韈勒甲皮條全　第九隊五十二人折衝果毅都尉二人平巾幘紫瑞鷹袍大口袴錦滕蛇革帶横刀弓矢馬麟旗二口計一十人五色寶相花衫抹額革帶横刀引夾人加弓矢馬黄牟甲弓矢四十人頭牟甲身披膊錦臂勾行滕鞋韈勒甲皮條全　第十隊五十二人折衝果毅都尉二人黑平巾幘紫瑞鷹袍大口袴錦滕蛇革帶横刀弓矢馬馴象旗二口計一十人五色寶相花衫抹額革帶横刀引夾

人加弓矢馬黃牟甲刀盾四十人頭牟甲身披
膊錦臂勾行縢鞋韈勒甲皮絛全　金吾牙門
第二門牙旗四口一十二人青抹額寶相花衫
大口袴革帶横刀引夾人加弓矢馬監門校尉
六人長脚襆頭緋絁額獅子裲襠革帶烏皮靴
横刀弓矢馬　黃麾前部第一部六十二人左
右屯衛大將軍二人平巾幘紫飛麟袍大口袴
錦縢虵革帶横刀弓矢馬絳引幡二十首計六十
人武弁冠緋繡寶相花衫銀褐勒帛大口袴

第四節一千三百二十七人內攝官九十三人馬一百一十一疋內儀仗司一疋中道五百一十五人六軍儀仗二百五十二人統軍六人花脚幞頭紫繡抹額孔雀袍革帶橫刀鞢韇器仗珂馬弓矢靴弩馬都頭六人長脚幞頭紫寶相花大袖革帶橫刀馬神武軍旗二羽林軍旗二龍武軍旗二共三十人五色寶相花衫錦帽革帶橫刀臂勾引夾加弓矢執人錦帽引夾人貼金帽緋攔旗四十八口吏兵力士旗各四口赤

豹黃熊旗各四口龍君虎君旗各四口掩尾天馬旗六口共七十八人錦帽五色寶相花衫革帶錦臂勾白捍槍九十人交脚幞頭五色寶相花衫抹額革帶汗胯柯舒二十四人蹬仗一十八人並貼金帽五色寶相花衫革帶引駕龍墀旗隊五十人排仗通直二人排仗大將二人並長脚幞頭紫公服紅鞓帶絲鞭烏皮靴馬天王旗四人十二時辰旗一十二人並錦帽五色寶相花衫革帶臂勾天下太平旗一口五方龍旗

五口計三十人五色寶相花衫革帶錦帽橫刀錦臂勾引夾加弓矢執人錦帽引夾人貼錦帽

龍墀隊一十五人君王萬歲旗一口日月旗共二口計一十五人五色寶相花衫錦帽革帶大口袴錦臂勾橫刀引夾人加弓矢執人錦帽引夾人貼金帽

御馬下六十六人御馬一十六疋每疋四人計六十四人三十二人控馬貼金帽紫寶相花衫革帶十二人夾馬皂帽青錦襖金銅束帶部押廣武節級一名錦帽紫寶相花衫

革帶黑杖子管押騎御馬直人員一名皂帽紅綿襖金銅束帶馬中道隊三十二人大將軍一員朝服絲鞭馬日月合璧旗一口萓紋旗二口五星連珠旗一口祥雲旗二口計三十人五色寶相花衫抹額抹帶錦臂勾横刀引夾加弓矢長壽撞一平巾幘緋寶相花衫革帶大口袴金吾細仗一百人青龍旗一白虎旗一五岳神旗五五方神旗五已上計旗一十二口每口四人計四十八人並四色寶相花衫青黃銀褐皂衫

抹額抹帶横刀引夾加弓矢押旗二人長脚幞頭紫公服紅鞓角帶烏皮靴馬五方龍旗各三計一十五口五方鳳旗各三計一十五口計三十人並五色衫抹額抹帶横刀江河淮濟瀆旗共四口計二十人並皂寶相花衫抹額革帶横刀引夾弓矢　外仗共八百一十二人　黄麾前第一部至第三部二百六十八人並服青殿中侍御史二員朝服左右屯衛大將軍二人折衝都尉二人平巾幘紫飛麟袍革帶大口袴錦

縢蛇横刀弓矢馬主師二十人平巾幘緋寶相
花衫革帶袴儀刀馬龍頭竿一百人揭鼓六人
儀鍠斧二十人小戟二十人弓矢四十人朱刀
盾二十人縢絡刀盾二十人共二百四十二人
青寶相花衫抹額抹帶勾行縢鞋韈　第二部
二百七十二人殿中侍御史二員朝服馬左右
領軍衛大將軍二人折衝都尉二人並黑平巾
幘紫繡白澤袍革帶大口袴錦縢蛇横刀弓矢
馬主師二十人平巾幘緋寶相花衫革帶袴儀

刀馬龍頭竿一百人揭鼓六人儀鍠斧二十人小戟二十人弓矢四十人朱縢刀盾二十人矟二十人緑縢刀盾二十人共二百七十二人緋寶相花衫抹額抹帶勾行縢鞋韈　第三部二百七十二人並服黃殿中侍御史二貟朝服馬左右屯衛大將軍二人折衝都尉二人並平巾幘紫瑞鷹袍革帶大口袴錦蛇橫刀弓矢馬主師二十人平巾績緋寶相花衫革帶大口袴執儀刀馬龍頭竿一百人揭鼓六人儀鍠斧二十

人小戟二十人弓矢四十人朱滕刀盾二十人矟二十人緑滕刀盾二十人共二百四十六人黄寶相花衫抹額抹帶勾行滕鞋韈

第五節人一千四百二十人攝官一百一十七人馬二百九疋中道六百五人八寶香案共二百三十二人八寶輿士九十六人平巾幘緋寶相花衫大口袴塗金銀束帶燭籠三十二平巾績緋寶相花衫袴大珮銀腰帶行馬一十六平巾幘緋寶相花衫袴大珮銀腰帶碧欄十六弓

脚襆頭碧襴衫金銅束帶烏皮靴後四人執長

刀並馬符寶郎八員長脚襆頭緑公服皂角帶

槐簡步道援寶三十二人人員二武弁紫寶相

花衫革帶執黑漆杖子長行三十人武弁緋寶

相花衫革帶執黑漆杖子香案八計三十二人

平巾幘緋寶相花衫大口袴大珮銀腰帶寶案

後金吾仗六人方傘二柄二人大雉扇四柄共

四人並弓脚襆頭碧襴衫大口袴金銅腰帶烏

皮靴金吾仗十二人四色官四人長脚襆頭緑

公服大口袴金銅腰帶烏皮靴馬前二人執槐簡後二人執金銅儀刀押仗二人長脚幞頭紫公服紅鞓帶烏皮靴馬金甲二人甲身披膊兜牟鉞斧錦背勾勒甲條進馬四人平巾幘紫犀牛裲襠革帶大口袴横刀弓矢馬金吾引駕千牛一十五人千牛將軍一千牛一十人郎將二人並緋繡抹額紫犀牛裲襠革帶大口袴横刀弓矢珂馬並騎將軍二人平巾幘無抹額千牛郎將十二人花脚幞頭長史二人長脚幞頭緑

公服金銅腰帶銙烏皮靴馬腰輿平輦等下一百六十三人引駕官四人長脚幞頭紫公服紅鞓帶烏皮靴馬中雉扇十二大傘二小雉扇四華蓋二香蹬一坐八人火燎一个二人共三十人武弁冠緋寶花大袖衫革帶大口銙腰輿下人貟十將三人皂帽子紅錦襖塗金銀束帶内人貟執杖子長行一十六人拳脚幞頭紅錦四䙆襖塗金銅腰帶排列官二人長脚幞頭紫公服紅鞓帶烏皮靴馬小輿下二十四人拳脚幞

頭紅錦四䙆襖白鞓銀束帶道遥子下人員十
将十六人皂帽子塗金銀束帶紅錦方勝練鵲
内人員執黑漆杖子長行二十六人拳脚幞頭
紅地白師子錦四䙆襖塗金銀帶平輦下人員
十将一十六人皂帽子紅錦團襖塗金銀腰帶
諸班開道旗隊一百七十七人並馬開道旗一
口鐵甲頭牟紅背子緋馬甲皂纛旗十二口
黑漆鐵笠子皂皮人馬甲引駕六十二人皂帽
子紅錦團襖紅背子鐵甲人馬甲帶鑞劒弓箭

器械骨朶輔龍直一百二人皂帽子鐵甲紅背子執骨朶人馬鐵甲　外仗八百一十六人

黃麾第四部共二百七十二人殿中侍御史二員朝服左右武衛大將軍二人折衝都尉二人並平巾幘飛飛麟袍革帶大口袴錦滕蛇橫刀弓矢馬主師二十八人平巾幘緋寶相花衫革帶袴儀刀馬龍頭竿一百人揭鼓六人儀鍠斧二十人小戟二十人弓矢四十人朱滕刀盾二十人共二百四十六人黃寶相花衫抹額勒帶

帛行縢鞋韈　第五部共二百七十二人殿中侍御史二員朝服馬左右驍衛大將軍二員折衝都尉二人並平巾幘紫赤豹袍革帶大口袴錦縢蛇橫刀弓矢馬主帥二十人平巾幘緋寶相花衫革帶大口袴儀刀馬龍頭竿一百人揭鼓六人儀鍠斧二十人小戟二十人弓矢四十人朱縢刀盾二十人矟二十人綠縢刀盾二十人共二百四十六人銀褐寶相花衫抹額革帶勾行縢鞋韈　第六部共二百七十二人殿中

侍御史二員朝服馬屯衛大將軍二員折衝都尉二人並平巾幘紫瑞馬袍袴儀刀主帥二十人平巾績緋寶相花衫革帶袴龍頭竿一百人揭鼓六人儀鍠斧二十人小戟二十人弓矢四十人朱縢刀盾二十人矟二十二人緑縢刀盾二十人共二百四十六人皂寶相花衫抹額抹帶勾行縢鞋韈

第六節人二千二百一十六人攝官十人馬七百七十八疋　玉輅　帝后同乘　太子陪坐

太僕卿執綏點檢攝　金輅　皇太后乘　公主侍坐依圖本周圍導從用　太后本宮弩手傘子六十人並　添差訖護衛三十人中道二千一百六十四人五方色龍旗五馬執門旗四十纛旗一簇輦紅龍旗八　日月旗二麟旗一鳳旗二赤白赤黑大黃龍旗五共六十四口計六十四人並鐵頭牟甲身紅錦襖紅背子紅錦襖紅背子二十四人步執紅背子四十人馬執步執紅龍門旗六十人並鐵頭牟甲身紅錦團襖紅

背子帶劒擊鞭內侍一十人皂帽子紅錦襖塗金銀束帶　金輅九十四人赤平巾幘緋繡對鳳大袖緋抹帶赤袴鞋韈並控鶴并馬步軍內添差　駕頭下一十五人除內侍外並係控鶴　抱駕頭內侍一員長脚幞頭紫羅公服塗金銀束帶馬控馬二人錦帽錦絡縫寬衫銀大珮腰帶廣武官十二人錦帽白鞋銀束帶襖子緋對鳳六領紫對鳳六領　茶酒班執從物十一人皂帽碧錦團襖紅錦背子塗金銀束帶並控鶴充水

鑵子二人香毬二人唾盂一名厮羅一名御椅三人手巾一名踏床一名拱聖直四十人紅錦四䙆襖塗金銀束帶並弩手傘子充人員二皂帽子長行三十八人眞珠頭巾導駕官四十二員朝服騎從人八十四人錦帽紫絡縫寬衫大珮銀腰帶仗劍六人皂帽紅錦團襖紅錦背子鐵甲弓矢器械護衛內差廣武把行門八人殿班把行門三十五人並皂帽子紅錦襖紅錦背子眞鐵甲弓矢器械護衛充玉輅下一百五

十人並係弩手傘子千牛將軍一員執具裝長刀於輅右差尚厩局使充左右點檢披金甲管勾將軍披間金甲夾輅大將軍二員陪輅將軍二員並朝服進輅職掌二人長脚幞頭紫寬衫塗金銀腰帶教馬官二員尚厩局馬郡直長充長脚幞頭緋抹額紫寶相花衫塗金銀腰帶部押二人皂帽鐵甲紅錦襖執骨朶護衛内差到六人輪番承應挾輅八人控攏踏路馬二疋四人馬面包尾涼屜駕士一百二十八人弩手傘

子共一百四十人平巾幘青絁繡對鳳大袖青袴勒帛鞋韈龍翔馬隊二十隊分左右每隊人員三人殿侍二十八人計六百二十人並馬劍係護駕軍差人員六十人皂帽子鐵甲身紅錦襖紅背子弓矢器械劍執骨朶並人馬甲殿侍五百六十人紅錦背子人馬鐵甲東第五班共六隊每隊旗三人鎗五人弓矢二十人器械計一百六十八人旗十八人鎗三十人弓矢一百二十人器械並褁鐵頭牟金槍共六隊每隊旗

三人槍二十五人計一百六十八人旗一十八人金槍一百五十人並果鐵笠子銀槍六隊每隊旗三人槍二十五人計一百六十八人旗一十八人銀槍一百五十人並果鐵笠子東第四班共二隊每隊旗三人弩手二十五人計五十六人旗六人弩五十人鞹韇並果鐵笠頭牟神勇步隊七百人分左右各作四重並鐵甲護駕軍差人負十人皂帽子紅錦團襖弓矢器械骨朶長行六百六十人鐵頭牟甲身内拱聖骨朶

直一百六十四人執骨朶拱聖槍直一百六十四人小旗兒一百六十二人直槍拱聖弓箭直一百六十六人弓矢器械執骨朶拱聖弩直一百六十六人挾弩⿰革胡⿰革魯廣武骨朶大劍三百一十人係南京揀到射粮軍人員一十人皂帽紅錦襖背子塗金銀腰帶骨朶指揮使五人紅錦襖子紅背子都頭五人紅襖子紅背子長行三百人內一百人簇四金鵰錦帽紫孔雀寬襖子白成銀束帶骨朶二百人金鍍銀花朱紅笠子

緋對鳳寬襖子白成銀束帶執銀花大劒導駕官四十二員下從人八十四人四具行幸上外仗青龍白虎隊五十二人並馬彈壓所軍內差果毅都尉二人平巾幘緋瑞馬袍革帶袴橫刀弓矢馬青龍白虎旗二口計一十人五色衫抹額抹帶臂勾橫刀引夾加弓矢弩六人弓矢十四人稍二十人並平巾績緋寶相花衫抹帶大口袴橫刀

第七節人一千三百一十七人攝官一百一十

人馬四百六十八疋中道四百八十五人駕後輔龍直樂三十一人皂帽子紅錦襖塗金銀束帶並馬人員一名執骨朶三十人長行樂器自備拍板一名篳篥十五人笛一十四人已下原闕

立仗原闕

大金集禮卷第二十八

儀仗下

皇后鹵簿

皇太子鹵簿

雜録

皇后鹵簿

大定十九年　昭德皇后吉儀用唐令皇后鹵簿共二千八百四十四人清游旗隊三十人執帶横刀二人夾並帶弓箭横刀並平巾幘緋裲

襠大口袴金吾衛折衝都尉一人平巾幘紫裲

襠大口袴錦縢虵銀梁金隱起帶弓箭橫刀騎

餘折衝果毅服仗並准此

領四十人並騎平巾

幘緋裲襠大口袴帶橫刀二十人執䂍四人帶

弩十六人帶弓箭橫刀二人執爆䂍並平巾幘

緋衫大口袴騎夾折衝次虞候佽飛二十八人

騎夾道單行帶弓箭橫刀並平巾幘緋裲襠大

口袴分左右均布至黃麾仗次内僕令在左僕

丞一人在右俱品服

餘仗官服准此

各書令史

二人騎從平巾幘緋衫大口袴餘從人准此次黄麾一執人騎夾武弁朱衣革帶正道次左右廂黄麾仗廂各三行行列一百人從内第一行短戟五色氅執人並黄地白花綦襖帽行滕鞋韈次外第二行戈五色氅執人並赤地黄花綦襖帽行滕鞋韈次外第三行鍾五色幡執人並青地赤綦襖帽行滕鞋韈左右領軍衛左右威衛左右武衛左右驍衛左右衛等衛各三行行二十人十人前十人後衛別主帥六人並平巾

幘緋裲襠大口袴被豹文袍帽領軍衛前後獅子文餘衛並豹文執鍮石裝長刀騎領各分前後左右領軍衛主帥各三人服仗同前護後衛別果毅都尉一人被繡袍檢校各一人步從左右領軍衛各絳引幡六口三口引前三口引後執人平巾幘緋衫大口袴次内謁者監四人給事二人内常侍二人内侍二人並騎分左右自内謁者監以後各内給使一人步從次内給使一百二十人並平巾幘緋衫大口袴分左右單

後行盡宮人車次偏扇各二十四分左右宮人執間綵大袖裙襦綵衣革帶履次香蹬一內給使四人轝並平巾幘緋裲襠大口袴在重翟車前重翟車駕四馬駕士二十四人並平巾幘青衫大口袴鞋韈次行障二具分左右夾車宮人執服同前次坐障三具分左右夾車宮人執服同前次內寺伯二人騎領寺人六分左右夾重翟車並平巾幘緋裲襠大口袴執御刀次腰轝一執人八團雉扇二夾輿次大繖四次大雉扇

八並分左右横行爲二重次錦花蓋二單行正道次小雉尾扇朱畫團扇各十二並横行次錦曲蓋二十四横行爲二重次錦六柱八扇分左右自腰輿以下並內給使執服同前次宮人車次絳麾二分左右各一人執武弁朱衣革帶鞋韈次後黄麾一執人騎夾二人騎武弁朱衣革帶正道次供奉宮人在黄麾後次牙門在次後次厭翟車駕四馬駕士二十四人次翟車駕四馬駕士二十四人四安車駕四馬駕士二十四

人次四望車駕牛駕士十二人次金根車駕牛駕士十二人其駕士並平巾幘大口袴鞋韈衫從車色次左右廂各置牙門二門二人執四人夾並赤綦襖被黃色第一門在前黃麾前第二門在後黃麾後次左右領軍衛廂各一百五十人執殳並赤地黃花綦襖帽行縢鞋韈前與黃麾仗齊後盡鹵薄曲折陪後門廂各主帥四人並平巾幘緋衫大口袴被黃袍帽廂獅子文一引前豹文二在內獅子文一護在後執鍮石裝

長刀騎檢校次左右領軍衛折衝都尉各一檢校殳仗各一騎從次盡鹵簿後殳仗內正道置牙門一人數衣服同前所開牙門並在殳仗行內每牙門皆監門校尉二人騎監當平巾幘緋裲襠大口袴執銀裝長刀廂各巡校尉一人騎服仗同前帶銀裝橫刀往來檢校前部鼓吹人共五百八人鼓吹令府史二棡鼓六金鉦六主帥四大鼓六十主帥一十長鳴六十主帥三鐃鼓六歌十二簫十二笳十二主帥二人大横吹

六十節鼓一笛十二簫十二篳篥十笳十二桃皮篳篥十二主帥五㭨鼓六金鉦六主帥二小鼓六十主帥五中鳴六十主帥三蓊葆鼓六歌十二簫十二笳十二主帥二後部鼓吹人共二百一十五人鼓吹丞一典史二蓊葆鼓六歌十二簫十二笳十二主帥二鐃鼓六歌十二簫十二笳十二主帥二小横吹六十笛十二簫十二篳篥十二笳十二桃皮篳篥十二主帥四　是時鹵簿内重翟等六車改用圓方輅等及行障

坐障錦六柱宮人車供奉宮人各不見人數再檢討定制度人數並具園陵門

皇太子鹵簿

大定八年正月　皇太子受　冊後謝　廟鹵簿檢討開元開寶禮全數計二千二十人五禮新儀二千三百七十三人　奏定用一千人中道五百九十二人清游隊二十四人並騎折衝都尉一白澤旗一口五人弩四弓六矟八清道直盪隊一十八人折衝都尉二騎犦矟四騎

弓矢十二誕馬四疋控攏八人正直旗隊三十三人果毅都尉一騎重輪旗一口五人馴犀旗二口十人野馬旗一口五人馴象二口十人副竿二旗竿細引隊一十四人果毅都尉二騎弓矢六矟六前部鼓吹九十八人並騎府史二金鉦二棡鼓二大鼓十二長鳴八鐃鼓二簫六笳四帥兵官二節鼓二小鼓十二中鳴八桃皮篳篥四歌四拱辰六篳篥六大横吹十二羽葆二帥兵官二繖扇下八人梅紅傘二大雉扇四中

雉扇二小輿下一十八人導引官一十二人並騎中允二諭德二庶子二詹事二太師太傅太保少師少師在金輅後親勳翊衛圍子隊七十四人並騎郎將二儀刀七十二金輅下七十人三衛隊一十八人執儀刀厭角隊六十二人郎將一騎祥雲旗五人弩三弓七矟十五並騎又郎將一騎祥雲旗五人弩三弓七矟十五並騎朱團扇一十六人司禦率府校尉四騎朱團扇三紫曲蓋三朱團扇三紫曲蓋三大角一十八

人後部鼓吹五十四人並騎管轄指揮一金鉦一棡鼓一鐃鼓二簫六歌六篳篥六節鼓一主帥二笛六笳四拱辰六小横吹十主帥二後拒隊四十六人果毅都尉一騎三角獸旗一口五人弩四弓十六矟二十　外仗左壁二百四人牙門旗下十六人並騎牙門一口三人監門校尉三郎將一班劒九　前第一隊二十七人司禦率府一果毅都尉一折衝都尉一主帥一並騎絳引幡三首九人麟頭竿二儀鍠斧二弓矢

二麟頭竿二儀鍠斧二朱刀盾二小戟二第二隊第三隊第四隊第五隊各一十四人與第一部麟頭竿已後同　後第一隊四十七人牙門旗一口三人騎監門校尉三果毅都尉一並騎絳引幡三首九人鶡雞旗一口五人矟四弩三矟四弓矢三矟四弓矢三並騎後第二隊二十九人果毅都尉一騎綱子旗一口五人矟五弩三矟五弓矢三矟三弓矢四並騎後第三隊二十九人果毅都尉一騎黄鹿旗一口五人矟五

弩三稍五弓矢三稍三弓矢四並騎　右壁二百四人排列相同　大定二十七年三月　皇太孫受册謝　廟鹵簿六百人於前數減損用之

雜録

常朝儀衛　執金鍍銀骨朶二人左右扇共一十柄共一十人左右拂子共四柄四人左右香盒一對左右香毬一對左右節一對左右幢一對各用二人盂子一唾盂一淨巾一鏾鑼一水

鑼一交椅一名一名執斧一名

常行儀衛　弩手二百五人□□五員各執金鍍銀蒜瓣骨朶長行二百人列絲骨朶七十七柄爪八十九柄鐙三十四控鶴二百人首領四人各執金鍍銀蒜瓣骨朶長行二百人二人穿紫衫導引無執物金吾杖八十根金花太劒六十口大紅絨結子儀鍠斧五十八柄

貞元儀式弩手傘子並服紅地藏根牡丹紅錦襖子金鳳花幞頭金鍍銀束帶

大金集禮卷第二十八

大金集禮卷第二十九

輿服上

輅輦

冠服

皇后車服

皇太子車服

輅輦

大定十一年將有事於　南郊太常寺檢引宋

南郊禮例鹵簿内合用玉輅金輅象輅革輅木

輅耕根車明遠車指南車記里車崇德車皮軒車進賢車黃鉞車白鷺車鸞旗車豹尾車軺車羊車各一革車五屬車十二今除見有車輅外闕少象輅革輅木輅耕根車明遠車皮軒車進賢車白鷺車羊車大輦各一革車三屬車四今檢討五禮新儀并鹵簿圖車輅製度於下項 八

年十一月十一日　奏定止用玉輅金輅象輅革輅木輅大輦指南記里車鸞旗車豹尾車進賢車各一革車二屬車八

象輅黃質金塗銅裝以象飾諸末建大赤餘同玉輅輪衣等以銀揭輪轅以淺黃

革輅黃質鞔之以革建大白餘同玉輅輪衣等及輪轅並以黃

木輅黑質漆之建大麾餘同玉輅輪衣等以皂輪轅以黑凡玉輅用金鍍銀裝者象輅革輅木輅並金塗銅裝

耕根車青質蓋二層制飾如玉輅而無玉飾

皮軒車赤質上有漆柱貫五輪相重畫虎紋一

輅
進賢車赤質如革車緋輪衣絡帶門簾並繡鳳
上設朱漆床香案紫綾衣一輅
明遠車制如屋撮頂重欄勾欄頂上有金四角
垂鐸上層四面垂簾下層周以花板三輅
白鷺車赤質周施花板上有漆柱柱杪刻木爲
鷺鸞御鵝毛筩紅綬帶柱貫五輪相重輪衣皂
頂緋裙緋絡帶並繡緋鷺一輅
羊車赤質兩壁油畫龜文金鳳翅幰衣結帶並

繡瑞羊二韔

革車屬車依見有制度成造

大輦赤質五方油畫金塗銀葉龍鳳裝其上四面施行龍雲朶火珠方鑑銀絲囊網珠翠結雲龍鈿窠霞子四角龍頭啣香囊頂輪施耀葉中有銀蓮花坐龍紅綾裏碧牙壓帖内設圓鑑香囊銀輪勾欄臺坐絲絛網帉錔中施黃褥上置御座曲几香爐錦結綬几衣輪衣絡帶並緋綉雲龍寶相花金線壓長竿四飾以金塗銀龍頭

畫梯托义行馬　續檢到五禮新儀車輅制度象輅黃質金塗銅裝以象飾諸末建大赤餘同玉輅革輅黃質鞔之以革建大白餘同玉輅又檢到太常因革禮該自金輅而下其制皆同玉輅即見得製度高下五輅一同所有見成造三輅合比擬見在金玉輅成造　又五禮新儀凡玉輅之式以青者金輅以緋象輅以銀褐革輅以黃木輅一皂蓋其間所設之物有合隨輅色者如玉輅用青絲繡雲龍絡帶青羅繡寶相花

帶青畫輪轅青犛毛尾此玉輅合用青者若象木革輅則以緋以銀褐以黃以皂也若坐褥踏床褥皆至尊秉衘及步武所及當用紅或黃非若餘物也爲觀美也兼五禮新儀玉輅平盤上布紅羅繡雲龍褥鹵簿圖玉輅平盤上布黃褥此所設之褥不隨輅色止用紅黃也今造象木革三輅上所設坐褥並合用紅黃據已科到踏床褥椅背踏到褥用紅錦已是相應外有座子合用黃羅繡盤龍地衣簿褥并錦簿褥並用

黄色行馬褥兒用銀褐黄青錦外據元料透背
㲀簾三副用銀褐黄皂三色透壁今檢到五禮
新儀玉輅上用紅錦織龍鳳門簾鹵簿圖玉輅
青繡門簾比前代多不同有隨輅色有用别色
者今擬用銀褐黄青三色又開元禮義鑑該大
輦中方八尺左右開四望别無高下尺丈又檢
到宋會要建龍四年陶穀爲禮儀使創意造爲
大輦至大中祥符初以舊輦太重命減去七百
餘斤見得宋時亦無定制又大輦制度照到鹵

簿圖係扶几五禮新儀却稱曲几有此兩説見得本無定制合以意從長斟酌銀飾勾欄臺座等既已擬金鍍其銀絲囊網亦合一類造作鹵簿圖稱其上四面施行龍雲朵火珠方鑑銀絲囊網見得亦是大輦上面使用物珠翠結雲龍亦合勒畫人出雲龍形狀以珠翠結之其二項安頓去處緣典故別無分朗語句只合造作所隨宜斟酌或比擬其它車輅畫樣安頓

冠服

天眷三年正月以　車駕將幸燕京合用通天冠絳紗袍擬見闕名件咨行省依樣成造　元畫禮服圖本内名件袍裳方心曲領中單蔽膝革帶大帶玉具劒綬佩舄韈　乘輿服大綬六采黑黃赤白縹青黃色曰縹緑小綬三色同大綬間施三玉環大綬五百首小綬半之白玉雙珮革帶玉鉤䚢

皇統元年十月　奏稟太常寺申竊見古禮天子黃屋說者爲御蓋以黃爲裏今來供　御繖

表裏紅羅於古制未合欲乞自今後　御紅織

並用黄綾爲裏以應古制

皇統九年十月二十四日禮部下太常寺畫到鎮圭式樣呈大禮使照驗據三禮圖長一尺二寸廣三寸厚半寸剡上左右各寸半以四鎮山爲瑑飾用古尺

大定十一年太常寺檢討周禮考工記大圭長三尺杼上終葵首天子服之説者曰王所搢大圭也或謂之珽自西魏隋唐已來大圭長尺二

寸與鎮圭同鎮圭以鎮天下蓋以四鎮山爲瑑飾舊有鎮圭已依得古制外有大圭依周禮制度杼上終葵首杼殺也終葵椎也今　御府有白圭是白玉素圓圭無上殺及首如椎樣按隋書志天子笏曰球長尺二寸以球玉爲之唐志亦云天子之珽相承舊制以白玉爲之長尺二寸熙豐奏議云西魏以來所制玉笏皆長尺二寸方而不折雖非先王之法蓋以後世玉難得隨宜爲之也今　御府所藏白玉圭首如笏樣

蓋宋日所製大圭也將來行禮擬就用

大定十一年九月大禮使劉付禮部下宣徽院前所奏稟袞冕有無創造通天冠絳紗袍亦合修飾計問得內藏庫奉聖旨已制成造祕書監見收冠服圖樣下項

冕天板長一尺六寸廣八寸前高八寸五分後高九寸五分身圍一尺八寸三分并納言並用青羅爲表紅羅爲裏週迴用金稜天板下有四柱四面珍珠網結子花素墜子舊用金絲網子今減輕用眞珠

結造前後珠旒共二十四旒各長一尺二寸青碧線織造天河帶一條長一丈二尺闊二寸兩頭各有眞珠金碧旒三節玉滴子節花全紅線組帶二條上有眞珠金翠旒玉滴子節花全下有金鐸子二箇梅紅線款慢帶一條黈纊二箇眞珠垂繫上用金萼子二箇簪窠款慢組帶鈿窠各二內組帶窠四並玉鏤塵碾造玉簪一項方二寸道長一尺二寸簪項係鏤塵雲龍衮服衣用青羅夾造上五綵間金繪畫日月星辰

山龍華蟲火宗彝正面日一月一昇龍四山十二上下襟華蟲火各六對虎蜼各對背面星一昇龍四山十二華蟲火各十二對虎蜼各六對

中單一白羅單造領褾襈襴一腰帶褾襈全紅羅八副夾造上繡出藻粉黼黻藻三十二粉十六米十六黼三十二黻三十二

蔽膝一腰帶褾襈全並紅羅夾造上繡昇龍二條

綬一幅六彩織造紅羅托裡小綬三色同大綬銷金黃羅綬頭全上間施三玉環並碾雲龍造

緋

白大帶一條銷金黃羅帶頭全 鈿窠二十四
紅羅勒帛一青羅抹帶一佩二玉上中下璜各
一半月各二並碾雲龍造玉滴子各二並眞珠
穿造金篦鉤獸面水葉環子釘子全 涼帶一
條紅羅裹縷金造上有玉鵝七箇撻尾束子各
一金攀龍口玳瑁襯釘脚全 舄一對重底紅
羅面白綾托裡如意頭造銷金黃羅緣口玉鼻
人眞珠全 緋羅綿襪一緉繫帶全

皇后車服

大定十九年檢定　皇后車服制制二十二年

奉都省劄分緣畫樣本付有司

六車

重翟車青質金飾金鍍銅鈒花葉段裝釘耀葉

二十四明金立鳳一紫羅銷金生色寶相帷一

青羅青油幰衣各一朱絲絡網紫羅明金生色

雲龍絡帶各二兩箱明金五彩間裝翟羽二金

鍍鍮石長轅鳳頭三橫轅立鸞八香爐香寶子

一副宜男錦結帶金衣紅漆杌子踏床各一扶

板扶魚一副紅羅明金衣褥全紅羅襯褥青羅
行道褥四青羅明金生色雲鳳夾幔一紅羅明
金緣紅竹簾二金鍍銅葉斷行馬二胡梯一青
羅胡梯尋儀褥二踏道褥十青絹裹大麻索二
油帕全

厭翟車赤質金飾金鍍銅鈒花葉段裝釘耀葉
二十四明金立鳳一倒仙錦帷一紫羅紫油幰
衣各一珠絲絡網宜男錦絡帶各二兩廂明金
五綵翟羽二金鍍鍮石長轅鳳頭三橫轅立鸞

八香爐香寶子一副宜男錦結帶全朱紅漆杌子踏床各一紅羅衣褥金紅羅襯褥一紅羅行道褥四紅羅明金生色夾幔一紅羅明金綠紅竹簾二金鍍銅葉斷行馬二胡梯一紅羅胡梯尋儀褥二踏道褥十緋絹羃大麻索二油帕全

翟車黃質金飾鍮石葉段裝釘宜男錦帷一黃羅油幰衣各一朱絲絡網宜男錦帷帶各二兩廂明金五彩翟羽一鍮石長轅鳳頭三香爐香寶子一副宜男錦結帶全朱紅漆杌子踏床各

一紅羅衣褥全紅羅襯褥一黃羅行道褥四黃羅生色明金幔一紅羅明金紅簾二碖石葉行馬二胡梯一黃羅胡梯尋儀褥二踏道褥八黃綃褁大麻索二油帕全

安車赤質金飾碖石葉段裝釘倒仙錦帷一紫油幰衣各一朱絲絡網天下樂錦絡帶各二碖石長轅鳳頭三朱紅漆杌子踏床各一紅羅衣褥全紅羅襯褥一紅羅行道褥四紅羅明金生色幔一緑紅竹簾二碖石葉段行馬二胡梯一

紅羅胡梯尋儀褥二踏道褥八緋絹褁大麻索
二油帕全
四望車朱質鍮石葉段裝釘宜男錦帷一青油
幰衣各一朱絲絡網宜男錦絡帶各二鍮石長
轅螭頭二朱紅漆杌子踏床各一紅綾衣褥全
紅羅襯褥一紅羅行道褥四紅羅明金生色幔
一紅羅緑竹紅簾四鍮石葉段行馬二胡梯一
紅羅胡梯尋儀褥二踏道褥八緋絹褁大麻索
二油帕全

金根車朱質鍮石葉段裝釘宜男錦帷一紫羅紫油幰衣各一朱絲絡網倒仙錦絡帶各二鍮石長轅螭頭二朱紅漆杌子踏床各一紅綾衣褥全紅綾襯褥一紅綾行道褥四紅羅明金生色幔一紅羅緑紅竹簾二鍮石葉段行馬二胡梯一紅綾胡梯尋儀褥二踏道褥八緋絹裹大麻索二油帕全

冠服

花珠冠用盛子一青羅表青絹襯金紅羅托裡

用九龍四鳳前面大龍啣穗毬一朶前後有花
珠各一十二及㶉鶒孔雀雲鶴王母仙人隊浮
動插辮等後有納言上有金蟬鑻金兩博鬢已
上並用鋪翠滴粉縷金裝眞珠結造下有金圈
口上用七寶鈿窠後有金鈿窠二箇穿紅羅鋪
金欵幔帶一條
褘衣深青羅織成翬翟之形素質十二等領褾
袖襈並紅羅織成龍
青紗中單素青紗製造領織成黼形十二褾袖

襈織成雲龍並織紅縠造
裳八幅深青織成翟文六等褾襈織成紅羅雲
龍明金腰帶
蔽膝深青羅織成翟文三等領緣緅色羅織成
雲龍明金帶
綬一副大綬一長五尺闊一尺黃白赤黑縹緑
等六采織成小綬三色同大綬間七寶鈿窠施
三玉環上碾雲龍撚金線織成大小綬頭紅羅
花襯

大帶青羅朱裡紕其外上以朱錦下以綠錦鈕
鈎用青組撚金線織成帶頭
玉珮二朵每朵上中下璜各一半月墜子各二
並玉碾縷金打鈒獸面篦鈎佩子各一水葉子
全眞珠穿綴
青衣革帶縷金用青羅褁造上用金打鈒水地
龍鵝眼撻尾共八事玳瑁襯金脚釘造龍口攀
束子金
抹帶二條並明金造各長一尺五寸紅羅一條

青羅一條

青羅舄一量白綾裏如意頭明金黃羅準上用

玉鼻仁真珠裝綴繫帶全

韈一量青羅表裏造繫帶全

頭冠匣一具鹿頂釦塵連梯朱紅漆造五綵縷

金裝束腰花板上用銀鍍金葉子裝釘金鍍銀

手鈀鏂鋮戀攀水葉鏁鑰全梅紅細法大綾花

裹上有梔黃羅夾四幅蓋帕一條內有天下樂

暈錦可厎褥子一片兩幅全梅紅羅蓋襯帕一

條
頭冠匣子内罩子一坐方眼造梅紅紗糊緑羅
緑貼提板一紅梅細法大綾糊造上有雕木蓮
花座子上雕五層蓮花下雕起突草山水盤龍
五彩帖縷金裝造上有鍍金銀打鈒圍子一箇
犀冠子一頂減撥花樣金縷裝造上有玉簪一
條下有　稜玳瑁盤子一面
腰轝一擎並用朱紅漆造上用天下樂暈錦可
面襯褥一片銀鍍金葉段釘子裝釘四竿銀鍍

金打龍頭四箇銀鍍金坐龍拴寨鈕鉞索子全
天下樂暈錦看褥八片緋羅繫帶全鍍金褁鐵
胎簾鈎二對上有梅紅扁索全
行馬一對朱紅漆造以銀鍍金葉段釘子裝釘
衣匣一具四幅梔黄夾蓋帕一條明金蓋襯三
幅帕一條腰舁一擎行馬一對已上共用梔黄
羅四幅夾蓋帕一條
舄匣一具内有梅紅羅明金一副半蓋襯夾帕
一條佩匣一具内有梅紅羅明金一副半蓋襯

夾帕一條腰舁一擎行馬一對

皇太子車服

大定六年十二月五日　奏禀　皇太子金輅檢討到典故製度及將見用金輅式樣參酌詳定開具下項奉　勅旨輣旗旂首及應用龍處並改飾以麟鄣塵物等三件亦從省去餘並准奏行

隋志内該皇太子金輅製同副車具體而小製度色數照得與見用金輅相同外有伏鹿軾金

鳳一在軾前并建旂九旒八鸞在衡駕赤騮四見用金輅軾前有金龍改爲伏鹿軾上坐龍改爲鳳建旂十二旒減爲九旒駕赤騮六減爲四係並依古制

見用金輅箱頂輪衣等有繡畫龍處緣東宮見用器服並飾以麟有無亦以麟爲飾

見用金輅上名件色數有無依上公以九爲節之數減四分之一謂如繡帶八擬用六銅佩八擬用六之類

照得古典有龍輴并建旂上繡降龍及旂首金
龍頭啣結綬係三處用龍
古制金輅上有鄣塵在龍輴之上并二鈴在軾
及銀穗毬二緣見用金輅上無今來有無合從
有去
鋪陳簾褥用黃羅處有無改用梅紅
其餘物件有無裁減具體成造如椅子踏道之
類

赤質金飾諸末　重較箱畫虡文鳥獸　黃屋

伏鹿軾　龍輈　金鳳一在軾前　設鄣塵

朱蓋黃裏　輪畫朱牙　左建旂九旒右載

闟戟旂首銜金龍頭結綬及鈴緌八鸞在衡二

鈴在軾　駕赤騮四　金鑁方釳　插翟尾鏤

錫鞶纓九就　見用金輅自頂至地高一丈

七尺三寸今擬減四分之一該一丈三尺二寸

長短寬狹皆減四分之一

十二月十五日　奏稟太常寺檢討見用金輅

於典禮有無不用事數照到隋禮儀志玉輅青

蓋黃裏唐車服志蓋從輅質惟裏皆用黃近
奏過　皇太子金輅制度內輞斿斿首用龍處
飾以麟鋪陳用黃羅處改用梅紅緣今來輅項
上朱蓋雖是以赤爲質有無亦改奉用梅紅黃
裏奉　勅旨見用金玉輅依舊　皇太子金輅
上朱蓋表裏並用梅紅
七年九月十七日　奏稟將來　皇太子受
冊謝　廟禮數合用鹵簿其間制度與　大駕
同者擬依前來造　皇太子金輅用龍鳳處改

用麟鸞純用紅黃處改用梅紅又升降輅合用輿輿制似輦而小今比擬平頭輦減小成造别無窒礙所有文飾處亦依金輅制度施行　從之

大定二年五月十一日　皇太子合用冠冕制度檢定下項　奏奉　勑旨委内藏官監造

衮冕白珠九旒紅絲組爲纓青纊充耳犀簪導青衣朱裳九章五章在衣山龍華蟲火宗彝四章在裳藻粉米黼黻白紗中單青褾襈裾革帶

塗金銀鈎䚢蔽膝隨裳色爲火山二章瑜玉雙
佩四采織成大綬間施玉環三白襪朱舄舄如
金塗銀釦謁　太廟服之　遠遊冠十八梁金
塗銀花飾博山附蟬絲組爲纓犀簪導朱明服
紅裳白紗中單方心曲領絳紗蔽膝白韈黑舄
餘同衮冕　冊寶服之　太常因革禮　皇太
子宜服桓圭長九寸廣三寸厚半寸用白玉若
屋之桓楹琢爲二稜於禮爲當　袍帶傘鞍交
椅唾盂等具　皇太子門

大金集禮卷第二十九

大金集禮卷第三十

輿服下

寶

印

臣庶車服

寶

天眷元年九月編類到　寶　印　圭璧下項

玉寶十五面並獲於宋受命寶一咸陽三寸六分文曰受命於天既壽永昌係藍田秦璽

并白玉蓋螭虎紐傳國寶一螭虎紐鎮國寶一大觀二面並碧色文曰承天休延萬億永無極受命寶一大觀文曰受命於天旣壽永昌天子之寶一天子信寶一天子行寶一皇帝之寶一皇帝信寶一皇帝行寶一係八寶皇帝恭膺天命之寶二四寸八分內一面螭紐白玉伴環并綬白玉蓋金玉檢牌及玉座子沉香雲盆一玉童子二御書之寶二龍紐一螭紐一宣和御筆之寶螭紐并八寶共一十三面並白

玉四面獲於遼通天萬歲之璽一天受明命惟德乃昌一白方三寸嗣聖寶一御封不辨印文一

金寶并印八面獲於宋天下同文之寶一龍紐一金檢環綬全御前之寶二御書之寶一宣和殿寶一皇后之寶一金檢牌座全皇太子寶一龜紐玉環綬全皇太子妃印一龜紐二面獲於遼御前之寶一見用書詔之寶一見用

金塗銀寶五面並獲於宋皇帝欽崇國祀之寶

一降香詞表用之天下合同之寶一中書門下奏報畫可等用之御前之寶一宣劄用之御前錫賜之寶一賜荅藥合等用之書詔之寶一

圖書印三十八面並獲於宋内府圖書之印一御書三御筆一御畫一御書玉寶一天子萬年一天子萬壽一龜龍上珍一河洛元瑞二雲漢之章一奎璧之文一華國之瑞一大觀中秘一大觀寶篆一政和一宣和三宣和御覽一宣和中秘一宣和殿制一宣和大寶一宣和書寶二

宣和畫寶一常樂未央一古文二封四共三十五面並玉封字一御畫一二面並馬腦政和御筆一係水晶

玄圭一白玉圭一十九

皇統五年二月二日施用　新寶　詔曰惟帝王傳信之章取　天地合符之義倣羲圖而制範疊軒篆以成文所以施　命四方作孚萬世古今所尚損益可知我　國家一統光臨四征者定疆理所至咸績於禹功印璽之傳尚循

於遼舊襲用既久漫漶靡鮮乃　命有司爲之更　制縱廣契三才之妙高厚法五行之成鳩工雖假於人爲創意乃由於　帝錫湑日祗受與　天匹休其新造　御前之寶　書詔之寶已於今月二日　施用布告中外咸使聞知施用　新寶儀注係降　御札尚書省謄作勅牒誕告天下選擇進呈　施用及　宣御札受賀日辰其日百官公服於常朝　殿門外祗候立班宰臣執政官管勾鑄造官恭奉新鑄

御前之寶　書詔之寶於　内殿進呈取
旨付點檢司符寶局次尚書省以　宣命一二
道請用新鑄　御前之寶次學士院以　御札
進呈請用新鑄　書詔之寶訖其　宣付左右
司　御札付宣徽院閤門引百官就班宰執自
内出立班定閤門使奉　御札出　殿門仍以
舍人二員用箱複對捧於東階面西立定閤門
使唱曰　御札百官再拜閤門使搢笏就箱中
取　御札以授宣讀官宣讀官搢笏讀畢百官

皆再拜恭俟　皇帝靴袍出　御殿百官班入

側　宣贊唱引轉當　殿並如常儀立拜舞蹈

班首出班問　聖體訖又再拜引班首升　殿

當　御座前致賀訖訖復引下　殿歸班宣徽

使承　旨臨　殿階稱有　勑旨百官再拜宣

徽使　宣曰　寶印肇新示信天下與卿等同

慶百官又五拜舞蹈卷班西出　皇帝還　内

若於内中進酒　賜酒並取　旨

大定十八年十月緣奉　聖旨造　寶及　降

到　寶文　大金受命萬世之寶下大常寺檢討到唐車服志初太宗刻受命玄璽以白玉爲螭首文曰皇天景命有德者昌至武后改璽皆爲寶中宗即位復爲璽開元六年復爲寶天寶十載改傳國寶爲承天大寶史臣所書者止如此別無曆受典禮并本部檢到宋禮閣新編紹聖四年永興軍咸陽縣民段義於本家地内掘出青白玉二塊有古體篆文禮部學士院太常寺考驗到委是漢以前傳國寶又檢到宋哲宗

實録禮部太常寺言奉詔詳定沿寶法物禮儀擬就五月朔大朝會日以禮祇受前期有司預行製造沿寶法物并寶進納入内俟降出權於寶堂安奉前三日差官奏告天地宗廟社稷前一日上齋於内殿其日服通天冠御大慶殿降坐受寶羣臣上壽稱賀從之詔命宰臣章惇書篆玉檢以天授傳國受命之寶爲文五月戊申朔御大慶殿受傳國寶行朝會禮布告天下癸丑以受寶畢恭謝景靈宫及　本朝皇統五年

造訖　御前之寶　書詔之寶降　詔中外本部契勘今創造　受命寶與前例不同緣地不愛寶適得美玉稽古創制出自　聖意永爲本朝受命萬世之寶其事至重有司不敢輕議十一月二十三日　奏劄檢得別無　受寶典故叅酌定七年并十一年進上　册寶禮儀擬於　受寶前差官　奏告　天地　宗廟　社稷至日設黄麾仗一千人於　大安殿前　皇帝服通天冠絳紗袍　御大安殿奉寶太尉讀

寶侍中以次行事官并文武百寮各法服行禮俟　進寶訖　皇太子與百官稱賀進酒上壽　從之并選用十二月二十三日及定到儀注下項　受寶前三日合遣使　奏告　天地宗廟　社稷係定十一年受冊奏告儀前二日所司停　奏刑罰文字百官習儀前一日各就所居淸齋非　上寶事皆不治攝官貟數奉寶太尉一讀寶侍中一行禮侍中二　奏中嚴外辦及　宣荅并　奏制可上壽與解嚴

禮畢等禮數。舉寶給事中二，捧寶官四，以三品、四品官充。押寶禮部侍郎一，太常卿二，一員贊道行禮，一員押樂。以上省擬奏差。舁寶盝官依例量輕重差省令史。大樂令一，掌寶官二，引寶入進，以宮闈使副充。協律郎二，一員殿上，一員殿庭。典儀贊者各一，閤門官充。引皇太子典贊儀二，閤使充。太常博士二，引寶，俟奉寶訖，即引太尉，閤門充。通事舍人五，二員引寶，同太常博士二員分引左右班，一員引攝侍中閤門官充舁寶案六員六部令史内充以上並部擬省差兵部帥其屬設黄麾於大安殿前立仗一千人宣徽院帥儀鸞司於前一日設御座於大安殿中間南向又設東西房於御榻之次左右及殿上下陳設幷前楹施簾又設香爐香案於殿下龍墀上又設爐四於御榻之左右又設皇太子侍立褥位於殿之東間西向又設寳幄於大安殿門外稍東西向又設籍寳褥位一於沙墀上香爐案

南又設　皇太子致賀褥位於百官班褥位之前又設　皇太子致賀褥位於　殿階上又設　皇太子褥位於橫階之北稍東西向係百官分班時立位又設籍寶床褥位一於　殿西階下道西又設籍寶褥位一於　御榻前稍南奉寶訖便充皇太子致賀褥位又設奉寶太尉讀寶侍中共褥位一於欄子北籍寶褥位之南又設籍寶盝案褥位一於　殿上之東間又設羣官次於　大安殿門外西廊下又設侍中

奏請 上壽褥位於橫階南置於 皇太子百寮班前宣徽院勒所司排辦 御茶床并合差官提點捲簾外執扇五十人開合如儀執扇差供奉官及勒閤門司省會但於行禮節次委分管施行及准備舁寶床弩手繖子人等共三十二人前一日自制造所分番擡寶床赴尚書省置定次日行禮大樂令與協律郎前一日展設樂懸於 殿庭又設協律郎舉麾位二一於殿西階東向一於樂懸西北亦東向又設登

歌樂架於　殿上閤門司提點有司設百官於
殿庭如常　朝會儀又設贊者位於班前東
北又設典儀位於　殿階上又設行事官位牌
如儀太常寺其日帥舁寶案官先入置案於
殿之東間籍寶褥位上置訖舁案官各退學士
院定撰賀詞及　上壽賀詞并　宣答制詞大
樂曲名并登歌詞　奏告祝文及書寫訖進請
御署尚醞局備酒并　殿下酹酒如常儀尚
衣局准備進通天冠絳紗袍侍儀司准備警蹕

織扇儀物如常拱衛司委織子執擎曲直華蓋
符寶郎其日候文武羣官入奉 八寶置於
御座左右東西相向舁 八寶入控鶴門仗官
符寶郎四員分立於 寶後才候上 寶訖復
帥舁 寶還所司宮苑司前期洒掃 大安殿
及 殿門之内外少府監合造位牌二十面准
備預先書寫行事官各長一尺二寸闊一尺厚
八分黑油

進寶儀其日質明奉寶太尉讀寶侍中以次應

行事官並集於尚書省各朝服令法服乘馬人從係導駕人從服飾奉迎　受命寶至應天門下馬由正門步導入内至　大安殿門外置寶於幄次舁寶床弩手人等立於左右文武羣臣等並朝服入次攝太常卿與大樂令帥工人入就位協律郎各就舉麾位舁寶案官由西偏門先入置案於　殿東間褥位置訖各退於西階寶床褥位後捧寶官舁寶盝官由偏門先入至　殿西階下寶褥位之西東向立俟等探閤

門報通事舍人引攝侍中版　奏中嚴訖典儀贊者各就位退通事舍人引文武百寮分左右入於　殿階下塼道之東西相向立符寶郎奉八寶由東西偏門分入升　殿置於　御座之左右東西相向訖分左右立於　寶後元昇八寶人下　殿退立於　殿東西階下稍南通事舍人引攝侍中版　奏外辦内侍承　旨索扇扇合　皇帝服通天冠絳紗袍以出曲直華蓋侍衛警蹕如常儀　殿上鳴鞭訖　殿下

亦鳴凡鳴鞭皆准此初索扇協律郎跪俛伏舉工鼓柷宮懸樂作　皇帝出自東房即御座南向儀鸞使副添香殿下第一墀香爐別差閤門一員添香爐香升扇開簾捲協律郎偃麾戞敔樂止凡樂皆協律郎舉麾工鼓柷而後作偃麾戞敔而後止下皆准此太常博士通事舍人各二員自寶幄分引　寶太常卿前導禮部侍郎押　寶而行奉寶太尉讀寶侍中舉寶官於　寶後以次從之由正門入宮懸樂作太常

卿於寶床前導至第一墀香案南籍寶褥位上少置太常卿與舉寶官於寶褥稍西東向立以俟博士舍人皆立其後舁寶床弩手等又於其後皆東向太尉侍中於　寶後面北以次立禮部侍郎行禮侍中次立於其後立定樂止通事舍人分引　殿下東西兩班羣官合班轉北向立東班以西爲上西班以東爲上中間少留班路俟立定太常博士通事舍人四員分引太尉侍中禮部侍郎太常卿舉寶官等一以次各復

本班訖博士舍人退以俟初引時宮懸樂作至位立定樂止典儀曰拜贊者承傳太尉以下應在位羣官皆舞蹈五拜班首出班起居訖又再拜太常博士通事舍人四員再拜太尉侍中以次官復進至　寶所依位立定舁寶床弩手並進前舉寶床與太常博士通事舍人二員分引寶太常卿前導禮部侍郎押　寶而行奉寶太尉讀寶侍中舉寶官於　寶後以次從之詣殿西階下至寶褥位少置太尉以下以次東

向立舁寶牀弩手等退於後稍西東向立捧寶官與舁寶盝官並進前去寶盝蓋置於牀取寶盝升太常博士通事舍人分引寶盝官常卿導寶先升奉寶太尉讀寶侍中舉寶官捧寶官於寶後以次從升禮部侍郎不升立於寶牀之西寶初行宮懸樂作進至殿上博士舍人立於前行稍東立以俟讀寶侍中於前楹間稍西立俟舉寶官捧寶官立於其後奉寶太尉從寶升進至御座前褥位奉寶太尉搢笏

少進跪置訖執笏俛伏興樂止太尉退於前楹稍東立以俟博士舍人立於後太常卿少退東向立舁寶盝官分立於其後皆東向捧寶官先入舉寶官次入讀寶侍中又次入捧寶官四員皆搢笏雙跪捧兩員於寶北一員稍東一員稍西兩員於寶南一員稍東一員稍西舉寶官二員亦搢笏兩邊單跪對舉侍中執笏進跪稱侍中臣某讀 寶訖俛伏興侍中俟舉寶官興先退博士舍人引太尉侍中降自東階復本

班昇寶盝官進前與捧寶舉寶官等取寶盝與
置於　殿之東間褥位案上西向捧寶舉寶官
等與太常卿俱降自東階及禮部侍郎皆復本
班昇寶官等亦降自東階退入百官班典儀曰
拜贊者承傳在位官皆再拜
賀儀　受　寶日　皇太子於　殿東廊幕次
改服遠遊冠朱明衣先於　大安殿後陪侍
皇帝升　殿於　殿上　御榻東稍南面西向
侍立俟侍中讀　寶訖　殿下官皆再拜典贊

儀引　皇太子出　殿降自東階宮懸奏前後樂曲並見樂門至褥位立定侍中前俛伏跪奏稱羣臣稱　賀上　壽侍中俛伏興退復位樂止典儀曰拜贊者承傳　皇太子并在位羣官皆再拜訖典贊儀引　皇太子升　殿東階宮懸樂作至　殿陛褥位立定樂止所司以盞盤授　皇太子　皇太子搢圭執盤盞進酒皇帝受盞置茶床　皇太子執盤退復階上褥位以盤授執事者執圭二閤使齊引至欄子内

褥位俛伏跪致詞訖俛伏興退復褥位同 殿
下臣寮皆再拜侍中承 旨退臨階西向立稱
有 制典儀曰拜贊者承傳 皇太子及在位
羣官皆再拜訖且躬 宣詞畢上下舞蹈五拜
平立 皇太子搢圭執盤登歌樂作 皇帝舉
酒飲訖 皇太子以盤受虛盞退復褥位樂止
轉盤訖執圭降 殿至丹墀位羣官再拜分班
序立侍中 奏禮畢內侍索扇扇合簾降鳴鞭
協律郎俛伏跪舉麾興工鼓柷宮懸樂作 皇

帝降座入自西房還幕次樂止掌寶帥舁寶床
弩手織子升 殿取盝降 殿蓋訖置於床引
進官前導通事舍人贊引詣東上閤門上進通
事舍人引侍中版 奏解嚴所司承 旨放仗
羣官以次出
大定二十二年九月 奏禀近奉 勅旨如使
玉寶印 宣詔有無典故如無無若成造亦有
無典故太常寺檢討到通典秦以印稱璽以玉
不通臣下用 天子之信故曰璽今曰寶六典漢

舊儀曰天子有六璽皆白玉唐八寶並用玉神寶承百王鎮萬國受命寶修封禪禮神祇皇帝行寶荅疏王公則用之皇帝之寶勞來勳賢則用之皇帝信寶徵召臣下則用之天子行寶荅四夷書則用之天子之寶慰撫蠻夷則用之天子信寶發蕃國兵則用之通典北齊六璽皇帝行璽皇帝之璽皇帝信璽並用玉天子行璽天子之璽天子信璽並用金後周六璽皆白玉爲之隋因舊制南齊梁陳以金爲之并內藏庫即

今所收　八寶　皇帝神寶受命於天既壽永昌　皇帝行寶　皇帝之寶　皇帝信寶　天子行寶　天子之寶　天子信寶及皇統五年造　御前之寶印宋國書并常例　奏目等書詔之寶印高麗夏國　詔并　頒詔則用之大定十八年造　大金受命萬世之寶奉　勅旨再商量尋擬定作　宣命之寶　從之二十三年五月三日工畢　寶樣面直徑四寸二厘厚一寸四分手把高一寸九分通高三寸三分

字深二分擇定五月七日九日係　進呈吉日

奏奉　勅旨遇朝日　進呈太常寺具到皇

統五年已行禮數并參酌定到儀注下項　皇

統五年禮數見前　令參酌擬定舁寶盝官八

負以供奉班充窄紫擡腰輿一十六人以弩手

充仍用本服是日製造官公服自製造所用腰

輿行馬恭奉新造　宣命之寶於東上閤門安

置定擡舁弩手並退舁寶盝官奉寶盝官於寶

案後俟駕坐百官班退宰執升　殿製造官帥

舁寶盝官奉寶盝官製造官前導於露階上安置宣徽使取　旨付點檢司製造官以下皆退符寶郎一員於寶盝內取　寶用金斗奉　寶進呈取　旨封收　如何行用臨時　奏禀禮畢付所司　褁　寶大紅綿五兩褁　寶表裹大紅夾羅複一条二幅　寶上檢牌一用金於上鐫宣命之寶字寶紐上用大紅絨絛一條金斗一个臺鈒纏龍金鍍銀印色盒子二个寶案一寶上合用護　御畫封麃皮一寶盝二重朱

漆背裝以金以紅羅明金帕以載腰輿及行馬

並飾以金

大定二十三年恭奉 勅旨用金鑄造 宣命之寶以三月十一日 進呈爲始一品及王公妃用 玉寶二品已下用 金宣寶其 進呈儀注如前

天會十 年講究到 太皇太后有璽綬見前漢元后傳 皇后有璽綬見前後漢書及諸史妃亦當有印綬光武貴人金印紫綬貴人位

次皇后晉輿服志貴人夫人貴嬪皆金章紫綬

章文曰貴人夫人貴嬪之章

皇后赤紱玉璽

通典皇后赤綬玉璽蔡氏獨斷又令文太皇太后皇太后皇后皇太子皇太子妃寶以上寶金爲之並不行用其封令書太皇太后皇太后各用宮官印餘條不言太皇太后者與皇太后同皇后用內侍省印皇太子用左春坊印太子妃用內坊印謹按漢晉以來太皇太后皆有璽紱其璽別不載用之與否至唐令明著其寶並

不行用其封令書用宮官印令即宜奉　太皇太后之寶仍置宮官其寶　而不用凡有令書於正封外別置重封用宮官印書宮官具位姓名以尊　令書故並宜加臣字庶合典禮

太后寶具太后門　太后　太妃寶具妃門　皇太子寶又　守國寶具皇太子門太定十八年儀

印

禮部自來鑄印方寸制度下項依正隆元年有

批

三師三公親王尚書令並金印方二寸金重八十兩駝爲紐餘王印紐同一字王印方一寸七分半金鍍銀鑄銀重四十兩鍍金三字諸郡王印方一寸六分半金鍍銀鑄銀重三十五兩鍍金三字一品印方一寸六分半金鍍銀鑄銀重三十五兩鍍金三字二品印方一寸六分並用金鍍銅鑄銅用二十六兩東宮三師宰執金鍍銀重與郡王同三品印方一寸五分半銅重二十四兩四品印方一寸五分銅重二十兩

五品印方一寸四分銅重上同六品印方一寸
三分銅重十六兩七品印方一寸二分銅重上
同八品印方一寸一分半銅重一十四兩九品
印方一寸一分銅重一十四兩凡朱記方一寸
銅重一十四兩

天德二年八月緣行省咨見使印樣差小乞比
類尚書省印小一等改鑄呈禀訖依禮部篆到
所指印樣鑄造分付

大定十九年　禀奏國公自來不曾鑄印別無

鑄印故事難以給鑄　從之

大定二十四年二月　奏禀禮部呈　車駕行幸上京契勘行尚書省御史臺并左右三部各有合用印信擬乞依見用大小制度另行鑄造從之

臣庶車服

貞元元年遷都燕京儀仗内攝官四員并導駕官四十二員所用法服下項

正一品四員侍中二　中書令二　貂蟬籠巾七

梁額花冠貂鼠立筆銀立筆犀簪佩劍緋羅大袖一緋羅裙一緋羅蔽膝一緋白羅大帶一天下樂暈錦玉環綬一白羅方心曲領一白紗中單一銀褐勒帛一玉朱珮二朶金鍍革帶一烏皮履一對白綾韈一對

正二品五員門下中書侍郎各二大興牧一

七梁冠銀立筆犀簪緋羅大袖一緋羅裙一緋羅蔽膝一緋白羅大帶一雜花暈錦玉環綬一白羅方心曲領一白紗中單一銀褐勒

帛一玉琳佩二朶金鍍銀革帶一烏皮履一對白綾韈一對

正四品一十六員（御史中丞二給事中四中書舍人六左右諫議大夫各一）五梁冠銀立筆犀簪（內御史中丞獬豸冠）緋羅大袖一緋羅裙一緋羅蔽膝一緋白羅大帶一白獅子錦銀鐶綬一（內御史中丞青荷蓮綬）白羅方心曲領一白紗中單一銀褐勒帛一珠珮二朶銀革帶一烏皮履一對白綾韈一對

正五品一十四員夾輅大將軍二陪輅將軍二中道隊大將軍一龍旗隊大將軍一傔佐八四梁冠銀立筆犀簪緋羅大袖一緋羅裙一緋羅蔽膝一緋白羅大帶一簇四金鵰錦環綬一白羅方心曲領一白紗中單一銀褐勒帛一銀珠珮二朶銀革帶一烏皮履一對白綾韈一對

正六品至七品四十三員正六品侍御史二大興令一從六品修起居注四正七品左右

拾遺二左右補闕二殿中侍御史二十四從七品通事舍人八三梁冠銀立筆犀簪緋羅大袖一緋羅裙一緋羅蔽膝一緋白羅大帶一黃獅子錦銅環綬一白羅方心曲領一白紗中單一銀褐勒帛一銅珠珮二朶銅束帶一烏皮履一對白綾襪一對

大定二十二年袷享攝官并導駕官所用法服下項

攝官二品已上九員終獻一大禮使一太尉

一司徒一侍中三門下侍郎一中書侍郎一

七梁貂蟬籠巾冠服

三品七員翰林學士一太常卿一光祿卿二太僕卿一殿中監一

四品四員七祀獻官一功臣獻官二大司樂一並用六梁冠服有金花

五品一十二員太府少監一戶部郎中一符寶郎四東上閤門使一奉瓚等官四舉冊官二

五梁冠服

六品官二十八員尚輦一夾侍四從升護衛四尚舍二光禄丞一太樂令一太廟令一司尊彝十四

四梁冠服

七品官二十四員助奠官六博士四監察二太官令四通事舍人七太廟丞一

三梁冠服

内監察獬豸青綬

八品官二百六十九員太祝一十六祝史二十八奉禮郎二七祀祝史一協律郎二齋郎二百八太官丞一良醖令二廪犧令一亞終

獻執事官八

九品官一百一十員內侍八宮闈令一十七別廟內侍二禮直官一十贊者二十七祀祝史三七祀功臣進饌四十七祀爵洗執事已下一十並二梁冠服

導駕官四十員其冠服與攝官同如內有御史臺官合依本職品從服豸冠青綬

大定官制諸服飾佩帶文資五品已上服紫六品七品服緋八品九品服綠若職事高於散官

者並從職事借本品服色隨職俱降如職事低於散官並從散官服色

應武官並服紫　皇太子玉帶佩玉雙魚袋　親王玉帶佩玉魚一品玉帶佩金魚二品笏頭毬文金帶佩金魚三品四品荔枝或御仙花金帶佩金魚餘服紫者紅鞓烏犀帶佩金魚服緋者並紅鞓烏犀帶佩銀魚服緑者並皂鞓烏犀帶武官一品二品佩帶與文官同三品四品金帶五品六品七品紅鞓烏犀帶皆不佩魚八品已下並皂鞓烏犀帶應

殿庭祇應五品已下官如閤門横班六尚之類非入 內不許金帶又展紫入 殿庭者皆許服紅鞓不佩魚又二品以上許兼服通犀帶三品官若治事及見賓客許兼服花犀帶又品官帶上得兼下不得僭上

大定二年條約趁朝不得服花犀

十年省批學士院官并修注等當直服金帶

十一年 奏定 東宮左右衛率僕正副典贊儀內直郎丞當直服金帶具雜儀式卷上壽王

不合佩玉魚　具宗室門

大定十一年四月五日　奏稟太常寺檢討到唐車服志并宋會要該品官公服各有綾羅花樣等第不同今參酌擬三師三公　親王宰相一品官服大獨科花羅直徑不過五寸執政官服小獨科花羅直徑不過三寸二品三品服散搭花頭羅謂枝葉者直徑不過一寸半四品五品服小雜花羅謂花頭碎小者直徑不過一寸六品七品服芝蔴羅八品九品服無紋羅已上

職事散官從一高皆上得兼下不得僭上窄紫亦同服色各依官制品格其諸局分承應人並服無紋素羅外據官民常服不在此限從之

大定十五年五月三日　奏稟朝日百官公服有襴無襴制度不同檢討到唐書馬周上議禮無服衫之文三代之制有深衣請加襴袖長孫無忌議服袍者下加襴若依上項典故袍不加襴即非古制有虧禮體奉　勅旨文資官公服加襴

大定三年三月十七日詹事　奏奉　勅旨

皇太子三位妃傘用青表紫裏金浮圖

大定制文五品已上官及母妻許用傘蓋官職從一高駙馬都尉依本品即在都無職事官并母妻皆不得用若致仕及曾任五品以上職事身故官母妻并不因天子别加邑號者不在禁限

大定儀制　親王　公主　王妃傘金鍍銀浮圖青表紫裏　郡主　縣主　夫人金花銀浮

圖青表紫裏三師三公宰相樞密使郡王一品
執政官樞密副使御史大夫銀浮圖青表紫裏
一品官爵銀浮圖青表朱裡執政官樞密副使
御史大夫 紅浮圖青表紫裡以上並用羅二
品朱紅浮圖青表朱裏三品朱紅浮圖青表碧
裏四品五品青浮圖青表碧裏以上并用絹品
官毋妻各從夫子用傘前宰執任外路執事傘
蓋仍舊 大定四年三月二十三日 奏稟檢討
到典故宋太宗製笏頭帶以賜輔臣其罷免者

尚亦服之此蓋前代優待勳舊之禮兼見行儀制内前宰執職在外路長官見佐貳官并經過州縣迎送禮數比之庶僚亦是優異其貞定尹翟永固係前宰執傘蓋擬仍舊從之吏職入品預朝𠫭帶五品官者並許用傘蓋

親王赴朝鞍轡及圈背銀交椅具親王門宰執等并内外官制度及親王宰執治事服帽帶餘展皂見雜儀式下卷

大定制文諸車一品用銀螭頭涼棚杆子月板

並許以銀裝飾三品以上螭頭不得施銀涼棚
杆子月板亦聽用銀裝飾五品以上獅頭六品
以下雲頭庶人平頭
又宗室及外戚謂 皇家小功以上親 太皇
太后 皇太后大功以上親 皇后期以上親
並一品官及官職俱至三品以上者許用金花
鞍韉並餘禁斷若經 賜或御毬場內打毬者
不在此限百姓并奴僕不得用玉較具鞍轡
又五品以上官官職從一高母妻許披霞帔

又宗室及外戚并一品命婦衣服聽用明金釵

使品官之家婦女同籍不限親疎期親雖别籍亦是出嫁同唯首飾霞帔領袖繫腰許用明金軟金籠金閒金之類亦同衣服止用金條壓正班局分承應帶官人雖未出職係班其祖母及母妻子孫之婦在室之女孫女姊妹同籍兄弟之妻亦准此只令本家成造如无工匠即許雇賃餘並禁斷

又禁私家用純黄帳幕陳設若曾經　宣賜鑾

輿服御車輿日月雲肩龍文黃服五箇鞘眼之鞍皆須更改謂龍去一角鞍填一眼之類即服用物上造獸似龍形者及諸用物上有龍文而存留者並禁斷大定八年十月初三日奉 勅旨應官員百姓之家舊器物上有獸似龍文者不須毀壞仰自今後不得創行成造

大定十三年十一月二十三日左司郎中 奏過前來尚書省集議鑄錢利害等事吏部尚書梁肅議民間錢難蓋由風俗奢華所致今則吏

卒屠販奴僕之賤各衣羅紈綺繡服帶金魚以
致錢貨盡入富商大賈及兼并之家擬乞嚴行
禁約明定服色自然民有餘財送禮部勘當到
除　制條內已有立定禁約之物其餘服用之
物若擬立定隨色等第別行禁斷見得繁碎難
行本部所見止合仍舊臣等商量自　國家有
天下到今凡法度皆緣民情中間恐風俗僭侈
遂以車輿傘蓋明金衣物金花鞍轡玉較具鞦
轡及限品級以至純黃帳幕陳設銀褐油子雨

衣及應用諸物上有龍文者皆有禁斷條理行之已久愚民不曉尚有違犯若准所言將屠販奴僕等衣著服帶之物更行創立等第恐所禁繁細徒生詞訟若只依舊似爲長便當日奉都堂台旨連入卷付架閣

太常寺元擬庶人之家單戶同只許服絁紬絹布毛褐花紗無紋素羅絲綿其頭巾繫腰領帕許用芝蔴羅絛子用絨織其餘綾羅綺縠錦繡紵絲熟綾線羅大物織刻繪畫之類並不得服

用裀褥幈帳車氊絆之類同仍不得以金玉犀象諸寶物謂瑪瑙玻璃之類爲器皿及裝飾刀靶鞘并銀裝釘床榻之類婦人首飾不許用珠翠鈿子等物翠毛除許裝飾花環冠子餘外並禁假者同兵卒許服無紋素壓羅絁紬絹布毛褐充引接本破應在公門承應自從儀制内服飾兵奴婢只許服絁紬絹布毛褐士人謂得鄉薦及係學籍者及實有才學雖不得鄉薦不係學籍者並同及僧道有師號尼女同并良閑官

八品以上許服花紗綾羅絲紬士人及良閑官家屬并其餘僧道與庶人同在官承應有出身人帶八品以下官未帶官亦同帶七品以上官與品官同許復花紗綾羅紵絲絲紬家屬同婦人許用珠子爲首飾無出身人正九品與良閑八品以上同遇入宮承應日或從駕出入衣服承舊東宮承應人同帶正品品以上官與有出身同京府州縣司吏與庶人同都孔目官與良閑八品同倡優遇迎接宣詔聖節賜

宴及公筵承應許暫服繪畫之服私服與庶人同外車馬鞍轡除　制條該載諸車庶人平頭及百姓奴僕不得用玉較具鞦轡外擬庶人坐車只用一色黑油馬鞍許用黑漆以骨角鐵爲飾不得用焰銀[illegible]鐙鍍金鞘眼及金銀犀象寶物等裝飾鞦轡假者同

大定二十四年五月以言事者乞限約民間衣服佩飾使有等差送太常寺檢討本寺具申前議禮部勘當雖定十三年擬定止合依舊隨其

貧富任意服用羅綺錦繡紵絲繪畫等物緣人情爭尚無厭若不定立等差見得巳久風俗奢靡以致困弊申呈都省自後别無施行

大金集禮卷第三十

大金集禮卷第三十一

班位表奏

班序

命婦

牋表

奏事

班序

天眷二年五月十三日奏定朝參儀式内

親王宗室已命官者年十六以上並赴起

居　宗室隨文武官班　親王班退即引文武
百寮以次入并見謝辭等班列具朝會門
天德二年四月二十九日海陵庶人旨　殿前
文武官排次并以職爲序如　親王國公及帶
官　宗室未有職事應　朝參者皆入　皇親
班其散官并應任流外職者並不預　朝參如
前　殿預朝會使客等筵宴亦以職爲序　親
王宗室未有職事　宴如後　殿預　宴者緣
不係公禮除宰執外不間散官職事止從一高

親王國公已有職事者並別設隅坐

大定五年八月十二日以判宗英王職正從一品王爵正一品次國判府　皇子許王職正三品王爵正一品大國每遇　朝叅不見如何班次下太常寺檢照到官制王正一品判大宗正從一品府尹正三品緣　皇子許王見封大國英王孫次國及檢討到唐六典親王府注云隋皇叔昆弟皇子爲親王唐宋公式令若親王任卑官職事者仍依王品見得　親王不合依判

宗京尹品秩只合依大國許王品序班位在次
國史王之上蒙　准呈
大定五年十一月以太子太保温王職正二品
爵正一品不見於　殿庭朝宴如合排次及
太子看書如合坐位檢討得唐六典太子三師
大子太師一人太子太傅一人太子太保一人
又官制太子太師太傅太保掌護　東宮導以
德義又云公集並以職爲上若　宴若職事官
爵從一高看詳太子太保温王於　殿庭朝宴

排次自有閤門常行班位若　太子看書與太傅同到　東宮正是公集係官制合以職爲上坐位太子太傅下下禮部准申施行

大定儀制　親王每遇　朝叅並依王爵叙班

命婦

皇統元年正月十八日　奏請日近　皇后殿行　册禮命婦並入　朝兼會到　親王宗室除正嫡已封妃夫人外次室並無封號難定班列今擬　親王正嫡封國妃者次室二人封國

夫人正嫡封王妃者次室二人封王夫人一品官封正嫡國夫人者次室二人封郡夫人二品三品官正嫡封郡夫人者次室二人封郡君特旨更增封人數者不拘此限　勅旨准　奏行仍據封國夫人者以國號爲上下王夫人在正嫡國夫人之下郡夫人郡君等亦並在正嫡郡夫人郡君下排列

天德二年正月尊奉　永壽寧宮并二年十月冊　中宮禮畢內外命婦　稱賀具　太后

皇后門

大定十七年五月三日擬　奏　皇家袒免以上親不帶邑號預　宴坐次按唐典故凡朝會之禮應陪位預會者皇周親準三品大功親小功尊屬準四品小功親緦麻尊屬準五品緦麻袒免親並準六品今　皇家袒免以上親無邑號婦女預　宴坐次合依上項典故　從之

大定二十年七月二十一日　勅旨今後遇有命婦合入　朝事務四品郡君已上女直契丹

渤海人并　皇家三從已上親命婦娘子各刷見名姓遇有事筵須得分朗告報有不來者仰宣徽體察端的至日　聞奏施行大定五年七月十六日　勅旨今後如遇拜　天并　妃生日及有頭段禮數須合來者仰三品已上職事官女直契丹渤海命婦無夫主國夫人及　妃每親眷等盡赴　宮中不得推稱病患事故如有不赴者仰宣徽院　聞奏

牋表

大定四年正月禮部申呈近奉　勅旨正旦
生辰禮物並免進今擬自大定五年爲始免納
只令隨處拜表稱　賀嘗准行
大定二年十一月檢擬　皇太子奉表　謝賀
及用印例按唐志天子通表如諸臣之禮除無
節辰奉表典故外如遇合稱　賀奉表有令文
格式下項若封　令書用宫師印外别無上表
用印典故擬依即今　奏目體例更不用印嘗
准呈　臣某言云云臣某誠惶誠懼　賀則云

誠歡誠忭後章末准此　頓首頓首入詞云

云謹奉表稱　謝以　聞稱賀陳讓陳乞並

倣此臣誠惶誠懼頓首頓首謹言年日月　皇

太子臣名上表

尚書省上表用奏目紙三張每張約六行或七行每行不限字數末後紙三行或五行前張押貼黃下邊用印末後年月上用印紙縫背用印用深紅羅夾複一條封裹貼黃云上表爲問

聖躬事封皮同　其日質明於都堂前設百寮

褥位重行序立望　闕先兩拜訖堂單跪以表授班首單跪捧表以付所差人所差人跪受訖班首起立在位官皆再拜退

外路拜表儀大定十六年禮部行下　其日質明望　闕置香案並設官屬褥位敘班立禮生贊拜在位官皆再拜捧表人司吏單跪以表授班首單跪捧受以付所差人所差人跪受訖班首起立禮生贊拜在位官皆再拜退

大定八年　月二十一日　勅旨前來尚書省

每十日一次上表問　聖躬今後二十日一次
上表外合　奏文字每十日一次差人前來
正隆六年十月檢討到令文大慶大禮元日諸
州府軍監長史及諸道節度觀察防禦團練使
刺史轉運使等立奉表賀其長官闕者次官賀
今太原府尹雖不闕見在軍前合候供進表章
時置立見管府事官名銜禮部准申行下
大定七年九月檢討到唐會要貞元二年十月
九日御史臺奏每有慶賀及須上表並合上公

行之如無上公即尚書令僕巳下行之續檢到

到唐會要太常禮院言唐貞元詔每有慶賀及

諸上表並合上公爲首如三公闕令僕巳下行

之中書門下别頁章表又按五代會要晉天福

二年中書門下奏今後凡有謝賀上表望並准

唐勑上公行之如三公闕令僕行之中書門下

别頁章表今來雖有三公係上項典故尚書省

亦合别頁章表禮部呈省點檢

正隆六年六月蔡州申稟　駕幸南京合無上

表檢照到天德五年　幸中都時刺史周軍衙門以上長官不以遠近盡行上表稱　賀緣不見得昨來　幸中都特隨州軍緣何上表及隨處進到表文還於何處類納再檢討到開元通禮義纂云巡狩親征及諸大事並皆朝賀諸州刺史及都督京官五品已上在外者並奉疏賀皆禮部爲奏有此典故今來遷都南京隨處賀表係上項典故合於尚書禮部類納蒙准呈

大定二十五年　車駕還都檢討得別無百官

奉表稱　賀典故

大定八年十月滄州上表牋爲　賀生　皇孫事檢討到唐會要御史臺奏應諸道管内州合進元日冬至端午慶陽等四節　賀表除四節外非時别有慶賀使司便牒支郡取表狀急遞至上都委留後官進奏有此典故禮部將表牋牒付所司　進奏緣何爲例遍行之事呈奉都省批降准外不須遍行

大定二年五月以滄州申禀　賀　皇太子牋

紙樣複匣等事檢到令文上東宮牋除改定字數外並同表式其紙與上表紙一同又按宋事實皇太子凡飾用龍者皆以螭龍廣韻云螭無角如龍而黄其綫匣畫龍者比附上件典故合畫螭龍所有褁牋單複合用梅紅羅禮部准申遍下

大定八年受　册外路稱　賀牋式　某言伏審　皇太子殿下於某月日受　册命禮成者入詞某誠歡誠忭叩頭叩頭伏惟　皇太子殿

下入詞某伏限祗守官司不獲　稱慶　宮庭

某無任歡忻忭躍激切屛營之至謹奉牋稱

賀以　聞某誠歡誠忭叩頭叩頭謹言某言月

日具位姓名上牋貼黃云上牋受　賀受　冊

禮成事問候牋即云上牋爲問　清躬事

大定九年六月五日　奏稟　皇太子前去坐

夏日官合無具牋問候檢討得別無典故體例

奏　勅旨具牋問候尋講究到前來遇　車駕

行幸官赴尚書省拜表近　皇太子前去坐夏

百官送再拜　皇太子荅拜今來奉牋只合尚書省首相具銜位姓名等修寫如儀於都堂以牋授走馬人更不合集會百官外司徒合另具牋問蒙　准呈

奏事

天眷二年五月十三日詳定所定到　奏事儀勅旨准奏領省及宰執自東西分陛陞　殿左司侍郎執　奏牘從宰執入　殿以　奏目授宰執訖於　殿欄子内柱下立餘並不得陞

殿候　奏事訖降降左階於東序立右司侍

郎自西階陞　殿如左右儀降自右階於西序

立候領省宰執出各稟覆簽所得　聖旨

皇統二年四月七日擬定　奏目體式　勑旨

從之　奏目後年月日宰執繫署臣并書名仍

宰相累書執政官側書　奏目前宰執自簽

聖旨仍當簽者亦繫署臣并書名

大定二年八月檢討左右司　奏事典故按漢

制尚書郎奏事晉已後八座丞郎多不奏事梁

武帝天監初詔曹郎可依昔奏事左右司郎定至隋時方置隋以前通謂之尚書曹郎唐令中書令正三品中書侍郎正四品中書舍人正五品並掌敷奏宋職官志中書令正一品中書侍郎正二品中書舍人正四品並掌中外取旨之事遼時都承旨奏事　本朝　太宗時亦係都承旨　奏事　熙宗時執政官　奏事奉　勑旨　奏目只令左右司係舊

大定四年三月二十三日　勑旨今後每朝宰

執　奏事罷過有御史臺　奏事宰執退
皇統六年五月二十三日　奏禀今後接告人
委點檢司分付御史臺取問直行　聞奏事送
討論所議定點檢司以接告人分付告人本臺
自合備坐　聖旨牒送如訴尚書省偏錯本臺
便合申取　天案點勘若論不肯授理即先行
申會見得所告事元不曾經由都省即取妄告
情罪并具所告公事一就　聞奏取　旨斷遣
却付尚書省依罪施行所擬本臺勘定公事若

却從法寺檢斷切慮防嫌合依故事專置檢法
官二員一員檢斷女直契丹等一員檢斷漢兒
漢渤海準備　聞奏若　奏事即本臺長官與
應勘之官同　奏別具　奏目依都省見行例
各隨契丹漢兒隨色字作　奏目並於　朝日
宰執　奏事罷官長率其屬上　殿　進呈如
事干急速亦許非時於　內殿奏　奏畢得旨
即連　奏目前案以別紙批所得　聖旨繳申
尚書省送所屬部分施行若尚書省見御御史

臺所　奏內有未允當事理許行覆　奏其進退遠近體式即官長在前餘官重行在後若有所　顧問即應　奏之官皆得專對兼御史臺除見設令譯通事外無管勾文字人既專行奏事擬添設典事二人一名管女直契丹文字一名管漢兒文字　勅旨從之

皇統二年七月二十一日　奏請今後繁細有例公事更行　聞奏實應有煩　聖聽擬自今凡有下項事並依例施行　從之

都目出職諸京府州鎮承應人吏番譯通事出
職諸經科年遷并腰遷滿遷諸寺提點并僧道
録判僧尼臨壇首座等三學法師傳授戒本孥
手并隨路軍負擺轉遷加六品已下換授

大金集禮卷第三十一

大金集禮卷第三十二

輟朝廢務

輟朝

大定八年正月九日　勅旨自今後凡享　太廟行禮日免朝

大定九年二月勘當祭　太社　太稷行禮日

有無合免　朝事檢討到唐會要社稷門該天寶三載昇爲大祠又牲用太牢太尉攝行事祭之日不坐並是大祠之義又輟朝門該貞元十五年正月十三日延英開羣臣候對已而上却不坐以中書侍郎有事於太清宮故也詳此典故唐之故祠有司攝事具日皆不視朝本部契勘今來祭　太社稷行禮日然有前項典故該其日皆不視　朝緣今月一日春祭　太社稷行禮日有蒙免　朝不見得宣徽院曾無捧到

勅旨爲此移文本會得宣徽院令左西副就
禮部檢到唐會要太社典故祭之日不坐以明
大祠之義禀　奏過奉　勅旨免　朝緣係已
久爲例之事呈省點驗　大定三年六月一日
日蝕依舊典故太陽虧有司預　奏　皇帝不
視事百官各守本司不治務過時罷罷自後以
爲常式　十五年四月十五日　勅旨今後每
遇太陰太陽虧蝕並免　朝　大定十三年六
月二十三日以奉安　昭德皇后於　別廟奉

勅旨免　朝　十五年三月二十七日奉安
武靈皇后於　别廟亦免　朝參似此百官
行禮其日並免　朝
皇統二年太師宗幹薨薛王宗強薨並輟　朝
七日平章昂薨輟　朝三日九年太師宗弼薨
輟　朝三日　大定十九年十一月七日改葬
昭德皇后前後各一日不視　朝廢務自來
凡遇　妃主大臣薨逝及出葬並輟　朝廢務
廢務　承安二年七月十三日　聖旨七

月十五日是拜　天打毬節自是

不　朝今後不索　降奏

大定二年五月十一日　奏請　睿宗皇帝忌

辰有無廢務奉　勑旨廢務仍爲定　制五月

十六日　貞懿皇后忌辰亦廢務過大祥後不

廢

大定十九年五月十一日　奏請即今　衍慶

宫剏建　世宗　太宗　睿宗　御容殿閤與

太祖爲四　廟緣　太祖　太宗　睿宗

忌辰並廢務今來　世祖皇帝五月十五日
忌辰有無合行一體廢務　從之
大定二十六年十一月一日　奏定　熙宗忌
辰亦廢務
大定三年六月一日日蝕係典故百官守本司
不治務過時乃罷遂爲常式自來　宗廟從
祀并　原廟　別廟　奉安　尊享及凡　慶
慰等禮數用百官者並廢務
大定十九年十一月七日改葬　昭德皇后前

後各一日廢務二十五年六月　皇太子薨廢務禁樂三日及但用百官祭奠行禮日亦廢務其發引并葬日並廢務禁樂

休假

天眷二年五月十三日詳定所定到儀式一款旬休及節序假寧休務日下項　勅旨准奏

元正冬至寒食各節前後其休務三日上元立春秋社上巳端午三伏立秋重陽授衣　九月一日　國忌每月三旬以上各休務一日

五年四月　奏稟舊令文内該諸節辰與見今節辰内有不同除見今施用節假外下項未曾施用奉　勅旨俱各一日夏至中元下元各三日人日中和節七夕春分立夏立冬各一日

大定二年閏二月九日　奏稟天德二年十月條理内外官司自來准式休假頗多不無曠廢官中書務自今後除旬假外年節前後各給假一日共三日清明冬至日各一日其餘節辰並不給假奉　勅旨清明與假三日尚書省相慶

各給清明前二日共三日

大定二年十一月　奏定内外官司除旬假外元日寒食前後各給假一日（寒食係冬至後一百五）冬至立春重五立秋重九各給假一日（公務急速不在此限）

大金集禮卷第三十二

大金集禮卷第三十四

岳鎮海瀆

祀儀

雜録

祀儀

大定四年六月二十一日奏禀近奉勅旨五岳四瀆等每歳行禮合行講究謹按尚書舜典望秩於山川漢文帝詔增修山川羣祀以祈豐年武帝祀名山大川唐岳鎮海瀆以五郊迎

氣日祭之及祭於州界宋五禮新儀太常寺預於隨季以四立土王日祭五方岳鎮海瀆立春日東方立夏日南方立秋日西方立冬日北方土王日中方又具日時下本州亦以四立土王日祭之今參酌定到下項禮數擬自將來立春爲始行禮　從之　依典禮以四立土王日只於所在州界就本廟致祭外南岳衡山南鎮會稽山權衡遥祀於中岳嵩山東瀆大淮舊在唐州祭南海南瀆大江遥祀於東海廣德王廟萊

州祝版按唐通典委所司至時先奏取署附使送往今擬每季前期進請御署差官送至所在州府通典祀官以當界都督刺史充今擬獻官以本界都管官司長貳官充如在支郡以都管長官充初獻支郡長貳官充亞終獻牲牢依唐宋典禮每位用羊一豕一酒一斗餘籩豆之實依常禮

東岳岱山兖州唐天齊王宋天齊仁聖帝

東鎮沂山沂州安東公

東海萊州 淵聖廣德王
東瀆大淮唐州 長源王
南岳衡山潭州 司天昭聖帝唐王
南鎮會稽山越州 永興公
南海廣州 洪聖廣利王
南瀆大江益州 廣源王
中岳嵩山河南府 中天崇聖帝
中鎮霍山平陽府 應聖公
西岳華山華州 金順天聖帝

西鎮吳山隴州成德公

西海河中府通聖廣潤王

西瀆大河河中府靈源王

北岳恒山定州安天玄聖帝

北鎮醫無閭山廣寧府廣寧公唐宋遥祀於北岳定州界

北海孟州冲聖廣潤王

北瀆大濟孟州清源王

下項行禮次第並准呈　差三獻官并讀祝官

一捧祝官二盥洗官二爵洗官二奉爵官一司尊彝一禮直官四以本州府司吏充　前三日應行事執爵官散齋二日治事如故宿於正寢不弔喪問疾作樂判刑殺文書決罰罪人及不與穢惡致齋一日於祀所唯享事得行其餘悉禁享官已齋而闕者通攝行事　前二日有司設行事執事官次於廟門外隨地之宜掌廟者掃除廟之内外前一日有司牽卜牲詣祠所享官以下常服閲饌物視牲充腯享日丑前五刻

執事者設祝版於神位之右，置於坫。及以血豆設於饌所。次設祭器，皆藉以席。掌饌者實之。左十籩爲三行，以右爲上：第一行乾䕩在前，乾棗、形盐、魚鱐次之；第二行鹿脯在前，榛實、乾桃次之；第三行菱在前，芡、栗次之。右十豆爲三行，以左爲上：第一行芹菹在前，筍菹次之；第二行韭菹在前，魚醢、兔醢次之；第三行豚拍在前，鹿臡、醓醢次之。左簠二，實以稻粱，粱在稻前。右簋二，實以黍稷，稷在黍前。在籩豆外俎間。俎二，牲體皆載右胖前脚之節一段肩臂臑皆載之後脚三節一段去下一節載上豚胳二節又取正脊中脊橫脊短脅正脅代脇各二骨次設犧尊二象尊二在堂上東南隅北向西上犧尊在前皆有坫加勺冪爲酌尊實以法酒犧尊初獻官酌之象尊亞終獻酌之又設太尊一山尊一在神位前以法酒皆設而不酌有司設燭於神位前洗二東階之下直東霤北向盥洗在東爵洗在西罍在洗東加勺篚在洗西南肆實以巾

（若爵洗之篚即又實以爵加坫）執罍篚者位於其後又設揖位於廟門外初獻在西東向亞終又祝在東南向北上（祝位少却）開瘞坎於廟内堂之壬地（祭海瀆別無望瘞位）方深取足容物南出陛設望瘞位於其南三獻官在南北向西上祝在東西向又設三獻官在南北向西上祝在東西向又設三獻官蕝位於堂下東階東南西向北上設祝蕝位於庭中北向又設祝位於堂上前楹東西向

享日丑前五刻行事春冬用丑時七刻夏秋用丑時一刻行事執事官各就次掌饌者帥其屬實饌具畢凡祭官各服其服贊者引初獻凡行事執事官行止皆贊者引升自東階凡行事執事官升降皆東階點視陳設訖退就次引初獻以下詣廟南門外揖位立定贊禮者贊揖次引祝入就堂下薦位北向立次引三獻官入就薦位西向立又引行事官執事官就堂下席位北向立以西爲上贊者曰再拜在位者皆再拜贊

者請諸執事官各就位凡執事官廟中行禮取奠物皆跪次引祝升堂就位立定次引初獻詣盥洗位北向立搢笏盥手帨手執笏詣爵洗位北向立搢笏洗爵以爵授執事者執笏升堂詣酌尊所西向立執事者以爵授初獻初獻搢笏執爵執尊者舉冪執事者酌酒初獻以爵授執事者執笏詣　神位前北向立搢笏跪執事者以爵授初獻初獻執爵三祭酒奠爵訖執笏俛伏興少立次引祝詣詣神位前東向立搢笏跪

讀祝訖執笏興退復位初獻再拜贊禮者引初獻復位次引亞獻酌獻並如初獻之儀唯不讀祝亦不飲福受胙次引終獻並如亞獻之儀贊者引初獻官詣　神位前北向立執事者以爵酌清酒進初獻之右初獻跪祭酒啐爵奠爵執事者以俎進減　神座前胙肉前脚第二節共置一俎上以授初獻以授執事者初獻取爵遂飲卒爵執事者進受爵復於坫初獻興再拜贊者引初獻復位贊者曰再拜獻官以下皆再拜

已飲福受胙者不拜次引初獻已下望瘞位岳令進（岳令以廟官充）神位前以俎載牲體并血黍稷飯詣瘞坎以饌物置於坎（祭海瀆獻官拜訖瀆令以血沉於瀆）東西廂各二人寘土半坎贊者曰可瘞贊者又曰禮畢遂引初獻初獻官已下出祝與執尊罍篚冪者俱復位立定贊者曰再拜再拜訖遂出祝板燔於齋所

按宋事實太平興國九年六月詔自今遣官奉青詞祝板御封香往諸處致告並令緘封護持

每至驛舍安置靜處務極嚴肅又五禮新儀春秋薦獻諸陵受香表儀該前期太常卿奉香表至鞏縣以香表置於腰輿與獻官以次從行至昭孝禪院引香表腰輿置於堂上禮直官贊各俛伏跪以表授獻官省視香表訖復置於腰輿從行至陵所今來 御署祝版亦合比附上件典故每至驛舍安置靜處務極嚴肅到本州府縣前期告報置腰輿獻官已下迎接將祝板置於腰輿獻官已下從行於本廟齋廳安置訖 如

無齋廳別設位次　禮直官引獻官省視訖賛獻官已下皆再拜訖退并祝版如書寫彼州府官姓名充獻官進請訖　御署切恐到彼本官差出事故擬於各處祝版上只書寫行禮年月日并祝文到彼見得本州長官別無差出事故即勒就便書塡本官姓名職任若是差出事故即便依上書塡以次佐貳官等姓名依准已行禮數行禮蒙准呈

大定四年閏十一月二十五日奉　勅旨岳廟

致祭務要嚴潔六年五月十五日奉　勅旨祭
五岳進祝版時仍請　御封香一就賫封前去
又今後請香前期理會并用木合子打角
大定八年九月十九日　奏禀隨方岳鎮海瀆
祝版惟五岳進請　御署是有不同檢討到唐
開元禮宋開寶禮五禮新儀祭岳鎮海瀆儀注
内祝版皆進請御署又唐開元九年太常奏古
者五岳視三公四瀆視諸侯則不合親署從之
至開元二十年新禮頒行其儀注内該該親署

又宋太宗時亦有上言不合親署者太宗荅以
朕爲萬民祈福舊制素定不可廢也有此典故
不同奉　勑旨依舊進請十六年九月十一日
奏請檢到唐書禮儀志岳瀆祝版御署北面
再拜證聖元年有司請署而不拜從之開元九
年太常奏五岳視三公不合親署當時雖從之
至開元二十年新禮頒行却用進署貞元十二
年太常博士裴堪奏星辰岳瀆是天地從官恐
人君不得如公侯之禮而臣下之又禮記云內

事曰孝王某外事曰嗣王某某謂天子名也内事曰孝王某某外事曰嗣王某某謂天子名也内

事　宗廟外事　郊社岳瀆參詳上項典故前

代並署御名唐初署訖仍再拜自後署而不拜

於禮似爲得中今來祭五岳祝版擬依舊進

請　從之

雜録

大定八年九月十九日　奏稟近奉　勅旨南

京五岳自合仍舊今五岳合如何檢討到尚書

舜典望於山川疏云泰山爲東岳華山爲西岳

霍山爲南岳恒山爲北岳嵩山爲中岳又周禮太宗伯祭五岳注云泰山東岳衡山南岳華山西岳恒山北岳嵩高山中岳疏該周國在雍州時無西岳權立吴岳爲西岳蓋非常法以東都爲定故爾雅載華山爲西岳又詩崧高疏或以謂雜問志有云周都豐鎬故以吴岳爲西岳若必據已所都以定方岳則五岳之名無代不改何則軒居山谷處恒山之西舜居蒲坂在華陰之北豈當據已所在改岳祀乎又秦漢隋唐皆

都長安五岳並在東方禮部學士院太常寺公
共參詳自三皇以來五岳皆有定名周都雍州
雖曾權立吳岳爲西岳蓋非常法又詩崧高疏
已有如此定議依上典故其五岳依舊是爲相
應奉 勅旨依舊十二月三日再具前項典故
聞奏奉 勅旨依舊 尚書舜典望於山川疏
云泰山爲東岳華山爲西岳衡山爲南岳恒山
爲北岳嵩高山爲中岳三代之居皆河洛之間
而五岳各如其方至秦漢隋唐皆都長安而五

岳並在東方後魏都雲中而祭恒山爲北岳雜
問志有云周都豐鎬故以吳岳爲西岳蓋非常
法故爾雅止載華山爲西岳若必據已所都以
定五岳則五岳之名無代不改何則軒居上谷
處恒山之西舜居蒲坂在華陰之北豈據已所
在改岳祀乎兼自三皇以來五岳皆有定名有
司不敢輕議

大定十八年六月三日檢擬東岳廟災祭享事

謹按尚書舜典曰禋於六宗望於山川徧於羣

祀歲二月東巡狩至於岱宗柴望秩於山川孔安國注云九州名山大川五岳四瀆之屬皆一時望祭之又周禮小宗伯之職兆五帝於四郊四望四類亦如之自虞舜至於城周以來俱言望祭不預廟之存亡也不可謂火焚神像而廢泰山之祀合依例差人臨時賫送祝版前去致祭施行掌准呈

大定二十一年正月十二日奉 勅旨東岳官裏蓋來底五大殿三大門撰名聞三月一日

奏定正殿曰仁安皇后殿曰蕃祉寢殿曰嘉祥

眞君殿曰廣福炳靈王殿曰威明外門曰配天

左傳云山岳配天東門曰晨暉取日之象西門

曰圓景取月之象

大定二十二年四月二十一日以修蓋東岳廟

告成 奏奉 勅旨令翰林侍講學士楊伯仁

撰碑文十月九日又以中岳西岳北岳重修廟

宇工畢命待制黄久約修撰趙攄應奉党懷英

定撰各廟碑文

大定十三年送下陳言文字該嵩山中岳乙係舊令本處崇福宮道士看守禮部擬定委本府於所屬揀選有德行名高道士二人看管仍令登封縣簿尉兼行提控嘗准呈續送到陳言文字該隨處岳鎮海瀆神祠係民門祈福處所自來多是本處人家占守及有射粮軍指作優輕數換去處遇有祈求邀勒搔擾深不利便乞選差清高道士專一看守契勘岳鎮海鎮係官爲致祭祀廟合係准中岳廟體例委所隸州府選

有德行名高道士二人看管仍令本地八官員常切提控外其餘不係官爲致祭祠廟止合准本處舊來例施行甞准呈十九年十月看岳廟道士告乞依舊例差設百姓廟子人等勾當本部擬依泰安軍講究到設廟七人招召土居有物力不作過上戶充於本廟收到香火錢内每月支錢三貫二年一替是爲長便後甞批降仰設道士十人管勾如本處數少於附近州府縣分選取滿替依舊例二十一年奉 勅旨泰山

三峯左側護嫪十餘里并至廟沿路不得教採斫樹木二十二年二月兵部擬呈岳廟殿廊共八百五十四間各設兵士三十人係舊清衛指揮名稱常穿日夜巡防如有修造便充夫役蒙批降擬請受錢粮招置分例並於香火錢内支遣餘並准行

大定二十三年十二月八日奉　勅旨每年五岳降香若到上京使走馬人來往田地里窵遠走馬郎君都是小孩兒恐不潔淨運司香是官

裡香預先着好香兼鍍金銀合子裡封了與隨處長官傳旨令齋戒沐浴在意上香二十六日奉批降香合仰各路運司期扣差相當官坐長行馬賫送二十四年正月申稟五岳前來各有令降　御署祝版有無係例准備鎮海瀆雖前來不曾降香每年只賫進祝版委各處長官行禮令來合無批准備蒙省批五岳祝版別聽旨揮鎮海瀆止委隨處長官依時行禮二十五年十一月十七日　奏請昨奉　勑旨五岳教運

司着好黃香鍍金銀合子封了與隨處長官敎在意上香令　車駕還都所有祭岳鎭海瀆若依舊例降祝版香合差走馬郎君賫送奉　勅旨祝版休止令各運司降香長白山一體施行

大金集禮卷第三十四

大金集禮卷第三十五

長白山

封册禮

雜録

封册禮

大定十二年二月三日檢討到長白山建廟典故下項　勅旨准奉行　尚書舜典封十有二山注謂每州之名山殊大者以爲其鎮通典載唐天寶八載封太白山爲應神公其九州鎮山

除入諸岳外並宜封公又通典秦有名山大川

祠漢修山川羣祀唐宋岳鎮海瀆及名山皆有

廟今來長白山在興王之地比之輕餘諸州鎮

山更合尊崇擬别議封爵仍修建廟宇

十二月一日禮部太常寺學士院檢定到爵號

名稱及差官相視到建廟地步下項　奏奉

勑旨封王仍以興國靈應爲名　唐天寶八載

封泰白山爲神應公并九州鎮山除入諸岳外

並封公唐清泰初封吴山爲靈應王宋元豐七

年封吴山爲成德王　擬具到爵號名稱王公
開祥應德興國靈應開聖永寧　山北地一段
各面七十步可以興建廟宇
十五年三月三十三日　奏禀封禀儀物册祝
文并合差使副選定月日行禮節次春秋降香
等事　從之其餘擬定事理並准呈　封册儀
物　九旒冠冕板廣七寸長一尺二寸瑊玉三
采朱白蒼玉笄九章服一　五章在衣山龍華虫
火宗彝四章在裳藻粉米黼黻　裙蔽膝中單帶

革帶玉環綬玉佩劒韈舄等並依前來封高麗

國王冕服等制度　玉圭一同桓圭長九寸廣三寸厚半寸　玉册一用次玉長九寸廣九分簡數視册文多少節二持節擬係於本處差官二員　合降册文祝文香用黃香幣用青幣一丈八尺　奉册使副各一員五品六品內　奏差　宣判張國基充副使起馬前去咸平府少尹婁室充使　進發日册匣衮冕等各置以輿約量差軍人援護所過州縣更替每行節在輿前

使副在後遂呈置於驛之正廳無驛廳處即於屋宇嚴潔處安置冊案在路人皆避路至山下安置潔淨去處行禮官並散齋二日於公館致齋一日於祠所前一日所司於廟中陳設如儀於廟門外設玉冊袞冕幄次及設使副幕次設登歌鍾磬兩架無即以常樂充及用導從人本處軍人內差牙枚旗鼓從物等視一品儀持節者乘馬前導冊使副騎從就本處官屬差三獻官并選定近上官一十員導引冊輿如不

足以次官充並公服本處差捧冊官二員讀冊
官一員至廟門外步入廟中玉冊幄次冊使副
奉　玉冊袞冕入次訖改服公服禮生贊引三
獻官致祭樂作降　神如今祭岳鎮之儀應本
處官屬並公服陪位立班北向以西爲上三獻
官致祭訖禮生引冊使副出自幄次奉　玉冊
袞冕由正門入持節者去節係前導樂作升殿
上門西褥位樂止　玉冊在前　袞冕次之使
副立於其後禮生贊拜殿下官屬並再拜禮生

引冊使當 神座前立具銜某奉 勑冊長白
山神爲興國靈應王 賜玉冊袞冕言訖稍西
立副使奉冊冊案詣 神前置褥位訖少退西立
禮生引冊使至案南捧冊官跪捧 冊讀冊官
跪讀 冊訖樂作副使及捧冊官同奉冊匣入
殿内安置訖出立殿外少西樂止禮生又引副
使奉 袞冕至殿門外褥位北向冊使副同奉
入殿樂作至殿内奉安訖置於匱出立殿門外
少西樂止少頃禮生引使副降殿持節者加節

衣前導以出復門外位送　神樂作一成止禮生贊拜殿下祀官及羣官皆再拜以次退祝官焚祀板幣帛如儀　封冊用八月二十日戊辰如有妨礙用二十四壬申　每歲於春秋二仲月擇日降香致祭元擬春祭東方岳鎮時差走馬送祝版委本屬長貳官致祭奉　特旨興國靈應王每歲兩次降香再檢用唐會要開元十一年四月勑霍山宜崇飾祠廟秩視諸侯晉州刺史春秋致祭典故

冊文准年月日　皇帝

若曰自兩儀剖判山岳神秀各種於其分野國將興者　天實作之對越　神休必以祀事故肇基王迹有若岐陽望秩山川於稽虞典厥惟　長白載　我金仰止其高實惟我舊邦之鎮混同流光源所從出秩幽幽有相之道　列聖蕃衍熾昌迄於　太祖神武徵應無敵於天下爰作　神主肆予沖人紹休　聖緒四海之內名山大川靡不咸秩矧王業所因瞻彼旱麓可儉其禮云服章爵號非位於公侯之上不足

以稱焉今遣某官某持節備物　冊命兹山之
神爲興國靈應王仍　勑有司歲時奉祀於
戲廟食之享亘萬億年維　金之禎與山無極
豈不偉歟　祝文　蓋以發祥靈源作鎮東土
百神所宗羣玉之玉勢王吾邦日隆丕緒祀典
肇稱寵章時舉顯顯真封巖巖祠宇　神之聽
之永膺天祐
　雜録
十四年六月建畢正殿三間正門三門兩挾廊

各二間北廊准上惟不設門東西兩廊各七間東廊當中三間就作齋廳神廚三間并添寢殿三間貯廊三間

十三年十月於錫遣千戶下差人丁多者兩戶看管免雜役浮泛差使

十五年閏九月看廟二戶於上戶内輪差周年一替千戶謀克行禮

十五年五月　勅長白山興國靈應王依五岳例降香檢討到唐開元禮諸岳鎮每年止是一

祭各以五郊迎氣日祭如立春祭東岳是也又
大定四年祭五岳禮儀内下内藏庫　進請祭
岳　御封香合依奉今年正月初九日　勑旨
長白山興國靈應王仰每歲兩次降香比准唐
開元間霍山祠廟春秋二仲月致祭典禮長白
山係　興王之地如每歲兩次降香嚴奉祭祀
可以副　國家尊崇名山之意若依五岳例降
香亦合内藏庫　進請　御封香合外五岳爲
是號祝版　進請　御署海鎮並不　進署今

來長白山王合　進請　御封香牢醴用羊一豕一酒一籩豆簠簋係常禮其祝版止合係海鎮一體

大金集禮卷第三十五

大金集禮卷第三十六

宣聖廟

祀儀

雜録

祀儀

皇統元年二月戊午日　帝詣　文宣王廟奠祭北面再拜謂儒臣曰爲善不可勉　孔子雖無位以其道可尊使萬世高仰如此

大定十四年正月六日以國子監申請每年春

秋仲月上丁日釋奠於　文宣王按典禮合用籩豆俎坫簠簋冪樽等爲祭器實以豕羊牲體鹿臡醓醢等爲祭酌獻杓爵罍洗篚箱皆有制度獻官拜跪登　廟降階皆有節次學生各執事　廟庭奏大樂三獻官并分獻以次行禮畢焚祝與幣今每遇釋奠官破本監房錢六十貫支用非輕止造茶食等物以大小椀楪排設用留司樂以樂工爲禮生率倉場等官陪位以未合古禮伏覩　國家承平日久典章文物當爍

然備具以光萬世況京師爲首善之地四方之所觀仰擬釋奠合用器物以至行禮次序有無行下詳定兼　究國公親承　聖教者也　鄒國公扶　聖教者也當俱在　廟於　宣聖像以左右列之今　孟子以宴服在後堂　宣聖像側還虚一位未見應禮有無遷　孟子像於　宣聖右與　顔子相對擬改塑冠冕粧飾法服於本監房錢内支破本部下太常寺檢討擬定下項蒙准呈外借差樂工一節再勘當即目

大成殿　文宣王塑像冠十二旒服十二章兖國公像冠九旒服九章勘當到唐郊祀録開元二十七年八月下詔追謚　孔子爲文宣王仍内出王者衮冕之服以衣之按周禮王者之服衮衣冕十有二旒其服十有二章諸公之繅斿九就今　文宣王　兖國公冠服以依典故其　鄒國公合與　兖國公一體粧塑九章服擬遷　鄒國公神像於　宣聖之右與　兖國公相對唯冠冕粧塑

檢討到唐開元禮祭酹擬定釋奠禮數合用祭器内　文宣王　兖國公　鄒國公每位籩豆各十犧尊一象尊一簠簋各二俎二祝版各一皆設案七十二賢二十一先儒每位各籩一豆一爵一兩廡各設象尊二總用籩豆各一百二十三簠簋各六俎六犧尊三象尊七爵九十四其尊皆有坫罍二洗二篚勺各二冪六正位并從祀藉罇罍俎豆席約用三十領尊席用葦俎豆席用莞每祭用羊三豕三酒二十瓶

檢討到唐開元禮釋奠用軒懸後又用宮懸契勘釋奠係中祀似大重今擬只用登歌似爲相應并契勘到合用樂工三十九人及樂曲迎神三奏送神同沽洗宮初獻盥洗沽洗宮初獻升殿降同其曲名與盥洗同南呂宮奠幣沽洗宮正配位酌獻亞終獻通用沽洗宮及合用樂器等擬於大樂署附餘内借用

祝版國子監計置用初獻官銜祝文令本監定撰書填

攝官並部差祭酒司業博士爲三獻官禮部太常寺國子監官充攝分奠官二讀祝官一太官令一捧祝官二八品官内選差罍洗官一爵洗官一巾篚官二學生内選差大樂令一本署官充禮直官十一三人充禮直官八人充贊者其餘學生儒服陪位

國子監預於隔季以仲春仲秋釋奠至聖文宣王報太常寺太常寺具時散告

前釋奠三日應行事執事官散齋二日治事如

故宿於正寢不弔喪問疾作樂判書刑殺文書決罰罪人及與穢惡致齋一日於本司質明至齋所唯釋奠事得行其餘悉禁已齋而闕者通攝行事

前三日所司設行事執事官次於祠所前一日太官令陳禮饌於　殿之東南向牽牲詣祠所太常設省饌位於禮饌之南三獻官在南北向西上分奠官位於其後大樂令太祝太官令在東西向北上位皆稍却大樂令設登歌之樂於

殿上前楹間稍南北向釋奠日丑前五刻禮直官贊者諸司直掌各服其服設祝版各於神位之右置於坫次設祭器皆藉以席太官令實之正位至聖文宣王　配位兗國公顔子　鄒國公孟子每位各左十籩爲三行以右爲上第一行乾䕩在前乾棗形鹽魚鱐次之第二行鹿脯在前榛實乾桃次之第三行菱在前芡栗次之右十豆爲三行以左爲上第一行芹菹在前筍菹葵菹菁菹次之第二行韭菹在前魚

醢兔醢次之第三行豚胉在前鹿臡醓醢次之
俎二一在籩前實以羊腥七體兩髀兩肩兩脅
并脊兩髀在兩端兩肩兩脅次之脊在中一在
豆前實以豕腥七體其載如羊簠二簋二在籩
豆外二俎間簠在左簋在右簠實以稻粱粱在
稻前簋實以黍稷稷在黍前又設犧尊象尊在
殿上前楹間北向西上皆有坫加勺冪爲酌
尊犧尊一實以泛齊初獻酌之象尊一實以醴
齊亞終獻之之並代以法酒俱北向西上加冪

藉以席又設諸從祀位祭器左一籩（實以鹿脯）右一豆（實以鹿臡）爵一在籩豆之南兩廡各設象尊二（實以法酒）設燭於神位前洗二於東階之東（盥洗在東爵洗在西）罍在洗東加勺篚在洗西南肆實以巾（若爵洗之篚則實以爵加坫）執罍篚者位於其後設揖位於南神門外三獻官在西東向分獻官位於其後大樂令太祝太官令在東西向俱北上開瘞坎於殿西北壬地方深取足容物南出陛設望瘞位於瘞坎

之南如省饌之位唯不設太官令位又設三獻官席位殿下東階之東西向北上分奠官位於其後大樂令席位於殿之南北向太祝太官令位於其後俱西上陪位生員位其後俱北向西上太祝在東西向北上大樂令於樂簴北太官令於酌尊所俱北向

前一日行事執事官集初獻齋所肄儀太祝習讀祝文次禮直禮贊者分引行事執事就省饌位凡初獻行事禮直官引餘皆贊者引立定禮

手帨手訖執笏樂作升詣　文宣王神位前北
向立樂止搢笏跪執事者以幣授初獻初獻受
幣樂作奠訖執笏俛伏興少退再拜詣　配位
前奠並如上儀樂止初獻降階樂作復位樂止
少頃引初獻再詣盥洗位北向立搢笏洗爵拭
爵以爵授執事者執笏樂作升詣　正位酌尊
所西向立樂止執事者以爵授初獻搢笏執爵
執尊者舉冪太官令酌犧尊之泛齊訖先詣
兖國公酌尊所北向立初獻以爵授執事者執

笏樂作詣　文宣王神位前北向立搢笏跪執
事者以爵授初獻初獻執爵三祭酒奠爵執笏
俛伏興少立樂止次引太祝詣　神位前東向
搢笏跪讀祝文讀祝訖執笏興先詣　兖國公
神位前南向立初獻再拜次詣　鄒國公神位
前行禮並如上儀太官令復詣　正位酌尊所
太祝復位初獻將降階樂作復位樂止次引亞
獻詣盥洗位北向立搢笏盥手帨手執笏詣爵
洗位北向立搢笏洗爵拭爵以爵授執事者執

直官贊揖所司省饌具畢禮直官贊省饌畢揖訖俱還齋次引三獻官詣廚省鑊視祭器滌溉及視牲充腯乃還齋所未明一刻太官令帥宰人以鸞刀割牲祝史以槃取毛血置饌所遂烹牲脯後有司帥其屬掃除殿之内外訖還齋所

釋奠日丑前五刻行事春用丑前七刻秋用丑前一刻初獻以下並赴祠所就次太官令帥其屬實饌具畢次樂工升東階各入就位三獻官

以下各服法服次引執事官詣南神門外揖位立定禮直官贊揖次引大樂令先入就　殿下席位北向立贊者曰再拜大樂令再拜升　殿次引太祝太官令入就　殿下席位北向立次引三獻官入就　殿下席位西向立禮直官稍前贊有司謹具請行事樂作三成止贊者曰再拜在位者皆再拜次引太祝太官令俱升　殿各就位立定次引初獻官詣盥洗位樂作凡初獻升降行事皆作至洗位北向立樂止搢笏盥

笏升詣　文宣王位酌尊所西向立樂作執事者以爵授亞獻搢笏執爵執尊者舉冪太官令酌象尊之醴齊訖先詣　兖國公位酌尊所北向立亞獻以爵授執事者執笏升詣　文宣王神位前北向立搢笏跪執事者以爵授亞獻執爵三祭酒奠爵執笏俛伏興少退再拜次詣配位行禮並如上儀止樂降階復位次引終獻詣洗位升　殿行禮並如亞獻之儀降階復位初亞獻將升引分奠官詣洗位盥手帨手訖分

奠　殿内及兩廊諸　神位搢笏跪執爵三祭
酒奠爵執笏俛伏興再拜分奠訖俱降復位禮
直官曰　賜胙賛者承傳曰　賜胙再拜在位
者皆再拜送　神樂作一成止次引三獻詣望
瘞位有司各詣　神位前取祝板置於瘞坎引
大樂令太祝詣望瘞位立定禮直官曰可瘞實
土半坎初獻以下詣南神門外揖位立定禮直
官賛禮畢揖訖退太官令帥其屬徹禮饌乃退
即令不用大樂令禮直官

十五年七月檢討到唐祠令并開元禮皆云日
月星辰社稷岳鎮海瀆 孔宣文並爲中祀
本朝祭 太社 太稷用大樂署樂工釋奠
文宣王既與 社稷並爲中祀若依前項典故
亦用大樂署樂工別無妨礙
十八年四月十七日又勘會到禮記該上丁釋
奠命樂工習舞習吹令祭社稷之禮歌鍾歌磬
據唐韓愈之論 文宣王與 社稷一體合用
前件樂無疑本庫見有附餘可以就用禮部契

勘太常寺所申檢討到典故其樂工合於太常寺取用恐難准使前來釋奠止用留司樂工擬令國子監取見有附餘鍾磬等修整只令留司樂工習學係舊承應蒙准呈

大定二十二年十二月十三日因　奏立　宣聖廟碑奉　勑旨如差官祭奠有無典故　奏知檢討到唐典故　宣聖像中祀春秋二仲月釋奠令三公攝行事開元二十七年追謚　文宣王命右丞相裴耀卿太尉就　廟冊命畢奠

祭亦如釋奠之禮二十三年二月十三日 奏
奉 勅旨差右丞相致祭仍設太尉祝版不
御署二十三日省差直學士呂忠翰攝祭酒充
亞獻官待制任倜攝司業充終獻官并光祿少
卿一分奠官十監察御史大樂令奉禮郎差舍
人讀祝太祝官各一捧祝官二太官令尊罍官
奉爵酒官盥洗官各一巾篚官二祝史三部令
譯通事已上並部差禮直官一十五贊者在內
於二月二十九日行禮

參酌開元禮定到儀註准呈下項

祝文合下學士院撰詞書寫訖以付所司　正位

皇帝謹遣某官姓名　配位　尊號皇帝遣

某官姓名

前致祭三日應行事執事官散齋二日治事如故唯不弔喪問疾不作樂不判署刑殺文書不行刑罰不預穢惡致齋一日於本司無本司者於齋所唯享事得行其餘悉斷其享官已齋而闕者通攝行事官及諸生皆清齋於學館一宿

前二日，所司設行事執事次於祠。前一日，光祿少卿陳禮饌於殿之東南向，牽牲詣祠所。太常少卿設省饌位於禮饌之南。獻官國子祭酒司業在南北向西上，分奠官位於其後。監察御史在西東向，光祿少卿、奉禮郎、太祝、太官令在東西向北上。凡奉禮郎以下位皆稍卻大樂令設登歌之樂於殿上前楹間，稍南北向。其日丑前五刻，禮直官、贊者、司職掌各服其服。法服闕則服公服太常設幣篚各於神位之左。幣

以白祝版各於　神位之右置於坫設祭器皆藉以席光祿實之每位各左十籩爲三行以右爲上第一行乾䕩在前乾棗形鹽魚鱐次之第二行鹿脯在前榛實乾桃次之第三行菱在前芡栗次之右十豆爲三行以左爲上第一行芹菹在前笋菹葵菹青菹次之第二行韭菹在前魚醢兔醢次之第三行豚胉在前鹿臡醓醢次之俎二一在籩前實以羊腥七體兩髀兩肩脅并脊兩髀在前兩脊兩脅次之脊在中一在豆

前實以豕腥七體其載如羊又俎六在豆右爲三行以北爲上第一重一實以羊腥腸胃肺離肺一在上端刌肺三次之腸三胃三又次之一實以豕腥膚九横載第二重一實羊熟腸胃肺一實以豕熟膚其載如腥第三重一實以羊熟十一體肩臂臑肫胳正脊一直脊一横脊一長脅一短脅一代脅一皆二骨以並肩臂臑在上端肫胳在下端脊脅在中一實以豕熟十一體其載如羊皆羊在左豕在右簠二簋二在籩豆

外二俎間簠簋在左簋在右簠實以稻粱粱在稻前簋實以黍稷稷在黍前鉶三在籩豆間一在前二在後實以羹加毛滑登二在鉶前實以太羹一在籩左實以肝膋槃一在鉶後實以毛滑設犧尊四象尊四爲二重在殿上前楹間北向西上犧尊在前皆有坫加勺冪爲酌尊犧尊一實明水爲上尊餘實泛齊代以供内法酒初獻酌之象尊一實明水爲上尊餘實醴齊代以祠祭法酒亞終獻酌之又設太尊二山尊二在

神位前太尊一實泛齊山尊一實醴齊各以一尊實明水著尊二犧尊二象尊二壺尊六在殿下著尊一實盎齊犧尊一實醴齊象尊一實沈齊各以一尊實明水壺尊三實玄酒三實三酒明水玄酒皆在上俱北向西上加冪五齋三酒皆設而不酌藉以席又設諸從祀位祭器每位各左二籩棗在前鹿脯次之右二豆菁菹在前鹿臡次之俎一在籩豆間實以羊豕腥肉簠一在籩南實以稷簋一在豆南實以黍爵一

在籩豆之南兩廡間各設象尊二實祭祀祭法酒太常設燭於神位前洗二於東階之東盥洗在東爵洗在西罍在洗東加勺篚在洗西南肆實以巾若爵洗之篚則又實以爵加坫執罍篚者位其後設揖位於南神門外三獻官在西東向分奠官位於其後監察御史大樂令奉禮郎太祝太官令在東西向俱北上開瘞坎於殿西北壬地方深取足容物南出陛設望瘞位於瘞坎之南如省饌之位唯不設太官令位又

設三獻官席位於　殿下東階之東西向北上分奠官位於其後監察御史大樂令席位　殿南北向奉禮郎太祝太官令位於其後俱西上光祿少卿席位於監察御史之東陪位生員位其後俱北向西上又設監察御史位於　殿上樂虡之北在西東向奉禮郎太祝在東西向北上大樂令於樂虡北太官令於酌尊所俱北向

前一日行事執事官集齋所肄儀太祝習讀祝文及視幣次禮直官贊者分引行事執事官就

饌位立定禮直官贊揖所司省饌具畢禮直官贊省饌畢揖訖俱還齋所次引監察御史詣厨省鑊視祭器滌溉及視牲充腯乃還齋所未後一刻太官令帥宰人以鸞刀割牲祝史以槃取毛血置於饌所遂烹牲晡後有司帥其屬掃除殿之内外訖還齋所

其日丑前五刻初獻以下並赴祠所就次太官令帥其屬實饌具畢次引光禄少卿入就　殿下位北向立贊者曰再拜光禄少卿再拜升自

東階凡行事執事官升降自東階點視禮饌畢次引監察御史升殿下閱除設糾察不如儀者凡點視及點閱皆先詣正位次樂工帥工人升東階各入就次光祿少卿還齋所餘官各服祭服次引行事執事官詣南神門外揖位立定禮直官贊揖次引大樂令先入就殿下席位北向立贊者曰再拜大樂令再拜升殿就位次引監察御史奉禮郎太祝太官令入就殿下席位北向立次引三獻官入就殿下席

位西向立禮直官稍前贊有司謹具請行事樂作三成止贊者曰再拜在位者皆再拜次引監察御史奉禮郎太祝太官令俱升殿各就位立定次引初獻詣盥洗位樂作至洗位北向立搢笏盥手帨手訖執笏升詣　文宣王神位前北向立樂止搢笏跪樂作次引奉禮郎搢笏西向跪執事者以幣授奉禮郎奉禮郎奉幣授初獻執笏興先詣　文宣王神位前北向立初獻受幣奠訖執笏俛伏興少退再拜次詣　兖國

公位次詣　鄒國公位前奠幣並如上儀樂止奉禮郎復位初獻將降階樂作復位樂止少頃引初獻再詣盥洗位樂作至洗位北向立搢笏盥手帨手執笏詣爵洗位北向立搢笏洗爵拭爵以爵授執事者執笏升詣　正位酌尊所西向立樂止執事者以爵授初獻搢笏執爵執尊者舉冪太官令酌犧尊之泛齊訖先詣　兗國公酌尊所北向立初獻以爵授執事者樂作執笏詣　文宣王神位前北向立搢笏跪執事者

以爵授初獻初獻執爵三祭酒奠爵執笏俛伏
興少立樂止次引太祝詣　神位前東向搢笏
跪讀祝文讀訖執笏興先詣　兗國公神位前
南向立初獻再拜次詣　配位每位行禮並如
上儀太官令復詣　正位酌尊所太祝復位初
獻將降階樂作復位樂止次引亞獻詣盥洗位
北向立搢笏盥手帨手執笏詣爵洗位北向立
搢笏洗爵拭爵以爵授執事者執笏升詣　文
宣王位酌尊所西向立樂作執事者以爵授亞

獻亞獻搢笏執爵執尊者舉冪大樂令酌象尊之醴齊訖先詣　兖國公位酌尊所北向立亞獻以爵授執事者執笏升詣　文宣王神位前北向立搢笏跪執事者以爵授亞獻亞獻執爵三祭酒奠爵執笏俛伏興少退再拜次詣每位行禮並如上儀樂止降復位次引終獻詣爵洗位行禮並如亞獻之儀降復位初亞獻將升引分奠官詣洗盥手帨手訖分奠　殿内及兩廊諸　神位搢笏跪執爵三祭酒奠爵執笏俛伏

興再拜分奠訖俱復位禮直官曰 賜胙贊者承傳曰 賜胙再拜在位者皆再拜送 神樂作一成止次引三獻官詣望瘞位有司各詣神位前取幣祝版置於瘞坎次引監察御史大樂令奉禮郎太祝詣望瘞位立定禮直官曰可瘞寘土半坎初獻以下詣南神門外揖位立定禮直官贊禮畢揖訖退太官令帥其屬徹禮饌監察御史詣 殿上監視收徹乃退 又擬光祿卿 進胙蒙准呈

大定十八年十一月以涿州申稟釋奠牲器禮儀檢討到唐開元禮諸州釋奠禮數下項契勘自定十八年仲秋上丁國學釋奠禮數內減去飲福受胙之禮未審在外諸州有無一體遵用省部參詳飲福受胙一節不合減去外行禮禮秩　本朝州府不設置擬助教以學正教參軍等各係唐禮秩　本朝州府不設置擬助教以學正代祝以學生充參軍事以禮生充省部准申行下

前享三日刺史散齋於别寢二日致齋於廳事一日亞獻以下預享之官散齋二日各於正寢致齋一日於享所上佐爲亞獻博士爲終獻若刺史有故並以次差設博士有故次取參軍以上攝也散齋理事如舊唯不弔喪問疾不作樂不判署刑殺文書不行刑罰不預穢惡致齋唯享事得行餘並悉禁斷享官已齋而闕者通攝行事助教及學生皆清齋於學館一宿

前二日本司掃除内外又爲瘞埳於院内堂之

壬地方深取足容物南出陛本司設刺以下次於門外隨地之宜

前一日晡後本司帥其屬守門本司設三獻位於東陛東南每等異位俱西面設掌事位於三獻東南西面北上設望瘞位於堂之東北當埳西向設助教位於西階西南當掌事位學生位於助教之後俱東面北上設贊唱者位於三獻西南西面北上又設贊唱者位於瘞坎東北南向東上設三獻門外位於道東每等異位俱西

面掌事者位於終獻之後北上祭器之數每座樽二籩八豆八簠二簋二俎三（羊豕及腊各一俎）掌事者以樽坫升設於堂上前楹間北向先聖之樽在西　先師之樽在東俱西上加冪勺　先聖爵一配座爵四各置於坫設幣篚於樽所設洗於東直榮南北以堂深罍水在洗東加勺冪篚在洗西南肆實爵三巾二於篚加冪執樽罍洗篚者各位於樽罍洗篚之後

享日未明烹牲於厨夙興掌饌者實祭器（牲體

羊豕皆載右胖前脚三節肩臂臑節一段皆載之後脚三節節一段去下一節皆載上肶胳二節又取正脊脡脊横脊短脅各二骨以並餘皆不簋簋實黍稷簠實稻粱籩實石鹽乾魚棗栗榛菱芡鹿脯豆實韭菹醓醢菁菹鹿醢芹菹兎醢笋菹魚醢若土無者各以其數充之 本司帥掌事者設 先聖神席於堂上西楹間東向設 先師神席於 先聖神座東北南向席皆以莞質明諸享官各服祭服助教儒服學生青衿

服本司帥掌事者入實樽罍及幣每座樽二一實玄酒爲上一實醴齊次之神之幣用白各長一丈八尺祝版各置於坫贊唱者先入就位祝二人於執樽罍篚者入立於庭重行北面西上立定贊唱者曰再拜執祝以下皆再拜執樽罍篚者各就位祝升自東階行掃除訖降自東階各就位刺史將至贊禮者引享官已下俱就門外位助教學生並入就門內位刺史至參軍事引之次贊唱者先入就位祝入升自東階各

立於樽後刺史停於次少頃服祭服出次參軍事引刺史入就位西向立參軍事退立於左贊禮者引享官以下次入就位（凡導引者每曲一逡巡）立定贊唱者再拜刺史以下皆再拜參軍事少進刺史之左北面曰請行事退復位祝俱跪取幣於篚興各立於尊所（凡請物者皆跪俛伏而取以興奠則奠訖俛伏而後興）本司帥執饌者奉陳於門外參軍事引刺史升自東階進

先聖神座前西向立祝以幣北向授刺史參

軍事引刺史進西向跪奠於　先聖神座興少退西向再拜訖參軍事引刺史當　先師神座前北向立又祝以幣西向授刺史受訖參軍事引刺史進北向跪奠於　先師神座興少退北向再拜參軍事引刺史降復位本司引饌入升自東階祝迎引於階上各設於　神座前（籩豆蓋先徹乃升簠簋既奠却其蓋於下籩居右豆居左簠簋居其間羊豕二俎横而重於右腊俎特居左）設訖本司與執饌者降出祝還樽所參

軍事引刺史詣罍洗執罍者酌水執洗者跪取盤興承水刺史盥手執篚者跪取巾於篚興刺史帨手訖執篚者受巾跪奠於篚遂取爵興以進刺史受爵執罍者酌水刺史洗爵執篚者又跪取巾於篚興進刺史拭爵訖受巾跪奠於篚奉盤者跪奠盤興叅軍事引刺史升自東階詣

先聖酒樽所執事者舉冪刺史酌醴齊叅軍事引刺史詣　先聖神座前西向跪奠爵興少退西向立祝持版進於　神座之右北向跪讀

祝文維某年歲次月朔日子刺史具官封姓名
敢昭告於云云　先聖孔宣文　祝興刺史再拜
祝進跪奠版於　神座興還尊所刺史拜訖參
軍事引刺史詣　先師酒尊所取爵於坫執尊
者舉冪刺史酌醴齊參軍事引刺史詣　先師
神位前北向跪奠爵興退北向立祝持版於
神位之左西向跪讀祝文云云維某年歲次月
朔日子刺史具官封姓名敢昭告於　先師顏
子云云　祝興刺史再拜祝進跪奠版於　神座

興還罇所刺史拜訖參軍事引刺史詣東序西向立祝各以爵酌合置一爵一祝持爵進刺史之左北向立刺史再拜受爵祭酒奠爵俛伏興祝各帥執饌者進俎跪減先聖神前胙肉各取前脚第二骨共置一俎上又以籩取稷黍共置一籩興祝先以飯進刺史受以授執饌者又以俎進刺史受以授執饌者刺史跪取爵遂飲卒酒祝進受爵復於坫刺史興再拜參軍事引刺史降復位初刺史獻將畢贊禮者引亞獻詣

罍洗盥手洗爵升獻飲福如刺史之儀

雜録

天德五年二月一日都省批劄隨處　宣聖廟宇多有損壞官司不用心提修完致有如此委隨路轉運司差佐貳官或幕官一員專一管勾遇有損壞即便檢修

大定十年八月七日以懷州申稟釋奠弊帛合無焚燒檢討到唐開元禮釋奠禮畢太祝各執篚　神座前跪取幣詣瘞埳以幣置於埳訖奉

禮曰可瘞又宋熙寧祀儀釋奠禮畢有司各詣

神座前取幣置於瘞坎版置於燎柴撤上項

典故其幣帛皆是埋並無焚燒幣帛典故禮部

准申行下

大金集禮卷第三十六

大金禮三十六　二十五

大金集禮卷第三十七

雜祠廟

宫觀

保陵宫

應聖宫

嘉蔭侯

河神

宫觀

大定　年　駕幸天長觀拜數天長觀再修

建畢命侍講鄭子聃撰碑文於二十年九月立石

前期一日所司設幄次於觀内至日　皇帝便服出宫導從如常儀百官奉迎於觀門外再拜　皇帝至幄次百官先於殿階下立班俟班齊　皇帝玉袍帶宣徽使前導至三清殿　神位前再拜百官皆再拜　皇帝三上香復再拜百官皆再拜禮畢至　昊天上帝閤下如上儀百官亦分班陪拜　特旨上香禮畢　皇太子升殿上香

大定　年獻言者以南京上清宮中太一宮佑神觀延祥觀葆眞觀年深損壞宜檢料修完從之共修訖殿廊七百餘間令道士看管幕官一員提控相沿交割

保陵宮

大定二十年十月三日　勑旨　山陵下葢山神廟今後但節下去後便交享祭二十一年四月十七日檢定下項禮數嘗准呈　每遇享祭日先次設祭物於神廟候差去官　山陵行禮

之後禮直官引提點山陵官公服詣　神位前再拜少進北向跪奠訖俛伏興復位立讀祝官讀祝訖俛伏興獻官再拜讀祝官奠版於　神位前俟禮畢　諸陵署官取祝版焚之

大定二十一年　勅旨　墳山起蓋山神堂合封王合封神禮部定了　奏知本部檢討得别無端的典故擬以王爵封之尋送禮部學士院檢定學士院官所見若便定撰緣照得五鎮四瀆並係公爵今來　山陵土地之神恐難比擬

長白山神在鎮瀆之上八月十七日　勑旨封
公以崇安爲名如　山陵致祭亦祭續奉　勑
旨山神本爲保護　山陵崇安止是高大安寧
無保護　山陵之意後改封保陵宮
大定二十二年四月二十八日行　封冊禮鷩
冕八旒服七章三章在衣蟲火宗彝四章在裳
藻粉米黼黻餘同袞冕圭冊香幣使副持節行
禮並如　冊長白山之儀涿州刺史高季孫充
冊使修撰趙攄充副使　冊文　維年月日

皇帝若曰古之建邦設都必有名山大川以爲形勝我國家既定鼎於全燕西顧郊圻巍然大房秀拔混後雲雨之所立丘壚萬民之所瞻仰祖宗陵寢於是焉依抑惟岳鎮古有秩序皆載祀典矧茲大房豈可獨闕其禮哉其爵號服章俾列於侯伯之上庶足以稱今遣某官備物冊命茲山之神爲保陵公申敕有司歲時奉祀其封域之内禁無得樵採弋獵著爲憲令使草木禽蟲各遂其性所以廣先聖之

德澤而報　神之功也於戲享之廟食錫乃多
儀佑　列聖以妥安期億年而有永以篤金祐
時惟　神休　祝文　蓋以磐基所鞏　陵寢
是安惟爾有神實受其職是用昭報錫以顯封
尚鑒予誠永修靈祐

　應聖公

大定二十五年四月十三日　奏請混同江
太祖征遼策馬引軍徑渡蓋江神靈應之事雖
有廟宇前來未曾　封冊擬再行修完加　賜

封爵奉　勅旨舊廟修完仍封興國應聖公令學士院撰碑文用女直漢字刊寫二十六年六月五日奉　勅旨依長白山致祭七月十九日行　冊禮並如　封冊保陵公之儀　冊文

昔我　太祖武元皇帝受　天明命掃遼季荒茀成師以出至於大江浩浩洪流不舟而濟雖穆滿渡江而黿梁光武濟河而水冰自今觀之無足言矣執徐之歲四月孟夏朕時邁舊邦臨江永歎仰　藝祖之開基佳　江神之効靈至

止上都議所以尊崇之典蓋古者五岳視三公
四瀆視諸侯至有唐以來遂享帝王之尊稱非
直後世彌文而崇德報功理亦有當然者矧茲
江源出於長白經營　帝鄉實相興運非錫以
上公之號則無以昭荅　神休今遣某官持節
備物　冊命此江之　神爲興國應聖公申命
攸司歲時奉祀於戲嚴廟貌正封爵禮亦至矣
惟　神其衍靈長之德用輔我　國家彌億年
神亦享廟食於無窮豈不休哉　祝文　蓋

以滔滔靈源東土之紀義師初濟實發其祥爰
秩典文肇稱　册號丕顯休命　神其聽之

嘉蔭侯

大定二十五年四月二十日奉　勅旨林神廟
賜名護國嘉蔭侯逢七日令上京幕官一員
燒香仍常修緝

二十六年四月檢討到自昔封拜公侯雖有册
命緣照得唐以來典故封五岳四瀆爲王公曽
行册禮別不見封侯行册命之儀近世褒禮神

靈亦止給衣冠不行册命至於王公之封例亦不行册禮兼侯爵品秩稍卑今擬嘉廕侯止頒給 勅命 降賜冠服差人賫付本處長吏用祝版擇日祭告定到下項儀注 毳冕七旒服五章三章在衣宗彝藻粉米二在裳黼黻玉圭同信圭長七寸廣三寸厚半寸 祝文學士院撰香用黃香幣用白繒長一丈八尺 行禮官清齋一日 擇日祭告前一日所司於廟中陳設如儀於廟門外設冠服幄次 差官並本處

官充内三獻官本部差初獻委長官如闕即以次官外委本處就便差讀祝官一捧祝官二盥洗官二爵洗官二奉爵官一司尊彝一禮直官四以本處司吏充祭日丑前五刻行事執事官各就次掌饌者帥其屬實饌具畢凡祭官各服其服贊者引初獻官升自東階點視陳設訖退就次次引初獻以下詣廟南門外揖位立定贊禮者贊節次引祝入就堂下席位北向立次引三獻入就席位西向立又引行事執事官就

堂下席位北向立以西爲上贊者曰再拜在位
者皆再拜贊者請諸執事官各就位次引祝升
堂就位立定次引初獻詣盥洗位北向立搢笏
盥手帨手執笏詣爵洗位北向立搢笏洗爵拭
爵以爵授執事者執笏升堂詣酌尊所西向立
執事者以爵授初獻初獻搢笏執爵執尊者舉
冪執事者酌酒初獻以爵授執事者執笏詣
神位前北向立搢笏跪執事者以爵授初獻初
獻執爵三祭酒奠爵訖執笏俛伏興少立次引

祝詣　神位前東向立搢笏跪讀祝讀祝訖執
笏興退復位初獻再拜贊禮者引初獻復位次
引亞獻終獻酌奠並如初獻之儀唯不讀祝不
飲福受胙贊者引初獻官詣　神位前北向立
執事者以爵酌清酒進初獻之右初獻跪祭酒
啐爵奠爵執事者以俎進減　神座前胙肉前
脚第二節共置一俎上以授初獻初獻以授執
事者初獻取爵遂飲卒爵執事者進受爵復於
坫初獻興再拜贊者引初獻復位贊者曰再拜

獻官已下皆再拜已飲福受胙者不拜次引初
獻以下就望瘞位廟令進　神座前以俎載牲
體并血黍稷飯詣瘞坎以饌物置於坎東西廂
各二人寘土半坎贊者曰可瘞贊者又曰禮畢
遂引初獻官以下奉毳冕服匣并　勑命匣入
殿內安置訖以出祝與執尊罍篚冪者俱復位
立定贊者曰再拜訖遂出祝板燔於齋所
六月五日　奏定止頒給　勑命　降賜冠服
令本處長官擇日祭告仍出訖　勑命部卷六

月五日省劄該護國嘉蔭侯是蔭字又省劄上
京護國林神可特封護國嘉蔭侯　右依上出
給敕命云云　祝文　蔚彼長林實壯天邑
廣袤百里惟　神主之廟貌有嚴侯封是享歆
時蠲潔相厥茲榮

河神

大定十九年十一月十七日　奏禀言事者以
瀘溝河水勢泛漲損壞民田乞官爲　封册神
號建立祠堂檢討得典故止載祭祀岳鎮海瀆

其山林川澤之神有功德於人者乃降封爵未
有非在祀典止用損壞民田賜號建廟之理難
准所言施行 從之
大定十七年十二月以都水監節次申稟陽武
上埽聖后廟乞檢料修整倒换 詔勅并每年
五月一日 降香祈謝尋檢討到唐令岳鎮海
瀆中祀也其祭用酒脯醢牲饌太牢祀官當界
都督刺史充有事故者遣上佐行事遇旱而祈
其禮亦如之其餘山川判司行事縣則令丞行

事亦用酒脯醢今聖后之廟蓋山林川澤之屬爲小祀宜依有唐仲春祭五龍祠故事以羊豕各一外仍設酒脯醢於二月内卜日行祠事祭官差隨縣縣令充外　降香一節歷代俱無似禮秩并前代已封加勑誥亦難倒換蒙准呈行下

大定二十七年十一月二十六日禮部准戶部工部關省批三部呈承省劄奉　聖旨黄河聖后廟瀘溝安平侯廟仰修蓋得好者敎本縣官

以時祭祀其祭祀所須之物官爲約量應副爲此下太常寺檢討到差官禮數擬批呈訖奉台旨仰行下所屬每歲委本縣官長春秋致祭餘並准呈送部

大金集禮卷第三十七

大金禮三十七

一

大金集禮卷第三十八

沿祀雜録

沿祀雜録

皇統六年三月　奏稟　宗廟　諸陵修完守護等事係唐六典隸大宗正府　慶元宮崇奉

太祖皇帝神御亦合與　太廟一體其祭祀禮數等事合係舊隸太常寺管勾外　太社屬郊社署合置令丞雖隸太常寺緣修完守護等事別無部轄人力合委會寧府勾當其祭祀禮

儀事係官制隸太常寺所有　諸陵署古來雖爲　朝庭之官緣爲有時　車駕行幸別京即諸陵署官難爲扈從兼自來詳定所定作外官合依已定施行如有修完守護等事申覆宗正府外祭祀禮儀等事申禀太常寺施行　從之定四年閏十一月　奏定　太廟　諸陵署俱作隨　朝職任

皇統八年閏八月十一日　奏請即目　太廟已經起建了畢兼　慶元　明德　永祚三宮

見闕提舉供奉官擬依唐制合設太廟署令丞各一員兼通供奉　三宮事務仍將本署隸屬太常寺　從之

天德二年四月二十三日呈禀官格太常寺領三署内大樂署兼鼓吹署設令丞照到唐六典大樂署令丞各一人樂正八人宋會要樂正二人本寺雖有亡宋樂正劉希顔運譜田仲等二人自令丞以下並不曾設置即目　國家見議郊廟禮數并改製樂舞准備教習其樂正人

等係干繫切及燕京送到大樂器無人專一管勾切慮錯失擬差設大樂令丞各一員兼權郊社署仍差協律郎樂正副各一名其樂正副從九品令丞旨有闕即於樂正轉樂正有闕即於諸部内轉從之

天德二年四月五日呈稟以太常寺申取到禮直官等狀宋時太廟南神門設定香案匙合每日早并月一十五日上香緣别無典故監官行禮不爲相應不許

天眷元年行臺尚書省劄子廢齊每年隨時祭
祀 天地 上帝 五方帝 岳鎮海瀆眞君
等係請 御署 朝廷差官行禮恐合並罷
勅旨准奏權罷
天眷三年 奏稟亡遼時若遇車駕幸燕十月
一日并六節辰只是京僚燒飰外朝僚不曾赴
殿燒飯檢詳歷代典禮係四孟月内擇日皇帝
親饗比至講明施行擬依自來體例委本處有
司酌獻 從之

貞元元年六月十七日呈稟按禮雜記曰祭稱孝子孝孫喪稱哀子哀孫又典禮曰未喪未葬讀葬禮既葬讀祭禮又曰祭事不言凶王制曰喪三年不祭　天地　社稷爲越紼而行事後漢志亦同宋會要該建隆二年六月二日昭憲皇太后崩五日太常禮院請准禮例合停太廟時享俟山陵畢復舊從之是年十月十三日啓攢宫十五日發引十六日葬安陵今來　太后園陵未畢其　祫享禮數有無依前代體例權

停　太廟時享并　祫祭　從之

貞元三年十一月二十七日呈稟檢到宋會要太常禮院上言今月二十三日臘享太廟伏緣孟冬已行時享冬至又嘗親祠又禮其祫禘之日即不行時享慮成煩數有褻恭虔請罷臘日薦享之禮從之今　太廟祫享與臘享日期相近擬依前項典禮停臘享　從之

大定十三年十二月二十三日　奏稟大理卿梁肅議秋冬行刑檢討到唐法志凡斷屠日及

正月五月九月不行刑唐令從立春至秋分不得奏決死刑若犯惡逆以上及奴婢部曲殺主者不拘此令其大祭祀及致齋朔望上下弦二十四氣雨未晴夜未明斷屠日及假日並不決死刑奉 勅旨准唐令十四年四月以隨處申禀大祭祀及致齋日檢討到開元禮并禮閣新儀 天地 宗廟 別廟 日月 社稷皆爲大祀看詳除或遇 郊壇 親祠自有預先降詔頒下月日外其餘 宗廟 社稷 時享

止是預前日近擇日其遠路州府開報不及兼前亦不曾開報外路所有大祭祀致齋日只合在都禁決死刑蒙准呈

大定六年九月十四日奉 勑旨今後 廟門外 皇太子以下奉迎兩拜不須要其餘拜禮依舊及入 廟神裸行禮自大次導引至版位先見 神兩拜詣罍洗位盥洗訖再導引至版位又兩拜謁隨位裸鬯跪還版位再兩拜還小次酌獻時先至罍洗位盥訖導引至版位先兩

拜隨位酌獻訖還版位再兩拜只將　始祖一
室祝册於版位西南安置讀　册訖又兩拜還
小次飲福時導引至飲福位先兩拜搢圭跪俟
祭酒啐酒受胙飲福訖執圭興兩拜並只依此
禮數施行

大定九年　祫享　奏定拜數依定六例又
皇太子往還並免奉迎二十二年　奏定並依
大定九年例免奉迎若禮畢將至應天門惟文
武百官宗室等再拜奉迎

大定十一年　朝享　太廟定到下項權宜拜數　其日太祝宮闈令捧出　帝后神主昭穆相對　皇帝晨祼至版位先兩拜詣罍洗位盥洗訖詣隨位祼鬯直跪祼鬯訖還版位兩拜還小次　皇帝酌獻詣隨位如上儀畢還版位兩拜只讀　始祖祝冊於版位西南安置讀　冊訖再兩拜還小次　皇帝飲福至位直跪啐酒飲福訖再兩拜不見係十六拜或係此

天德四年正月以　行幸有期擬上京　太廟

每歲五享及逐月薦新合差攝官貟數並行禮次第參擬到下項呈稟訖蒙准行外宫闈令一十一貟於落後宗室子孫内差充每月薦新以會寧府官充光禄卿合　進胙只就便委光禄卿奉　進仍不合望闕再拜監祭御史受訖福酒胙肉更不得動封便將市内散與諸百姓初獻攝太尉留守充亞獻攝太常卿同知充終獻攝光禄卿副留守充司徒落後宗屬在上官充監察御史只差一貟推官充廩犧令一貟警判

充太廟令一員有正員七祀獻官一員留判充讀祝官一員會寧令充司尊彝二員警巡使充舉祝官二員女直漢兒知法充大樂令一員大樂丞充協律郎一員樂正充七祀讀祝一員都目充太官令二員兼良醞令珍羞令兼良醞令擬富藏市令麴稅監并倉庫官輪充執事官二員於富藏市丞會寧主簿麴稅院使内輪充七祀祝史一員進饌官二員並於左右衛差充齋郎八十八員於會寧府所轄千戶謀克帶五品

已上官兄弟子孫并良閑官員及帶官司吏番譯通事內差遣太祝一十一員於落後宗室兄弟子孫內差充宮闈令一十一員擬摘留內侍一十一員或於落後宗室兄弟子孫內差充奉禮郎一員贊者一員禮直官十員並於會寧府面前內權行差使仍典客署摘留二人在此指教亦候閱習精熟還本署承應博士二員不行差攝亦無失事　自來每遇遣使行禮並光祿卿詣　闕進胙看詳將來暑月地遠難赴　行

宮進胙擬依太常寺元定　享禮光禄卿以胙

奉進監察御史就位展視光禄卿望　闕再

拜乃退　每享用祝版一十一片請　御署訖

以付所司叅詳若依例於版上書寫請署恐妨

路次雨水及磨擦動有無只用　奏目紙書寫

請署貼在祝版上行禮　大樂局人數并在

廟合干人等及樂架法服祭器等諸物擬并存

留準備行禮　自來依典故太常卿每月薦新

縁太常寺將來隨　駕前去擬委太廟署或會

寧府官依太常寺舊例每月薦新行禮尚書省

依例委司天臺預選定日辰并下學士院書寫

祝文附於　行宫尚書省請署訖送赴在此至

日恭依行禮

天德二年十月十五日呈稟按五禮精義該中

祀已上有司攝祭者皆光禄卿詣　闕進胙不

該合用是何儀物責得禮直官趙保寧等伏稱

擄宋時太廟遣使禮畢有光禄卿進胙禮數緣

禮失當求之野所説似有可采今參酌定下項

㒖准行　中祀已上有司攝祭者擬光祿卿詣
闕進胙用朱紅腰輿蓋鎖訖黃封具細銜臣
姓名上　進謹封更用黃羅大帕蓋覆差傘子
四人擡擎本官押詣通進司　進入乃退
大定六年四月　時享緣　車駕行幸西京不
見如何　進胙太常寺檢討到論語云祭肉不
出三日出三日不食之矣注疏云是褻慢鬼神
之餘若赴西京　進呈見得出三日之外如在
都有落後　宫禁妃嬪合　宫中收受只用看

廟軍人時暫賫擎前去光禄卿押送至宫門
交付與宫門官轉入本部看詳見有宫夫人
即與宫禁妃嬪無異兼定四年春享
車駕在春水其福酒胙肉等擬宫中銷用蒙
准呈行訖今駕幸西京據夏享合進胙
擬依太常寺所定並上項條例施行蒙准呈
大定十五年四月十五日擬定武靈皇帝廟
光禄卿別無進胙禮數蒙准申
大定二十三年二月祭宣聖廟攝光禄少卿

合無　進胙事檢討得唐開元禮國學釋奠於
文宣王亦係遣官行禮別無進胙之文却緣
五禮精義該君不親祭則當歸胙又唐令諸太
祀中祀有司行事則光禄卿率太官令詣闕進
胙令奉　勅旨差攝太尉行事看詳五禮精義
及唐令合行　進胙蒙准呈
大定七年閏七月檢討祭　社日遇雨如何行
禮按開元禮義鏡該王公郊廟祭祀臨時雨霑
服失容則以常服從事謂有常期不可廢也若

已行事遇雨不脫祭服又宋會要太常禮院言郊廟及諸壇祀祭准禮例如遇雨雪霑服失容即於齋宮望祭又判太常寺李宗諤等言值雨雪望祭日不設登歌祀官以公服行事今祭社稷行禮日 如遇雨霑服失容擬於齋廳望祭不設祭歌攝事官以公服行事其齋廳可安設神位祭器及獻官拜位兩廊亦可排設盥洗位并獻官攝事官等位至日從宜安設別無窒礙行禮之事蒙准呈

大定十八年八月禮部准御史臺牒　郊社致齋攝司徒劉通議茶褐領繫有無違礙檢討到禮記深衣爲朝祭之次衣純緣制度其色或以青或以績或以素又晉令朝服皂緣於禮無嫌唐會要只有赴宗廟禁襂服亦不分吉服喪服純緣合以何色又按禮記王制篇喪三年不祭唯祭　天地社稷爲白紼而行事注云不敢以卑廢尊越猶躐也紼輴車索唐律疏云其祭天地社稷不禁者不避有慘故云則不禁據前

項禮文則祭　社稷與　宗廟典秩各異也嘗准申移牒照會　陵廟祝版自來行禮之後並藏諸匱　奏告祝板則焚之大定四年定到岳瀆等祝版並燔於齋所檢討到唐郊祀録凡告宗廟祝版焚之齋坊又禮閣新儀貞元元年十一月十一日德宗有事郊廟太常博士陸質奏請准禮用祝版祭畢焚之制曰可擬享　廟祝版太常卿於齋所監視焚之祭　山陵祝版提點山陵所官監視焚燎大定二十一年閏三月

十四日蒙准呈　太廟及　山陵岳鎭海瀆祝版並焚燒祝板以梓楸木爲之長二尺廣一尺厚六分

天德二年十一月呈稟昨檢討到唐開元禮時享祝文並用定本宋國朝會要該太宗淳化二年七月祕書監李至上言臣職祕省實掌祝辭竊見向來所用之文多是臨時撰進辭義淺近罔係古式施於聖世實謂非宜況前代舊文辭體典正臣請自今止用舊文其舊有所闕及歷

代帝王近列於祀典者並擬古式修撰凡一百九十三首内八十四首新制餘皆舊辭分爲三卷目曰正辭録詔永爲定式擬依前項典禮時享祝文並用定本今定撰到春夏秋冬臘每享祝文下項聞准行

十一室通用祝文

維某年歲次甲子某月甲子朔某日甲子孝曾孫嗣皇帝臣御名謹遣具官臣姓名敢昭告於　始祖尊謚皇帝　祖妣尊謚皇后伏

以歲序伊始品物咸新有嚴 太宮聿修時
祀仰祈 監格永 錫繁釐謹以柔毛剛鬣
明粢薌合薌箕嘉蔬嘉薦醴齊虔恭齊栗以
備清祀尚饗今於 康宗已下稱孝孫於
睿宗稱孝子於 熙宗止稱嗣皇帝於 別
廟皇后言 尊號夏云序當長養化屬南訛
秋云孟秋屆序萬寶順成冬云玄英首氣閉
塞成冬臘云歲功云畢樂茲嘉平

七祀通用祝文

維年月日甲子　皇帝遣具官姓名昭告於
司命戸竈中霤門厲行以玆孟月享於
太宮惟爾有神宜膺典祀謹以犧齊粢盛庶
品式遵常禮尚饗臘享即云以玆嘉序

山陵元日遣使副祭奠祝文

維某年歲次某月朔某日辰孝孫子嗣皇帝
御署謹遣具官臣姓名敢昭告於　謚號皇
帝　謚號皇后伏以歲律更新物華資始感
玆時序仰上　園陵庸致吉蠲冀垂　昭鑒

尚饗寒食云和律吹灰燧榆改火七月十五云田甫登場月當流火冬至云律候陽生日迎長至十九年六月二十三日勅旨今後山陵祝版用女直字又以祝版文理輕別行撰定七月十五祝文云孟秋暨望新穀將外感時序以興懷仰園陵而致孝薦馨香於令節庶髣髴其平生庸表精誠異垂昭鑒尚饗

山陵忌辰遣使副祭奠祝文

定十九年七月改

用女直字二十六年　熙宗忌辰亦遣使祭文

用女直字撰

維年歲次月朔日辰孝曾孫嗣皇帝臣御署

謹遣具官臣某敢昭告於　世祖尊謚皇帝

伏以　佑我後人丕惟　聖緒永懷　遐馭

適及今朝敬薦哀悰冀垂　昭鑒尚饗

維年歲次月朔日辰孝孫嗣皇帝御署謹遣

具官臣某敢昭告於　太祖尊謚皇帝伏以

洪惟　聖緒眇質獲承邈矣　仙遊　陵園

在望適及遏音之日靡勝濡露之思嘉獻就
陳哀悰可 鑒尚饗
維年歲次月朔日辰孝孫嗣皇帝御署謹遣
某官臣某敢昭告於 太宗尊謚皇帝伏以
獲承 基緒祗奉 陵園追茲遏密之辰深
盡傷之念就陳嘉薦庶 鑒哀悰尚饗
維年歲次月朔日辰孝子嗣皇帝臣某謹遣
某官臣某敢昭告於 睿宗尊謚皇帝伏以
僊馭遐登歷年滋久望 陵園之館御鬱

霜露之哀悰庸致蠲烝式昭永慕尚饗大定二年十月奉遷景陵自後遣使

維年月日孝子嗣皇帝御名謹遣某官臣某敢昭告於皇妣貞懿皇后伏以在遼之陽聖善寢御茲屬永違之日不勝感慕之誠嘉薦就陳瞻言如在大定十八年始用祝文

祖宗忌辰祭保陵公文

維年月日歲次月朔日辰皇帝謹遣某官某昭薦於保陵公祗奉永陵睿陵

恭陵 思陵 景陵 式臨諱日追伸感慕往
致吉蠲仍 勑使軺展祀祠宇聿遵彝典宜
鑒精衷
皇后忌辰祭保陵公文
西山之原 陵寢斯在屬當諱日爰舉祭儀
惟爾有神宜從茲薦
七月十五日祭文
列聖園陵 神實保右比 頒顯冊 封以
上公申 勑有司俾修祀事從厥歲序著爲

彝儀

冬至祭文

瞻彼西山　園陵斯在以左以右惟　神之功長至在辰宜從與享尚其英爽歆此酹觴

元日祭文

陵寢孔固緊　神之功式因歲元聿修祀事

寒食祭文

陵園孔固惟　神尸之相爾有功宜在祀典茲爰改火禮亦順時往致薦羞是用昭報

大定三年十月奉上　睿宗冊寶　奏告文

睿考祔　廟禮先尊崇涓擇吉辰以時昭告

云云　仰惟　神鑒悉此孝誠

太廟祫享　奏告文

廟祏之禮　祔享有經爰命攸司擇吉昭告

云云　仰惟　靈鑒悉此孝誠

太廟祝文

廟祏有經　睿考升祔睿宗室曰皇考歲序

循次禮宜合食謹以一元大武云云肅陳明

獻表茲孝誠

別廟祝文

正位神儀依神　別廟歲次循次適茲合食

今以一元大武云云　具陳明薦以神祫禮

定六年　祫享　太廟　奏告文

維年歲次月朔日辰孝曾孫嗣皇帝臣　御名

敢昭告於　始祖尊謚皇帝　祖妣尊謚皇

后伏以三年一祫百代彝儀惟時孟冬將致

大　享先期以告　昭鑒其臨

太廟祝文

維年月朔日辰孝曾孫嗣皇帝御署敢昭告於始祖尊謚皇帝 祖妣尊謚皇后歲律云周時惟冬孟載考彝儀大陳合食謹以一元大武柔毛剛鬣脡祭明粢薌合薌萁嘉蔬嘉薦醴齊用肅明獻式表孝思十三室同

別廟祝文

維年月朔日辰 尊號皇帝昭薦於 昭德皇后歲律云周時惟冬孟載考彝儀大陳合

食令以云云嘉薦醴齊備茲明獻以申祫禮

七祀祝文

維年月朔日辰尊號皇帝謹遣某官銜昭
告於 司命戶竈中霤門厲行歲序載周式
遵常禮以醴齊粢盛庶品明薦於 神

定十四年 禘祭 太廟 奏告文

維年月日孝曾孫子嗣皇帝御名謹遣某官
臣某敢昭告於 始祖尊諡皇帝 祖妣尊
諡皇后伏以 大享惟禘祭莫重焉將合於

堂昭穆之序先期以告　昭鑒其臨

大廟祝文

維年月日孝曾孫子嗣皇帝臣御署謹遣其

官臣某昭告於　始祖尊謚皇帝　祖妣尊

謚皇后伏以　九廟可觀五年一禘舊章茲

率大祭是承謹以一元大武柔毛剛鬣腯祭

明粢薌合薌萁嘉蔬嘉薦醴齊惟永孝思𢀴

垂　昭鑒

別廟祝文

維年月日甲子　尊號　皇帝遣具官臣某敢
昭薦於　昭德皇后伏以　九廟可觀五年
一禘舊章茲率大祭是承今以一元大武柔
毛剛鬣腯祭明粢薌合薌萁嘉蔬嘉薦醴齊
有□音徽其歆祀事

七祀祝文

維年月日　皇帝遣具官某昭告於司命戶
竈中霤門厲行大祭於　廟茲惟其時以爾
有靈宜膺秩祀謹以醴齊粢盛庶品明薦於

神

大定七年仲秋爲始祭　太社太稷文

維年歲次月朔日辰嗣天子　御署　謹遣攝太尉具銜位臣某敢昭告於　太社惟　神五土是司容養萬物博厚以載德合無疆謹因仲秋仲春式薦明祀恭以玉帛柔毛剛鬣明粢薌合薌萁嘉蔬嘉薦醴齊備茲禋瘞用申報本以　后土勾龍氏配　神作主

維年歲次月朔日辰　尊號皇帝謹遣攝太

尉具銜位臣某敢昭告於　后土氏爰茲仲
秋仲春吉日有事於　太社惟　神力平九
州功德甚茂其從享之典禮惟舊謹以制幣
柔毛剛鬣明粢薌合薌萁嘉蔬嘉薦醴齊旅
於表位作主侑　神
維年歲次月朔日辰　嗣天子御署謹遣攝
太尉具銜位臣某敢昭告於　太稷惟　神
五穀是生八正爰始人之司命功莫重焉謹
因仲秋仲春式薦明祀恭以玉帛柔毛剛鬣

明粢薌合薌萁嘉蔬嘉薦醴齊式陳禋瘞備

修常秩以　后稷棄配　神作主

維年歲次月朔日辰　尊號皇帝謹遣攝太

尉具銜位臣某敢昭告於　后稷氏爰茲仲

秋仲春吉日有事於　太稷惟　神誕相稼

穡粒我蒸民功在祀典爰用陟配謹以制幣

柔毛剛鬣明粢薌合薌萁嘉蔬嘉薦醴齊旅

於表位作主侑　神

大定五年立春爲始立土王日祭　岳鎮海瀆

祝文

維年歲次月朔日辰　嗣天子御署謹遣具

銜某敢昭告於　東岳天齊仁聖帝惟　神

贊養萬物作鎮一方式因春始用伸明祀謹

以犧齊粢盛庶品明薦於　神

維年歲次月朔日辰　皇帝敬遣具銜某敢

昭告於　東鎮岳東安公惟　神贊養萬物作

鎮一方式因春始用伸明祀謹以犧齊粢盛

庶品明薦於　神

維年歲次月朔日辰　皇帝敬遣具銜某敢
昭薦於　東海廣德王惟　神百川所歸衆
靈是宅浮天載地坎德攸先爰及孟春用遵
薦禮謹以犧齊粢盛庶品明薦於　神
維年歲次月朔日辰　皇帝敬遣具銜某敢
昭告於　東瀆大淮長源公惟　神源流深
浤潛潤博洽阜成百穀疏滌三州青春伊始
用遵典秩謹以犧齊粢盛庶品明薦於　神
維年歲次月朔日辰　嗣天子御署謹遣具

衘其敢昭薦於　南岳司天昭聖帝惟　神
贊養萬物作鎮一方式因夏始用伸明祀謹
以犧齊粢盛庶品明薦於　神
維年歲次月朔日辰　皇帝敬遣具衘其敢
昭薦於　南鎮永興公惟　神贊養萬物作
鎮一方式因夏始用伸明祀謹以犧齊粢盛
庶品明薦於　神
維年歲次月朔日辰　皇帝敬遣具衘其敢
昭薦於　南海廣利王惟　神百川所歸衆

靈是宅浮天載地坎德攸先爰及孟夏用遵
薦禮謹以犧齊粢盛庶品明薦於　神
維年歲次月朔日辰　皇帝敬遣具銜某敢
昭薦於　南瀆大江廣源公惟　神總納大
川朝宗巨海功昭潤化德表靈長爰因夏首
修其禮典謹以犧齊粢盛庶品明薦於　神
維年歲次月朔日辰　嗣天子御署謹遣具
銜某敢昭薦於　中岳中天崇聖帝惟　神
賛養萬物作鎮一方式因季夏用伸明祀謹

以犧齊粢盛庶品明薦於　神
維年歲次月朔日辰　皇帝敬遣具銜某敢
昭薦於　中鎮應聖公惟　神贊養萬物作
鎮一方式因季夏用伸明祀謹以犧齊粢盛
庶品明薦於　神
維年歲次月朔日辰　嗣天子御署謹遣具
銜某敢昭告於　西岳金天順聖帝惟　神
贊養萬物作鎮一方式因秋始用伸明祀謹
以犧齊粢盛庶品明薦於　神

維年歲次月朔日辰　皇帝敬遣具銜某敢
昭薦於　西鎭成德公惟　神贊養萬物作
鎭一方式因秋始用伸明祀謹以犧齊粢盛
庶品明薦於　神

維年歲次月朔日辰　皇帝敬遣具銜某敢
昭薦於　西海廣潤王惟　神百川所歸衆
靈是宅浮天載地坎德攸先爰及孟秋用遵
薦禮謹以犧齊粢盛庶品明薦於　神

維年歲次月朔日辰　皇帝敬遣具銜某敢

昭薦於　西瀆大河靈源公惟　神上通雲

漢光啓圖書分道九支旁潤千里素秋式序

用率常典謹以犧粢盛庶品明薦於　神

維年歲次月朔日辰　嗣天子御署謹遣具

銜某敢昭薦於　北岳安天元聖帝惟　神

贊養萬物作鎮一方式因冬始用伸明祀謹

以犧齊粢盛庶品明薦於　神

維年歲次月朔日辰　皇帝敬遣具銜某敢

昭薦於　北鎮廣寧王惟　神贊養萬物作

鎮一方式因冬始用仲明祀謹以犧齊粢盛
庶品明薦於　神
維年歲次月朔日辰　皇帝敬遣具銜某敢
昭薦於　北海廣澤王惟　神北川所歸衆
靈是　浮天載地坎德攸先爰及孟冬用遵
薦禮謹以犧齊粢盛庶品明薦於　神
維年歲次月朔日辰　皇帝敬遣具銜某敢
昭告於　北瀆大濟清源公惟　神泉源清
潔浸被遐遠播通四氣作紀一方玄冬肇節

聿修典制謹以犧齊粢盛庶品明薦於　神

郊祀　奏祭告文

維大定十一年歲次辛卯十月壬寅朔二十七日戊辰嗣　天子臣　御署　謹遣攝太尉具臣其敢昭告於　昊天上帝伏以適追　祖武嗣守　靈符祗謹講曠儀肇修大報前期潔告舊典有稽仰冀　威明　俯垂眷顧謹以今年十一月十七日合祭　天地於　圜壇不敢不告

維年月日辰嗣天子臣御名謹遣攝太尉具
官臣某敢昭告於 皇地祇伏以肇舉上儀
有嚴合饗豫申祇告率迪舊章誠冀 聰靈
昭垂鑒格謹以今年十一月十七日合祭
天地於 圜壇不敢不告

維年月日辰孝曾孫子嗣皇帝臣御名謹遣
攝太尉具官臣某敢昭告於 十一室各書
帝后諡號伏以 天明 地察有 國
所尊將秩廣文肇稱元祀前伸潔告仰冀

鑒臨謹以今年十一月十七日合祭天地

於南郊不敢不告

維年月日辰嗣皇帝御署謹遣具官臣姓名

敢昭告於諸陵各書帝后謚號并

貞懿皇后天明地察有國所尊將秩

廣文肇稱元祀前伸潔告仰冀鑒臨謹以

今年十一月十七日合祭天地於南郊

不敢不告

維大定十一年歲次辛卯十一月辛未朔十

五日乙酉孝孫嗣皇帝臣 御署 謹遣攝太尉
具官臣某敢昭告於 太祖尊謚皇帝伏以
受 天承 命詒我燕謀慶集眇沖運洽平
泰修明 曠典太報 神休禮重肇禋 功
宜陟配先伸虔告仰冀 顧歆謹以今年十
一月十七日合祭 天地於 圜壇不敢不
告
維大定十一年歲次辛卯十月壬寅朔二十
七日戊辰 嗣天子 御署 謹遣攝太尉具官

臣某敢昭告於 太社 太稷伏以 天明
地察有 國所尊將秩曠文肇稱元祀前
期以告 靈鑒是孚謹以今年十一月十七
日合祭 天地於 南郊不敢不告

維年月日辰 尊號皇帝遣攝太尉具官臣
某敢昭薦於 昭德皇后伏爲 國家肇造
受命於 天今方聿修 郊見之禮惟 靈
伊邇其 鑒於茲謹以今年十一月十七日
合祭 天地於 南郊敢用昭告

維年月日辰　嗣天子御署謹遣具銜某敢
昭告於　某岳伏以禮莫重者　天地之祀
將迎長至肇禋於郊飭遣守臣告茲大典謹
以今年十一月十七日合祭　天地於　南
郊敢用昭告

維年月日辰　尊號皇帝敬遣具銜某敢昭
薦於　五岳　四瀆各寫伏以禮莫重者
天地之祀將迎長至肇禋於郊飭遣守臣告
茲大典謹以今年十一月十七日合祭　天

地於　南郊敢用昭告
維大定十一年歲次辛卯十一月辛未朔十
六日丙戌　尊號皇帝遣某官告於　龍津
橋　壕橋之神長梁通濟往來之衝相我吉
行惟　神之功
維大定十一年歲次辛卯十一月辛未朔十
六日丙戌　尊號皇帝遣某官致祭於　行
神　泰壇奉祀　鑾駕啓行軷國門稽若彝
典既陳明薦護相是期

太廟朝享祝册文

維大定歲次辛卯十一月辛未朔十六日丙

戌孝曾孫嗣皇帝臣御署敢昭告於謚號

皇帝　皇后隨室如祫享式伏以聖德

靈長流慶光遠克開厥後燕及於今肇修郊

禋昭兹嗣服載懷先烈祗謁神宫謹以

牲齊粢盛苾芬庶品潔誠明薦仰祈顧歆

別廟薦享祝册文

維年月朔日辰尊號皇帝昭告於昭德

皇后升禋泰壇國之大祀有嚴 廟薦典禮攸先今以牲齊粢盛苾芬庶品備兹嘉獻

七祀祝文

維年月日辰 皇帝遣具官姓名昭告於司命户竈中霤門厲行稱秩元祀禮先太宫用協彝章備陳嘉薦

昊天上帝祝册文

維年月日辰嗣天子臣御署敢昭告於 昊天上帝伏以 天有成命 烈祖受之眇躬

嗣服　天其子之迄用康年繄其本始肆類

於郊式昭大報謹以玉帛犧齊粢盛庶品虔

修祀事　太祖武元皇帝配　神作主

皇地祇祝冊文

伏以有天下者父　天母　地尊事　地察

率由舊章於兹　圓壇饗以並位　神靈之

祇申錫無疆

配帝祝冊文

維年月日辰孝孫嗣皇帝臣　御署　敢昭告於

太祖尊謚皇帝伏以於皇 聖祖 駿命所基 功加於時 肇造區夏克開厥後無疆惟休燕及 皇天推以克配謹以制幣犧齊粢盛庶品虔修祀事侑 神作主

大金集禮卷第三十八

大金集禮卷第三十九

朝會上

元日稱賀儀

聖節稱賀儀

曲宴儀

人使辭見儀

元日稱賀儀

皇帝即御座鳴鞭報時訖殿前班小起居

到侍立位引皇太子并臣寮使客合班入至

丹墀舞蹈五拜平立引　皇太子升露階二閤使齊揖入欄内拜跪致詞　殿下臣寮折躬祝訖拜起與寮平立却引復丹墀位舞蹈五拜宣荅聞　制兩拜　宣訖舞蹈五拜各祇候平立隨司　奏諸道表目便不分班便進　壽酒兩拜訖平立床入引　皇太子升褥位接擡進酒訖退復位放擡二閤使再揖入欄内拜跪致詞　殿下臣寮折躬祝訖拜起與臣寮平立退復褥位兩拜　宣荅聞　制兩拜　宣訖舞蹈

五拜各祇候平立　皇太子執擡臣寮分班教
坊奏樂　皇帝舉酒時殿上下臣寮并侍立官
並兩拜樂止教坊兩拜接盞退復褥位轉擡引
皇太子降階臣寮合班床出　皇太子至丹
墀位兩拜分引預　宴官上　殿次引宋國人
從入至丹墀兩拜不出班　奏　聖躬萬福兩
拜有　勅　賜酒食兩拜各祇候平立引左廊
立次高夏國從人分引左右廊立床入　進酒
皇帝飲時坐宴并侍立官並兩拜進酒官接

盞還位坐宴官兩拜坐行酒傳　宣立飲訖兩拜坐次從人兩拜坐三盞致語揖臣使并從人立誦口號訖坐宴并侍立官并兩拜坐次從人兩拜坐食入七盞將曲終揖從人立兩拜訖引出聞曲時揖臣使起兩拜下　殿床出至丹墀合班謝　宴舞蹈五拜各祗候分引出

今減定拜數　皇太子並臣寮客使合班入至丹墀稱　賀舞蹈五拜平立閤使　奏諸道表目訖　皇太子已下皆再拜引　皇太子陞

殿階褥位搢笏捧盞盤 進酒 皇帝受盞置
御案上 皇太子退復褥位轉盤與執事者
出笏二閤使齊揖入欄内拜跪致詞元正啓祚
品物咸新恭惟 皇帝陛下與 天同休祝訖
拜起復褥位同 殿下臣寮皆再拜宣徽使稱
有 制在位皆再拜 宣荅履新上 壽與卿
等内外同慶詞畢舞蹈五拜齊立 皇太子搢
笏執盤臣寮分班教坊奏樂 皇帝舉酒時
殿下臣寮并侍立官皆再拜 皇太子受虛盞

退至褥位轉盤盞與執事者出笏左下　殿樂
止合班在位臣僚皆再拜分引預宴官上　殿

聖節稱　賀儀

皇帝即　御座鳴鞭報時訖　殿前班小起居
到侍立位引　皇太子并臣寮使客左右合班
入至丹墀舞蹈五拜平立引　皇太子升露階
二閤使齊揖入欄内拜跪致詞　殿下臣寮折
躬祝訖拜起與臣寮平立却引復丹墀位舞蹈
五拜了各祗候平立隨司　奏諸道表目更不

分班便　進壽酒兩拜訖立床入引　皇太子
升至露階褥位接盞　進酒訖退復位放盞二
閤使齊揖入欄内拜跪致詞　殿下臣寮折躬
祝訖拜起與臣寮平立退復褥位兩拜　宣荅
聞　制兩拜　宣訖舞蹈五拜了各祗候平立
皇太子執事臣寮分班教坊奏樂　皇帝飲
時上下并侍立官並兩拜樂止教坊兩拜接盞
退復褥位轉盞訖引　皇太子降階臣寮合班
床出　皇太子至丹墀位兩拜分引預宴官升

殿坐　宴如元日之儀

今減定拜數並如元日稱　賀儀惟祝詞云

萬春令節謹上　壽卮伏願　皇帝陛下萬歲

萬萬歲　宣荅云得卿等　壽酒與卿等内外

同慶

曲宴儀

皇帝即　御座鳴鞭報時訖　殿前班小起居

到侍立位引臣寮并使客左入傍折通班至丹

墀舞蹈五拜不出班　奏　聖躬萬福又兩拜

出班謝　宴舞蹈五拜各上　殿祗候分引預
宴官上　殿其餘臣寮右出次引宋使從人入
至丹墀兩拜不出班　奏　聖躬萬福又兩拜
有　勅　賜酒食又兩拜引左廊立次引高夏
從人入分引左右廊立果床入　進酒　皇帝
舉酒時上下侍立官並兩拜接盞訖候進酒官
到位合坐兩拜坐便行臣使酒傳　宣立飲訖
兩拜坐次從人兩拜坐至四盞餅茶入致語聞
鼓笛時揖臣使并人從立口號訖坐　宴教侍

立官並兩拜坐次從人兩拜坐食入五盞歇
宴教坊　謝恩訖揖臣使起果床出　皇帝起
入閤臣使下　殿歸幕次　賜花人從隨出戴
花了先引人從入左右廊立次引臣使入左右
上　殿位立　皇帝出閤座東床入坐立并兩
拜坐次從人兩拜坐九盞將曲終揖從人至位
兩拜引出聞曲時揖臣使起兩拜下　殿果床
出至丹墀　謝宴舞蹈五拜分引出
人使　辭見儀

皇統二年六月二十五日　奏稟伏見夏國人使入　見頓改爲大起居擬自後人使　辭見臣寮穿執止依　常朝起居拜數　從之

舊例宋國人使三品官内間插高麗夏國使五品官内間插　皇帝即　御座鳴鞭報時訖殿前班小起居訖至侍立位引臣僚左右入至丹墀小起居訖宰執上　殿其餘臣僚分班出閤使　奏見牓子先引宋使副出笏捧書左入至丹墀面　殿立定閤使左下接書捧書者單

跪轉接訖拜起立閤使左上露階右入欄内
奏封全轉讀訖引使副左上露階齊揖入欄内
揖使副躬身使少前拜跪附　奏訖拜起復位
立　宣問宋皇帝時並躬身受　勅旨訖再揖
躬身使少前拜跪　奏訖拜起復位齊退却引
使副左下至丹墀面　殿立定禮物右入左出
盡揖使副傍折通訖再引至丹墀舞蹈五拜不
出班　奏　聖躬萬福兩拜揖使副躬身使出
班　謝面　天顔復位舞蹈五拜再揖副使躬

身使出班　謝遠差接伴兼　賜湯藥諸物等
復位舞蹈五拜各祗候引右出　賜衣次引宋
人從入通名已下兩拜不出班又兩拜各祗候
亦引右出次引高麗使左入至丹墀面　殿略
立引使左上露階立定揖橫使躬身正使少前
拜跪附　奏訖拜起復位立閤使　宣問王時
並躬受　勑旨訖再揖橫使躬身正使少前拜
跪　奏訖拜起復位齊退却引左下至丹墀面
殿立定禮物右入左出盡揖使傍折通訖引

至丹墀通一十七拜各祗候平立引左階立次
引夏使見如上儀引右階立次再引宋使副左
入至丹墀　謝恩舞蹈五拜各祗候平立次引
高夏使並至丹墀三使並躬身有　勅　賜酒
食舞蹈五拜各祗候引右出次引宰執下　殿
禮畢
皇帝即　御座鳴鞭報時訖　殿前班小起居
至侍立位引臣僚合班入至丹墀小起居引宰
執上　殿其餘臣寮分班出閤使　奏辭榜子

先引夏使左入傍折通訖至丹墀兩拜不出班
奏　聖躬萬福又兩拜揖使副躬身使出班
戀　闕致詞復位又兩拜唱各好去引右出次
引高使如上儀亦引右出次引宋使副左入傍
折通訖至丹墀依上通六拜各祗候平立閤使
賜衣馬躬身聞　勅兩拜　賜衣馬訖平身
搢笏單跪受別録物過盡出笏拜起　謝恩舞
蹈五拜有　勅　賜酒食舞蹈五拜引使副左
上露階齊揖入欄内揖躬身大使少前拜跪受

書直起復位揖使副齊躬身受傳達訖齊退卻引左下至丹墀躬身喝好去引右出次引宰執下殿禮畢

大金集禮卷第三十九

大金集禮卷第四十

朝會下

朔望常朝儀

雜録

朔望常朝儀

天眷二年五月十三日詳定内外制度儀式所定到常朝及朔望儀式下項敕旨准奏

朔旦拜日（具拜日門）朝參日供御弩手傘子直於殿門外分兩面排立司辰入殿報時

畢　皇帝御　殿坐鳴鞭其内侍退立左右擎報内侍下閤門報班齊執擎儀物内侍分降殿階兩傍面南立宿衛官自都點檢至左右親衛祗應官自宣徽使閤門祗候先兩拜班首少離位　奏　聖躬萬福兩拜弩手傘子直於殿門外　奏　萬福山呼聲喏起居畢閤門引親王班贊班首名以下再拜訖班首少離位奏　聖躬萬福歸位再拜訖先退次引文武百僚班首以下應合　朝叅官入　殿依位班

立閤門贊班首以下　起居同親王儀領省宰

執陞殿　奏事餘先退閤門引教坊班　奏

萬福山呼聲喏　起居兩班訖退次引合

見謝辭官班閤門先具　奏知領省宰執　奏

事畢下　殿直出

宰執　奏事具　奏事門

帝初坐置　寶匣於　殿階上東南角直日主

寶捧　寶當　殿扣欄　奏封全符寶郎及當

監印郎中各一員監當手分令史用印訖主寶

吏封授主寶俟　奏事畢進封訖内侍去案

百官夘時到幕次辰時　視朝

朔望　御服靴袍百官並常服古者天子玄衣玄冕以朝日蓋亦有所尊其禮不敢不備今朔有拜日之儀擬同望日並靴袍一彰肅敬常

朝　御服小帽紅襴偏帶或束帶百官展紫都副點檢朔望公服偏帶執骨朶常　朝展紫左右衛將軍宿直官展紫金束帶骨朶其骨朶用玉水晶及金飾並乞如舊左右親衛盤裹紫襖

子塗金束帶骨朶所帶兵械如舊主寶主符展紫金束帶以上束帶擬用御仙荔枝太平等花隨類一樣服用近侍給使供御筆硯符寶吏紫襖子塗金束帶每朝輪直近侍給使八人筆硯二人宣徽閤門並常服常朝展紫供御弩手散子直一百人並金花交脚幞頭塗金銅平釵襴花束帶骨朶左右班執儀物内侍二十人並展紫塗金束帶以上禁中供奉人朝退並只便服

弩手班直等擬於　殿門外東西向排立點檢司赴　起居時即令相應就位面北山呼訖即相向對立　駕輿少退擎御傘直遇坐　朝在左班内侍上排立點檢司　起居畢都點檢以次三員陞　殿陛都點檢在東邊近南左副又少南右副東向相對左右衛在　殿下東西對立左右司侍郎隨班　起居畢從宰執　奏事殿中侍御史隨班　起居畢在　殿下東西對立其位在左右衛將軍侍立之北仍各少前修

起居注遇視　朝　起居畢分班陛　殿陛於殿欄子外副階下東西對立俟　奏事畢退師傅　起居畢　御案自東入　置定捧案内侍東西分下各直　殿基隅侍立俟主寶封寶畢即對入　殿門出案　其案始置右　殿外東階隅由東偏門入出自西偏門置於西階隅

案古禮王者日視事於内朝降及遼宋亦未或易擬今每日視　朝以示　聖慮憂勤日新聽斷萬機之務庶無壅滯如謂朝庭事簡擬依唐

制隔日視朝若止用六叅方未嘗有須當改易准前代六叅合用一日六日十一日十五日二十一日二十六日

親王及　宗室已命官者年十六以上並赴起居宗室並隨文武官班諸色人任七品以上職事及七品以上散官充吏職伎術官同七品以下散官權翰林應奉並隨班　起居舊例校書郎權直史官並赴　朝叅

班首遇　朝叅有故不赴以次官押班

尚書省諸司局因公事入　殿門者左右司每司不得過三人餘司局止一人於左右親衛外立

五品以上及侍御史尚書諸司郎中太常丞翰林修撰起居注殿中侍御史補闕拾遺監察御史赴召叅假

謂一月以上除官出使之類並通班入　見謝辭餘官於　殿門外見謝班並舞蹈七拜辭班四拜門　見謝辭兩拜

入宮從人給牌

具雜儀式下門

遇　朝叅臣寮並不得將帶從人入　殿門

特旨非遇　朝叅應便服人並不得入　殿門

及於　御坐　殿側觀看

凡有禮儀御史臺門告報諸司局取知委

臣寮遇　朝叅有故不赴申牒御史臺照會如

不申牒而併兩次輒不赴者御史臺申尚書省

於隨品當月俸錢一色内尅罰三分之一

大寒暑大風及雨雪霑服致失禮容並放　朝
叅即有機速事當面陳宰執於便殿若速雨之類御史臺牒宣徽　聞奏候得　旨仍預告報
合差司天臺官晝日於　宮中報時刻漏壺箭
乞令較定
臣寮班列合依位置牌
閤門宣　制賛唱其聲高佐擬更調習
假寧休務日具休假門
大定二年五月御史臺擬定　朝叅禮數蒙都

省准行下項　五品已上官職趁　朝廷來依制服朝服若赴省入局治事並各展皂自來朝參除　殿前班外若遇朔望自七品已上職事官盡赴其餘　朝日自五品已上職事官得赴六品已下只於本司局治事如左右司員外郎侍御史記注院等官職雖不係五品亦合並赴　朝參外拜、　詔等禮數自來旦有職事并七品已上散官並赴及前來每遇　朝日已是七品已上職事官並赴緣禮部先擬七品已下

流外職並入　宮各於本幕次内治事更不
朝參外拜　詔等禮數散官職事但係七品已
上者並赴令契勘四月三日臺官　奏奉　勑
旨每遇　朝參百官職得將帶合得人從入
宮外吏員令譯史通事檢法各於本局等候官
員　朝退後赴各司局簽押文字更不得依前
宮内簽押文字今擬七品已下流外職遇
朝日亦不合入　宮只於本司局治事如左右
司都事有須合取　奏事理令行入　宮　七

品已上職事官依准自來條理如遇使客　朝
參見日依朔望日並赴擬元日　聖節及拜
詔并遇　車駕出獵送迎詣　祖廟燒飯亦擬
依准自來但有職事并七品以上散官並赴并
再檢照到正隆元年二月二十八日海陵庶人
旨諸赴　朝參官除　殿前外若遇每月朔望
可七品已上職事官盡赴其餘　朝日自五品
已上職事官得赴六品已下只於本司局治事
如左右司員外郎侍御史記注院等官雖不係

五品亦合並赴但朝參官並穿執令即七品已上職事官常朝日並赴伏乞尚書省詳酌蒙批送本臺勘當端的本臺點到大定二年二月二十一日勅旨倉場庫務監當酒稅七品已下令月二十一日爲頭便不赴朝參令再勘當到上件七品職事官除倉場庫監酒稅官合依已降勅旨施行外其餘七品職事官擬常朝日並赴今常朝儀親王班退七品已上職事官分左右班入至丹墀兩拜班首離

位少前復位再兩拜宰執升　殿餘官分班出

朔望儀　朔旦拜日訖常　朝官并府運六

品已上官並左入至丹墀之東西向躬身閤門

通唱訖引至丹墀舞蹈五拜又兩拜訖右出望

日如上儀唯不拜日

雜録

天眷三年　月一日　奏禀　生辰　正旦

花宴亡遼時合用山樓一座奉　勅旨依例起

蓋

貞元二年正月山樓以萬春山爲名

大定五年二月二十一日學士院撰擬到　壽山名額奉　勅旨以仁壽山爲名

二十二年正月四日　勅旨今後綵山　正旦以仁壽山爲名　萬春節以萬春山爲名

皇統二年六月二十三日擬　奏自古並無伶人日赴　朝叅之例所有敎場人員只合准備宣喚不合同百寮赴　起居　從之

皇統二年十二月十一日擬　奏司天太醫提

點及長二官合日　參其長行七品以上止合
元日慶節及人使　見辭日　朝　從之
大定二年四月二十九日　奏稟榷貨務使係
合赴　朝參若候　朝退出　宮緣本務發賣
鹽鈔切慮注滯客旅今擬除朔望外與免　朝
參　從之
大定二十四年六月禮部會到定二年三月二
日大興尹面奉　勅旨府運兩司文字繁多每
遇月一十五日　朝參外免常　朝令即　車

駕幸上京其會寧府官并所轄七品已上職事官比依前項所奉　勅旨亦合免常　朝并據會寧府申朔望　慶元宮行禮更赴　朝叅兩處難送下太常寺叅酌到會寧府官朔望於慶元宮合質明行禮畢趍赴　朝叅

大定二年十一月一日　奏定隨　朝職官遇迎拜　詔書　頒降厝日接送　車駕享祀祖廟等處不到者當月俸内三分内尅一此譯到字不同

大定二年正月一日承省劄刑部呈并御史臺申今有若有省部諸局執事官員不赴并過拜日拜　詔迎　車駕出獵詣　祖廟燒飰亦有不到官員還如何懲罰本部今擬隨　朝職事官并七品以上散官每遇拜日并拜　詔送迎車駕行幸詣　祖廟燒飰及省部諸局治事官員不赴者將當月請俸將三分每尅罰一分七品以上散官不在拜　日之限臣等商量若准所擬是爲相應　奏訖奉　聖旨准奏行

大金集禮卷第四十